应用型本科经济管理类专业基础课精品教材

管理学

主　编　肖炜华　谢代国　孙小飞

副主编　陈妙娜　谢　娟　徐建华

参　编　姚　洁　吴成雨　吴　冬

北京理工大学出版社
BEIJING INSTITUTE OF TECHNOLOGY PRESS

内 容 提 要

本书紧密结合应用型高校经济管理类专业人才培养目标编写，不仅符合学生的学习规律，而且在内容上融合了思政元素。本书共八章，内容包括管理、管理思想与理论发展史、决策、计划、组织、领导与沟通、激励、控制等。通过学习本书，学生能正确认识社会，走进企业，培养管理思维，提高分析问题的能力，并能将知识运用于实践，达到知行合一的教学目的。

本书既适用于应用型本科院校和高职院校经济管理类专业学生使用，也可用于企业管理人员培训教材。

版权专有　侵权必究

图书在版编目（CIP）数据

管理学/肖炜华，谢代国，孙小飞主编．—北京：北京理工大学出版社，2019.8
（2024.8 重印）
　ISBN 978-7-5682-7380-0

Ⅰ.①管… Ⅱ.①肖…②谢…③孙… Ⅲ.①管理学－高等学校－教材 Ⅳ.①C93

中国版本图书馆 CIP 数据核字（2019）第 173370 号

责任编辑：江　立	**文案编辑**：赵　轩
责任校对：周瑞红	**责任印制**：李志强

出版发行 / 北京理工大学出版社有限责任公司	
社　　址 / 北京市丰台区四合庄路 6 号	
邮　　编 / 100070	
电　　话 /（010）68914026（教材售后服务热线）	
（010）68944437（课件资源服务热线）	
网　　址 / http://www.bitpress.com.cn	
版 印 次 / 2024 年 8 月第 1 版第 4 次印刷	
印　　刷 / 河北世纪兴旺印刷有限公司	
开　　本 / 787 mm×1092 mm　1/16	
印　　张 / 15	
字　　数 / 327 千字	
定　　价 / 48.00 元	

图书出现印装质量问题，请拨打售后服务热线，负责调换

序

2018年是我国改革开放40周年。40年来,在党的正确领导下,我国的经济发展日新月异,取得了巨大成就,我国的国际地位也显著提高,经济增长、生活水平提高、与世界接轨,这些与管理思想变革都是分不开的。社会需要大量适应新时代发展的管理人才,国家也提出了教育强国、教育兴国,我国各高校大都开设了经济管理类专业,然而,绝大部分管理学教材内容侧重于理论讲述,实践性不强,思政的内容更是缺失。本教材重点讲述管理学的基本原理、思想和方法,在传教授业过程中融入大学生思政元素,内容新颖,结构完整,去繁就简,突出实践并配有案例和实践项目,旨在使广大学生在学习知识的同时,培养正确的思想和品行。本教材具有以下特点:

(1) 注重思想教育和全面发展。将大学生思政元素巧妙融入各知识点,以达到"润物细无声"的教书育人效果。

(2) 突出权威性和实践性。本书由具备多年企业管理经验及教学经验的双师型教学团队编写,理论与实践紧密结合。在每章开篇有"学习目标""案例导入",每章后面都配有"案例分析""实训项目"等,达到教学合一。

(3) 加强系统性和逻辑性。本书不仅涵盖管理学基本原理和思想,而且将管理理论发展脉络及管理职能进行梳理,强调管理科学的系统性和逻辑性。

本书既适用于应用型本科院校和高职院校经济管理类专业学生使用,也可用于企业管理人员培训教材。

肖炜华
2019年3月于南昌职业大学

前 言

管理是人类最基本也是最重要的活动，可以说自从有了人类，便出现了管理，一切社会现象都与管理活动密切相关。对管理活动的基本规律和一般方法的研究，对人类来说至关重要。管理学正是研究管理活动的基本规律和一般方法的一门学科。管理学是适应社会化大生产的需求而产生的，研究管理的基本职能，科学决策，合理计划，妥善组织、领导，以达到提高工作效率、协调企业各部门运作、调动员工的积极性、提高企业效率的目的。我国对于管理学的深入研究虽起步较晚，但发展迅速，涌现了大批管理学大师及杰出的企业家，并推动了我国现代化进程。目前，管理学已成为高等院校经济管理类专业的主要必修课之一，且地位突出，对学生影响重大，一方面能为学生学习经济管理的其他课程打下坚实的基础；另一方面可以帮助学生了解和认识管理的基本概念、基本理论和基本方法，理解先进的管理理念，并具备管理的思维能力，掌握管理的基本技能，提升综合素养和从事经营管理活动的能力。本书的编写目的是引领大学生正确认识社会，理解政府政策，了解不同类型的企业，学会独立思考，并形成正确的三观。

本教材的结构严谨，脉络清晰，层次分明，内容新颖，重点突出，主要由管理、管理思想与理论发展史、决策、计划、组织、领导与沟通、激励、控制等八章内容组成。

本教材为适应当前我国新时期教育强国要求，培养"德、智、体、美、劳"全面发展的人才，在注重大学生专业课程学习的同时，注重思想政治教育工作，为此，本团队成员经过8个月的努力，将思政元素巧妙地融入管理学各知识点，欲达到"润物细无声"的效果；编写过程中汲取了近年来国内外管理学教材之所长，借鉴、参考、吸收了管理活动中所创立的新思想和新方法，每章后面均附有"案例分析"和"实训项目"，有利于学生对管理学知识的理解、掌握和运用，实现知行合一。本书适合于应用型本科院校和高职院校经济管理类专业学生使用。

由于编者水平有限，加之时间仓促，书中难免有不足之处，敬请广大读者和同行批评指正。

编 者

目 录

第一章　管理 .... (1)
　　第一节　管理概述 .... (2)
　　第二节　管理的职能 .... (6)
　　第三节　管理者及其分类、角色、技能 .... (9)
　　第四节　管理学的研究对象、内容和方法 .... (15)
　　第五节　管理与环境 .... (19)

第二章　管理思想与理论发展史 .... (26)
　　第一节　管理思想概述 .... (27)
　　第二节　中国古代管理思想 .... (28)
　　第三节　西方管理思想与理论 .... (32)

第三章　决策 .... (49)
　　第一节　决策概述 .... (50)
　　第二节　决策过程与影响因素 .... (56)
　　第三节　决策方法 .... (61)

第四章　计划 .... (77)
　　第一节　计划概述 .... (78)
　　第二节　计划的分类 .... (84)
　　第三节　计划的原则与编制程序 .... (87)
　　第四节　计划的实施方法 .... (91)
　　第五节　目标管理 .... (95)

第五章 组织 ……………………………………………………（105）

  第一节 组织概述 ……………………………………………（109）
  第二节 组织设计 ……………………………………………（112）
  第三节 组织结构的基本形式 ………………………………（121）
  第四节 组织的基本问题 ……………………………………（128）
  第五节 组织文化 ……………………………………………（148）
  第六节 组织变革 ……………………………………………（159）

第六章 领导与沟通 ……………………………………………（172）

  第一节 领导概述 ……………………………………………（173）
  第二节 领导理论 ……………………………………………（177）
  第三节 领导实务 ……………………………………………（184）
  第四节 沟通 …………………………………………………（186）

第七章 激励 ……………………………………………………（194）

  第一节 激励概述 ……………………………………………（195）
  第二节 激励理论 ……………………………………………（196）
  第三节 激励实务 ……………………………………………（201）

第八章 控制 ……………………………………………………（207）

  第一节 控制概述 ……………………………………………（208）
  第二节 控制的分类 …………………………………………（215）
  第三节 控制的过程 …………………………………………（218）
  第四节 控制的方法 …………………………………………（225）

参考文献 ………………………………………………………（234）

第一章

管 理

★ 学习目标

了解管理的性质；

了解环境对管理的影响；

理解管理学的研究对象、内容和方法；

掌握管理的基本职能；

掌握管理者的类型及技能要求。

★ 案例导入

万里长城与组织管理

长城是春秋战国（公元前770—前221年）时期，北方各国为了防御外敌入侵，在形势险要的地方修筑的巨大工程。秦始皇（公元前259—前210年）灭六国统一天下后，为了巩固北方的边防，于公元前214年命大将蒙恬率兵30万，把原来燕、赵、秦三国在北方修筑的长城连起来，重新修缮并向东、西两方扩展，形成万里长城。明朝（1368—1644年）又对长城进行了18次修筑，明长城西起嘉峪关，东至山海关，总长6 700千米，气势磅礴，是世界历史上最伟大的工程之一。

在历代的长城修筑过程中，都贯穿着组织管理工作，主要体现在以下几个方面：

（1）修筑材料方面。建造长城用的土方是将经过筛选的土，经烈日曝晒或烤干，使其中的草籽不再发芽，然后夯筑为墙。在八达岭长城，砌墙用的石料有的长达3 m，重约1 000多千克。秦朝修筑长城时使用的大量木料，是从四川等地运来的，需要在下面加铺铁轮，需要千百人才能将其移动，每日仅行10～15千米。建造长城用的砖是由全国各地官窑烧制的，砖面印有州府地名、日期和烧砖监制人的姓名，在质量上严格把关。城墙筑好后，会对其进行严格验收，规定在一定距离内用剑射墙，剑头不能入墙才算合格，否则返工重筑。

（2）施工管理方面。因工程庞大，地形复杂，从秦朝到明朝时期，修筑长城都采用防务与施工相结合的方法，采用分地区、分片、分段负责制。例如，明朝时期将长城周围地区划分为9个镇，由镇长负责管辖本地区长城的修筑。在八达岭长城上曾发现一块记载万历十年（1582年）修筑长城的石碑，该碑文记载了这段只有70多丈长（约合200 m）的城墙和一个石卷门，总共动用了几千名军士及服劳役的民工分段进行修筑。八达岭这段长城工程，是经百年之久建成的，管理制度较为完善，工程质量也较高。

（3）工程计划方面。《春秋》中记载，建筑长城的工程计划非常周密，不仅测量计算了城墙的长、宽、高以及沟洫内的土石方总量，而且对所需人工、材料、人工口粮、各地区所负担的任务等都分配得很明确。

【案例启示】

庞大的工程，即使在古代也蕴含着严密的计划、组织、领导、控制等体系，需要有效的管理。

第一节　管理概述

一、管理的起源

把管理作为一门学科进行系统的研究，只是近百年的事情。但是，管理实践和人类的历史一样悠久，可以追溯到五六千年以前。世界文明古国如古巴比伦、古印度、古埃及、中国等早在几千年前就对自己的国家进行了有效的管理，建立了庞大严密的组织，并完成了许多在今天看来十分巨大的建筑工程，如埃及金字塔和中国的长城、大运河等。

管理是人类有目的的活动。在古代，人类已经能组织、指挥、协调数万乃至数十万人劳动，历时多年去完成经过周密计划的宏大工程，其管理才能不能不令人叹服。

★【链接1-1】

人类在共同劳动中产生了管理

虽然没有人能够准确考证人类社会到底是从什么时候开始学会管理、运用管理的，但是可以推断，自从有了人类社会以来，就有了管理。因为人类的产生显然不是始于单个个体的零星出现，而是在劳动过程中以种群方式进化而来的。根据现代管理理论的观点，只要存在一定共同劳动的人群，就必然会有分工、组织、协调等与管理有关的行为，即使当时的人类并不懂得他们的行为的具体含义，但这并不妨碍我们得出结论：自从有了人群组织以来，人类便在共同劳动中产生了管理。

二、管理的概念

从字面上看，管理可以简单地理解为"管辖"和"处理"，即对一定范围的人和事进行安排和处理。

管理是一个古老的概念，人们从未停止过对管理基本内涵和本质属性的探讨。在弗雷德里克·泰勒的科学管理理论产生之前，管理研究尚停留在经验性阶段，中外学者从不同角度对管理行为、管理活动和管理过程进行了深入的研究，产生了众多的管理学派，对管理的含义也是众说纷纭。以下是几种代表性的观点：

（1）世界百科全书的解释是：管理就是工商企业、政府机关、人民团体及其他各种组织的一切活动的指导。它的目的是要使每一行为或决策有助于实现既定的目标。

（2）重视管理者个人领导艺术的管理学家认为，管理就是组织中一切有目的的活动指导。它的目的是要使每一行为或决策有助于实现既定的目标。

（3）重视决策行为作用的管理学家认为，组织中任何工作都是通过一系列决策完成的，管理就是决策。

（4）重视管理职能的管理学家认为，管理就是对被管理对象实施一系列管理职能的过程。

（5）重视工作效果的管理学家认为，管理就是由一个或多个人来协调他人的活动，以便得到个人单独活动不能得到的效果。

（6）重视协调工作的管理学家认为，管理就是某一组织中，为实现共同目标而从事的对人与物质资料的协调活动。

由此可以看出，不同学者对管理的含义做出了不同的描述，都从不同侧面描述了管理的基本内涵。综合各种观点，我们认为管理是指管理者在特定的环境下，对所拥有的资源（如人力、物力、财力等）进行有效的计划、组织、领导、控制和创新，以便达到既定的组织目标的过程。具体而言，管理的内涵包括如下几层含义：

（1）客观性。管理活动是在特定的组织内外部多变的客观环境的约束下进行的。

（2）目的性。管理是一项有目标的活动，管理的核心就是实现组织的目标。

（3）职能性。职能是职责与功能的概括。管理是实施计划、组织、领导、控制和创新职能的过程。

（4）有效性。有效实现目标的手段是通过配套管理和利用资源，使组织的一切职能活动既有效率，又有效果地加速经济的发展。

（5）主体性。管理的主体是管理者。虽然管理者在行使管理职能时受诸多因素的影响，但管理者的素质和组织的运行绩效有着密切的联系。

三、管理的性质

（一）管理的普遍存在性

从上面对管理的分析不难看出，管理普遍适用于任何类型的组织。因为任何组织都有固定的组织目标，都有特定的资源调配和利用问题，因此，也就有管理问题。

1. 营利性组织需要管理

这类组织非常重视投入与产出的关系，十分强调对资源的利用效果。人们往往认为只有大企业才需要管理，因为大企业拥有更多的资源，更需要有周密的计划和高效的沟通与协调。事实上，小企业同样需要管理。每年都有大量的小企业破产倒闭，其原因并不仅仅是小企业拥有的资源少，更重要的是管理方面的问题。

2. 非营利性组织需要管理

从非营利性组织来看，不仅政府、军队、公安等组织，学校、医院、诊所和医疗保险单位、研究所、报社、博物馆及大众性广播、邮电和交通服务单位需要管理，而且各种基金会、联合会、俱乐部及政治党派、学术团体和宗教组织也都需要管理。

管理活动遍布人类社会的方方面面，无时无处不在。当然，不同类型的组织，由于其业务活动的目标和内容存在一些差异，因而管理的具体内容和方法也不尽相同，但从其基本管理职能、管理原理和方法来看，各种不同类型的组织具有相似性和共通性。

（二）管理的两重性

管理具有两重性：一方面，管理是人类共同劳动的产物，具有同生产力和社会化大生产相联系的自然属性；另一方面，管理同生产关系和社会制度相联系，具有社会属性（图1-1）。

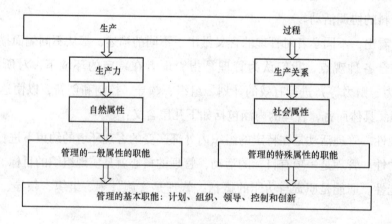

图1-1　管理的两重性示意图

管理的自然属性，也称管理的生产力属性或一般属性。在管理的过程中，为有效实现目标，要对人、财、物等资源进行合理配置，对产、供、销及其他职能活动进行协调，以实现生产力的科学组织。这种组织生产力的管理功能，是由生产力引起的，反映了人同自然的关系，故称为管理的自然属性。

管理的社会属性，也称管理的生产关系属性或管理的特殊属性。在管理的过程中，为维护生产资料所有者的利益，需要对人们之间的利益进行分配和调整，协调人与人之间的关系，这是一种调整生产关系的管理工作。它反映的是生产关系与社会制度的性质，故称为管理的社会属性。

正确认识管理的两重性：一方面要学习、借鉴发达国家先进的管理经验和方法；另一方面又要考虑我国的国情，建立自己的管理体系，或者说建立中国特色社会主义的管理体系。

需要指出的是，管理的自然属性和社会属性是一体的，不能把它们截然分开。管理的自然属性是管理的一般职能，即共性；而管理的社会属性是管理的特殊职能，即个性。

管理的两重性是相互联系、相互制约的。一方面，管理的自然属性不可能孤立存在，它总是在一定的社会形式和社会生产关系下发挥作用；同时，管理的社会属性也不可能脱离管理的自然属性而存在，否则，管理的社会属性就成为没有内容的形式。另一方面，两者是相互制约的。管理的自然属性要求有一定的社会属性的组织形式和生产关系与其相适应；同时，管理的社会属性也必然对管理的方法和技术产生影响。

（三）管理的科学性和艺术性

管理不仅是一门科学，而且是一门艺术，是科学与艺术的统一。这是国内外管理学家和管理实际工作者经过长期研究和探索后形成的对管理的共同认识。

1. 管理的科学性

管理的科学性是指管理作为一种活动过程，其间存在着一系列基本客观规律。人们经过无数次的失败和成功，通过从实践中收集、归纳、检测数据，提出假设、验证假设，抽象总结出一系列反映管理活动过程客观规律的管理理论和一般方法。人们利用这些理论和方法来指导自己的管理实践，又以管理活动的结果来衡量其过程中所使用的理论和方法是否正确，是否行之有效，从而使管理的科学理论和方法在实践中得到不断的验证和提高。因此，说管理是一门科学，是指它以反映管理活动过程客观规律的管理理论和方法为指导，有一套分析问题、解决问题的科学的方法论。

2. 管理的艺术性

管理的艺术性是指已经科学化的管理理论知识具体转化为可操作的管理方法、管理技巧和管理手段。所谓"艺术"，是指达到某种预期效果的"诀窍"。任何管理者都必须依据具体情况做出相应的管理对策。不顾实际情况，照抄照搬他人的管理经验和方法，之所以会失败，并非这些经验和方法本身有问题，而是因为忽视了管理的另一个特征，即管理必须因地制宜，因势利导，讲究方式方法，避免机械、呆板的管理，这就是管理的艺术。

一些系统学过管理理论但最初从事管理实践的人并不顺利，对管理的艺术性会有特别深刻的体会。实践告诉他们，了解管理原理和方法，并不等于可以完全达到管理目的。管理必须随时注意情况的变化，讲究灵活性和独创性。成功的管理难以模仿，这是由管理的艺术性决定的。

3. 科学性和艺术性之间的关系

没有系统化的理论知识体系形不成科学，没有实践性则没有艺术。管理的科学性和艺术性并不互相排斥，而是相互补充的，是管理活动中不可分割的两个方面。正如美国管理学家哈罗德·孔茨所言："最富有成效的艺术总是以对它所依靠的科学的理解为基础的。"管理的科学性是管理的艺术性的基础，揭示管理的本质和理性；管理的艺术性是管理的科学性的升华，揭示管理的现象和感性。如果否定管理的科学性，会使管理缺乏理论知识和指导，管理技巧只能在低层次徘徊，充其量为雕虫小技；如果无视管理的艺术性，管理就会公式化，只有原则，不能变通，只有模仿，没有创新，管理的原理和方法成了干巴巴的教条。

因此，管理既是一门科学，又是一门艺术，是科学与艺术的有机结合体。管理的这一特性，对于学习管理学和从事管理工作的人来说也是十分重要的，它可以促使人们既注重管理基本理论的学习，又不忽视在实践中因地制宜地灵活运用，这可以说是管理成功的一个重要保证。

第二节 管理的职能

一、管理职能的多种提法

管理职能是管理者在实施管理中所体现出的具体作用及实施程序或过程。人类的管理活动具有哪些基本职能？对于这一问题，至今仍是众说纷纭。

自1916年法约尔提出五种管理职能（古典提法）以来，有提出六种、七种的，也有提出四种、三种甚至两种、一种的（有的认为可概括为组织职能），最常见的提法是计划、组织、领导、控制和创新（见表1-1）。许多新的管理理论和管理实践一再证明：计划、组织、领导、控制和创新这五种职能是一切管理活动最基本的职能。

表1-1 管理职能

管理职能	古典的提法	常见的提法	本书的提法
计划（planning）	√	√	·计划
决策（decision making）			·组织
组织（organizing）	√	√	
用人（staffing）			
指导（directing）			·领导
指挥（commanding）	√		

续表

管理职能	古典的提法	常见的提法	本书的提法
领导（leading）		√	·领导
协调（coordinating）	√		
沟通（communication）			
激励（motivating）			
代表（representing）			·控制
监督（supervising）			
检查（checking）			
控制（controlling）	√	√	
创新（innovating）			·创新

二、管理的基本职能

（一）计划职能

计划职能是指管理者为实现组织目标对工作进行的筹划活动。计划职能一般包括调查与预测、制定目标、选择活动方式等。任何管理者都有计划职能，高层管理者负责制定总体目标和战略，所有层次的管理者都必须为其工作部门制订工作计划。计划职能是管理活动的首要职能。

（二）组织职能

组织职能是指管理者为实现组织目标而建立与协调组织结构的工作过程。组织职能一般包括设计与建立组织结构、合理分配职权与职责、选拔与配置人员、推进组织的协调与变革等。合理的组织结构是实施管理和实现目标的重要保证。因此，不同层次、不同类型的管理者总要或多或少地承担不同性质的组织职能。

（三）领导职能

领导职能是指管理者指挥、激励下属，以有效实现组织目标的行为。领导职能一般包括选择正确的领导方式；运用权威、下达命令；激励下属，调动其积极性；进行有效沟通等。凡是有下属的管理者都要履行领导职能，不同层次、不同类型的管理者领导职能的内容及侧重点各不相同。管理的领导职能是一门非常奥妙的艺术，它贯穿在整个管理活动中。

（四）控制职能

控制职能是指管理者为保证实际工作与目标一致而进行检查、监督、纠偏的行为。控制职能一般包括制定标准、衡量工作、纠正出现的偏差等。在执行计划过程中，由于受各种因素的干扰，常常使实践活动偏离原来计划，为保证目标及为此而制订的计划得以实现，就需要有控制职能。不同层次、不同类型的管理者控制职能的重点和方式有很大差别。

（五）创新职能

所谓创新，就是改变现状。创新职能是指管理者为适应环境的变化，将科技与管理紧密结合，以更有效的方式整合组织内、外部资源去达到组织目标的活动。创新职能一般包括创新的含义、创新的领域、创新的过程、创新的策略、创新的技法等。从管理的动态角度来看，创新职能在管理循环中处于轴心地位，成为推动管理活动的原动力。

管理的基本职能如图1-2所示。

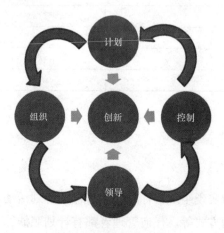

图1-2　管理的基本职能

至于是否把"创新"列为管理职能，学者们有不同看法。孙明燮（1998）认为创新不是管理职能，而是管理功能。周三多等（1999）则把创新列为管理职能，并认为创新是管理工作的原动力。几乎所有的国外管理教材都没有把创新列为管理职能。

我们认为创新应被列为管理职能，因为在所谓"唯一不变的就是变化"的当今世界，要想使组织立于不败之地，管理者就必须具有创新精神，敢于应对各种挑战。

★【链接1-2】

美国福特汽车公司的兴衰和复兴

美国福特汽车公司的创始人亨利·福特有着精明强干的头脑和丰富的经验。1896年第一辆福特汽车诞生，1903年福特汽车公司成立，开始生产"A"型到"R"型和"S"型汽车。从1908年开始生产"T"型车，"T"型车的特点是结构紧凑、设计简单、坚固、易驾驶、价格较低。1913年，福特采用了汽车装配的流水生产法并实现汽车零件的标准化，形成了大量生产的体制，当年产量增加到13万辆，1914年增加到26万辆，1923年增加到204万辆，在美国汽车生产中处于垄断地位。

福特从而建立起一个世界上最庞大和盈利最多的制造业企业，他还从利润中积累了10亿美元的现金储备。可是，福特坚信企业所需要的只是所有的主管企业家和他们的一些"助手"，只需要"助手"的汇报由他发号施令即可运行。他认为公司组织只是一种"形式",企业无须管理人员和管理。随着环境的变化,其他竞争者产生,人们对汽车的需求日益多元化,科技、产品供销、财务、人事等管理日趋复杂,个人管理已难以适应这种需求。只过了几年(到了1927年),福特汽车公司已丧失了市场领先地位,以后的20年逐年亏本。

1944年,福特二世接管时,公司已濒于破产。当时26岁的福特二世一方面向他的对手"通用汽车公司"学习,另一方面创建了一套自己的管理组织和领导班子,强化了管理职能。5年后,福特汽车公司重新获得了发展,成为通用汽车公司的主要竞争者。

美国福特汽车公司的兴衰和复兴,使我们看到在企业中管理职能是何等重要!

第三节 管理者及其分类、角色、技能

一、管理者及其分类

(一)管理者的含义

斯蒂芬·罗宾斯说:"管理者是这样的人,他通过协调其他人的活动达到与别人一起,或者通过别人实现组织目标的目的。管理者的工作可能意味着协调一个部门的工作,也可能意味着监督个人,还可能包含协调一个团队的活动。"一般来讲,管理者(又称管理人员)是指履行管理职能,对实现组织目标负有领导责任和影响力的人。管理者既可以是执行传统意义上的管理职能,对他人工作负有责任的人,也可以是承担特殊任务,而不对他人工作负有责任的人。只要他利用其职位和知识,以个人的方式对组织做出实质性的贡献,使该组织工作有成果,就是一位管理者,而不管他对他人是否具有管理监督的权力,是否具有下属。

管理者在组织中工作,但并非所有在组织中工作的成员都是管理者。通常可将组织成员分为操作者和管理者两类。操作者是直接从事某项工作或任务的人员,不具有监督其他人工作的责任。管理者则是指挥、监督和协调某项工作的人,在管理过程中肩负着特定的任务和职能,他不但要制定组织的目标、筹划工作的开展,而且要控制管理过程的运行,激发组织成员的潜能,以达到管理工作的目标。

(二)管理者的分类

管理者可以按不同的分类标准进行划分,最常见的是根据管理者在组织的纵向结构中所处的层次及根据管理者从事的工作性质和管理领域进行分类。

1. 按管理者的层次分类

根据管理者在组织的纵向结构中所处的层次,管理者可以分为高层管理者、中层管理者和基层管理者。

(1)高层管理者。高层管理者处于组织的最高层,是对整个组织的管理负有全面责任

的少数管理人员。他们的主要职责是制定组织的总目标、总战略，掌握组织的大政方针，评价组织绩效，沟通组织与外界的交往联系。在很多情况下，组织的成败往往取决于高层管理者的一个判断、一个决策或一项安排，为此，高层管理者要把主要精力和时间都放在组织全面性或战略性问题及组织环境问题的分析考虑上。如公司的正、副经理，工厂的正、副厂长，学校的正、副校长，医院的正、副院长等，都属于高层管理者。

（2）中层管理者。中层管理者是处于高层管理者和基层管理者之间的承上启下的一个或若干个中间层次的管理人员。他们的主要职责是贯彻执行高层管理者制定的重大决策，指挥、监督和协调基层管理者的活动。他们更注重"上传下达"，起沟通和日常的管理作用。如工厂的车间主任、商店的部门经理、大学的系主任、机关里的处长等都属于中层管理者。

（3）基层管理者。基层管理者又称一线管理者，是组织中最低层次的管理人员。他们的主要职责是直接指挥和监督现场作业人员，保证完成上级下达的各项计划和指令。他们最关心的是具体任务的完成。如工厂的工长、领班、小组长等都属于基层管理者。

作为管理者，不论他在组织中的哪一层次上承担管理职责，其工作的性质和内容基本上是一样的，都包括计划、组织、领导、控制和创新职能。不同层次的管理者工作上的差别，不是职能本身的不同，而是各项管理职能履行的程序和重点不同，如图1-3所示。

高层	计	组	领	控	创
中层					
基层	划	织	导	制	新

图1-3 管理者的层次分类与管理职能

2. 按管理者的工作性质和管理领域分类

根据管理者所从事的工作性质和管理领域不同，管理者可以分为综合管理者和专业管理者两类。

（1）综合管理者。综合管理者是负责管理一个组织全部活动的管理者，除了前面提出的高层管理者中的主要领导人，中层至基层组织中的直线主管一般都是综合管理者。他们必须有较强的整体意识，既要防止个别部门出现问题影响全局，又要根据内、外部情况变化，调整内部结构，增强组织整体竞争力。同时要注意抓住主要矛盾，把握各阶段工作重点，具有较高的综合和创新才能。

（2）专业管理者。专业管理者负责管理某一个方面的工作，他们一般有较丰富的专业工作经验。以企业为例，按照管理领域不同，专业管理者可以分为以下几种类型：

①生产与经营管理者。生产与经营管理者主要负责制造产品、提供服务、维护设备、质量检验等方面活动的管理。有调查数据表明，美国大公司的负责人大约10.7%都有生产与

经营管理的经历。

②市场营销管理者。市场营销管理者主要负责市场调查、广告宣传、产品调拨、销售和售后服务等方面活动的管理。美国大公司的负责人中有13.7%都是营销出身。显然,市场营销职能对许多组织而言是十分重要的。

③财务管理者。财务管理者主要负责筹集资金、投资预算、核算、出纳等方面活动的管理。有些机构如银行等金融机构,财务管理人员的需求量特别大。美国大公司的负责人中有财务工作经验的占20%,企业领导人必须精通财务知识。

④人力资源管理者。人力资源管理者主要负责人员招聘、安置、培训、考核、晋升、工资、奖惩等方面活动的管理。随着人力资源在组织中的重要性越来越突出,人力资源经理在组织中的地位也日益提高。

⑤行政管理者。行政管理者和一般管理者并不专门从事某一特定的管理专业领域的工作,但其重要性可从企业的首席负责人中约有16.4%来自行政管理者的这一事实中得以印证。

⑥其他专业管理者。其他专业管理者如产品研究开发管理者、公共关系或客户关系管理者等。每个专业的管理者既要搞好本专业活动的管理,又要注意与其他专业部门的配合与协调,防止片面强调本部门的特殊性,影响整体的协调性。

★【链接1-3】

杰出管理者——杰克·韦尔奇

杰克·韦尔奇,1935年11月19日出生于马萨诸塞州塞勒姆市,1957年获得马萨诸塞州大学化学工程学士学位。

1960年获得伊利诺伊大学化学工程博士学位,1960年加入通用电气公司(GE)塑胶事业部。1971年年底,韦尔奇成为通用电气公司化学与冶金事业部总经理。1979年8月成为通用电气公司副董事长。1981年4月,年仅45岁的韦尔奇成为通用电气公司历史上最年轻的董事长和首席执行官。

韦尔奇初掌通用电气公司时,通用电气公司的年销售额为250亿美元,年盈利为15亿美元,市场价值在全美上市公司中仅排名第十。而到1999年,通用电气公司实现了1 110亿美元的年销售收入(全球第五)和107亿美元的盈利(全球第一),市值已位居世界第二。

韦尔奇接手通用电气公司时,通用电气公司旗下仅有照明、发动机和电力3个事业部在市场上保持领先地位,而如今已有12个事业部在其各自的市场上数一数二,如果单独排名,通用电气公司有9个事业部能入选《财富》500强。在韦尔奇执掌通用电气公司的19年中,公司业绩一路飙升,并因此连续3年在美国《财富》杂志"全美最受推崇公司"评选中名列榜首。

韦尔奇在中国商界被誉为"管理之神",他的自传被视为"CEO 的'圣经'",他曾被邀请到我国中央电视台做客,其间提到老少企业家都在读这本"圣经"。究竟韦尔奇的哪些东西打动了中国的领袖级企业家?

当 45 岁的韦尔奇执掌通用电气公司时,这家已有 117 年历史的公司机构臃肿、等级森严,对市场反应迟钝,在全球竞争中正在走下坡路。按照韦尔奇的理念,在全球竞争激烈的市场中,只有在市场上领先对手的企业,才能立于不败之地。韦尔奇重整结构的衡量标准是:这个企业能否跻身同行业的前 2 名,即任何事业部存在的条件是市场上"数一数二",否则就要被砍掉,即整顿、关闭或出售。

韦尔奇最吸引中国企业家的一点,是他连续 20 年掌控通用电气公司这个美国老牌商业帝国,并使其老树回春,成为"现代企业"的标准和典范。中国的现代企业一般历史都不长,很容易破产倒闭,所以大家对"长寿术"都有点痴迷。在竞争激烈的市场中,使一个成熟的大企业在长达 20 年的时间里保持几乎与美国经济同步同速的增长,大概只有韦尔奇一人能做到。

在国际商界,大概每隔 10 年就会出现一两个商界奇才,20 世纪 80 年代有拯救克莱斯勒汽车公司的扭亏英雄艾柯卡、日本经营大师盛田昭夫,20 世纪 90 年代有创业奇才比尔·盖茨,世纪交替之时有杰克·韦尔奇。

二、管理者的角色

管理者的角色是指特定的管理行为类型和范畴。美国著名管理学家彼得·德鲁克在 1955 年首先提出了"管理者角色"这个概念。他认为:"管理是一种无形的力量,这种力量是通过各级管理者体现出来的,所以管理者大体上扮演管理一个组织、下属或工人和工作三种角色。"到了 20 世纪 60 年代末期,加拿大管理学家亨利·明茨伯格在研究中认为:"管理者无论做什么都可以通过考察管理者在工作中所扮演的角色来恰当地描述,管理者扮演着 10 种不同却高度相关的角色,这 10 种角色可以进一步合成为 3 个方面:人际关系方面的角色、信息传递方面的角色、决策制定方面的角色。"明茨伯格的管理者角色理论如图 1-4 和表 1-2 所示。

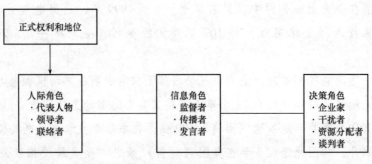

图 1-4　管理者的角色

表 1-2　明茨伯格的管理者角色理论

	角色	描述	特征活动
人际关系方面	1. 代表人物	象征性的首脑，必须履行许多法律性的或社会性的例行义务	迎接来访者，签署法律文件
	2. 领导者	负责激励和动员下属，负责人员配备、培训和交往的职责	实际上从事所有的由下级参加的活动
	3. 联络者	维护自行发展起来的外部接触和联系网络，向人们提供恩惠和信息	发感谢信，从事外部委员会工作，从事其他由外部人员参加的活动
信息传递方面	4. 监督者	寻求和获取各种特定的信息（其中许多是即时的），以便透彻地了解组织与环境；作为组织内部和外部信息的神经中枢	阅读期刊和报告，保持私人接触
	5. 传播者	将从外部人员和下级那里获得的信息传递给组织的其他成员——有些是关于事实的信息，有些是解释和综合组织中有影响的人物的各种价值观点	举行信息交流会，用打电话的方式传达信息
	6. 发言者	向外界发布有关组织的计划、政策、行动、结果等信息；作为组织所在产业方面的专家	举行董事会议，向媒体发布信息
决策制定方面	7. 企业家	寻求组织和环境中的机会，制定"改进方案"以发起变革，监督某些方案的策划	制定战略，检查会议决议执行情况，开发新项目
	8. 干扰者	当组织面临重大的、意外的动乱时，负责采取补救行动	制定战略、排除混乱、处理危机的行为
	9. 资源分配者	负责分配组织的各种资源——实际上是批准所有重要的组织决策	调度、询问、授权，从事涉及预算的各种活动和安排下级的工作
	10. 谈判者	在主要的谈判中作为组织的代表	参与工会进行的合同谈判

三、管理者的技能

"技能"一词，指的是一种能力，这种能力可以是后天培养的，并不一定要与生俱来；这种能力要在实际行动中得以展现，并不仅仅蕴藏于潜能之中。根据罗伯特·卡茨在《哈佛商业评论》中发表的一篇名为《能干的管理者应具有的技能》的论文，该论文提出管理者应具备三种基本技能，即技术技能、人际技能和概念技能。

（一）技术技能

技术技能（或称专业技能）是指管理者从事自己管理范围内的工作时所需要具体运用的技术、方法和程序的知识及熟练程度。

对于管理者来说，虽然没有必要使自己成为精通某一领域技能的专家（因为他可以依靠有关专业技术人员来解决专门的技术问题），但是要掌握一定的技术技能，否则就很难与他所主管的组织内的专业技术人员进行有效的沟通，从而也就无法对他所管辖的业务范围内的各项管理工作进行具体的指导。例如：医院院长不应该是对医疗过程一窍不通的人；学校校长也不应该是对教学工作一无所知的人；工厂生产经理更不应该是对生产工艺毫不了解的人；而如果是生产车间主任，就更需要熟悉各种机械的性能、使用方法、操作程序，各种材料用途、加工工序、各种成品或半成品的指标要求等。

（二）人际技能

人际技能是指与处理人事关系有关的技能，或者说是与组织内的人打交道的能力（协作精神和团队精神）。

在一个企业中，对于不同层次和领域，管理者可能分别需要处理与上层管理者、同级管理者，以及下属的人际关系，要学会说服上级领导，学会同其他部门的同事紧密合作，同时掌握激励和诱导下属的积极性和创造性的能力及正确指导和指挥组织成员开展工作的能力。

人际技能包括沟通、领导和激励三个方面的能力。实践证明，人际技能是一种非常重要的技能，对于高、中、低层管理者激励、引导和鼓励员工的工作热情和信心，最大限度地调动员工的积极性和创造性具有重要的意义。

（三）概念技能

概念技能是指能够洞察组织与环境相互影响的复杂性，并在此基础上加以分析、判断、抽象、概括并迅速做出正确决断的能力。

任何管理都会面临一些混乱而复杂的环境，管理者应该能看到组织的全貌，并认清各种因素之间的相互关系，如组织与外部环境是怎样互动的，组织内部各部门是怎样相互作用的等，并经过分析、判断、抽象、概括，抓住问题的实质，并作出正确的决策。这是管理者应具备的概念技能。概念技能包含一系列的能力，主要有以下两个方面的技能。

（1）理性技能。理性技能是指管理者能够总揽全局、沉着冷静地判断重要因素和这些因素之间的关系（工作单位之间、个人之间以及工作单位与个人之间的相互关系）的能力，以及能够识别某一领域的决策会对其他领域产生何种影响的能力。

（2）设计能力。设计能力是指深刻了解组织中任何行动的后果，以有利于组织利益的各种方式解决问题，正确行使五种管理职能的能力，能够提出新想法、新思想的能力，以及能够进行抽象思维的能力。

（四）各层次管理者的不同技能要求

各层次管理者的不同技能要求如图 1-5 所示。

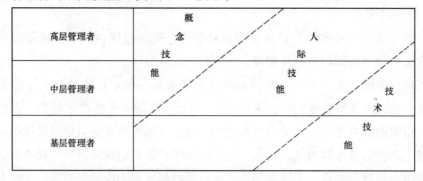

图 1-5　各层次管理者的不同技能要求

第四节　管理学的研究对象、内容和方法

一、管理学的研究对象

管理学是研究各种社会组织中管理活动的一般运动规律的科学，它既不同于工商管理，也有别于公共管理，因为后两者均是研究特定社会组织中管理活动规律的科学。

通常所说的管理，事实上包括两个部分，即业务管理和一般管理。业务管理是指组织各项经营职能的管理。在西方国家，通常把企业经营职能再分为生产、营销、财务、研究与开发、信息系统五项。在我国企业中也有过八大管理的说法，即生产管理、技术管理、设备管理、质量管理、劳动管理、物资管理、成本管理和财务管理，这些都属于业务管理。由于不同组织的经营职能不同，因此业务管理的具体内容也就不一样。一般管理是指管理活动的共同性和普遍性。不管是生产管理、营销管理，还是工商管理、公共管理，既然都是管理，必然会存在共同普遍适用的规律。这种存在于不同组织、不同职能领域管理过程中的共同性的管理活动，就是一般管理。业务管理并不是管理学研究的对象，是工商管理学（或公共管理学）及其分支学科（如生产管理、营销管理、财务管理等）研究的范围。管理学的研究对象是管理活动的一般性规律，即各种管理工作中普遍适用的原理和方法。

综上所述，管理学是一门系统地研究管理活动的普遍规律、管理基本原理和一般方法的科学。管理学是从管理实践中产生发展起来的，又反过来对管理实践活动进行指导，并随时代的发展而不断演进。

管理学所探讨的管理活动是复杂的社会现象，其中许多规律要经过长期的、反复的观察和实践才能得出比较正确的认识。因此，对管理活动一般规律的研究是一项长期任务，要完成这个任务，就需要总结各种社会组织的管理经验，从中归纳出带有一般性的规律。由于企业界最先注意到管理的重要性，因此，管理经验在工商企业中比在其他社会组织中积累得更多、更快，这方面的理论相对也更为成熟、系统。管理学的研究以工商企业管理为中心，并不排斥吸收其他社会组织的管理经验。事实上，其他社会组织的管理经验也为管理学理论的发展做出了积极的贡献。

二、管理学的研究内容

根据管理学的性质和研究对象，管理学的研究内容大体上有以下两个侧重点：

（1）从管理学的两重性出发，着重从生产力、生产关系和上层建筑三个方面研究管理学。

①从生产力方面，主要研究生产力诸要素之间的关系，即管理组织生产力的问题；研究如何合理配置组织中的人、财、物，使各要素充分发挥作用的问题；研究如何根据组织目标

的要求和社会的需求，合理地使用各种资源，以求得最大的经济效益和社会效益的问题。

②从生产关系方面，主要研究如何正确处理组织中人与人之间的相互关系的问题；研究如何建立和完善组织机构及各种管理体制等的问题；研究如何激励组织内部成员的问题，从而最大限度地调动各方面的积极性和创造性，为实现组织目标而服务。

③从上层建筑方面，主要研究如何使组织内部环境与外部环境相适应的问题；如何使组织的规章制度与社会的政治、经济、法律、道德等上层建筑保持一致的问题，从而维持正常的生产关系，促进生产力的发展。

(2) 从管理者的活动出发，着重研究管理的五大基本职能和管理的过程。

①管理活动有哪些职能，其基本职能的内容；

②执行这些基本职能涉及组织中的哪些要素；

③在执行职能过程中应遵循哪些原理，采用哪些方法、程序和技术；

④在执行职能过程中会遇到哪些障碍及阻力，如何克服这些障碍及阻力。

本书以管理的基本职能为主线，重点叙述管理活动的基本规律和方法，强调理论与实际的结合，全面、系统地阐述一个组织如何适应环境变化，合理组织和有效利用人力及其他资源，以实现组织的目标，取得良好的绩效。

三、管理学的研究方法

管理学的研究方法有以下四种。

（一）唯物辩证法

这是指导人们认识世界、研究问题的基本方法。根据唯物辩证法，管理学产生于管理的实践活动，是管理实践经验的科学总结和理论概括。为此，研究和学习管理学，必须本着实事求是的态度，深入管理实践活动中进行调查研究，总结实践经验并用判断和推理的方法使管理实践上升为理论。在学习和研究中，还要认识到一切现象都是相互联系和相互制约的，一切事物也都是不断变化发展的，因此还必须运用全面的、历史的观点去观察和分析问题，重视管理学的过去、现状和未来发展趋势，不能一成不变地看待组织及组织的管理活动。在分析某个管理理论或管理流派时，一方面必须注意它所反映的普遍性、共同性的问题，另一方面还必须注意其思想所代表的特殊的时代背景。

（二）系统方法

要进行有效的管理活动，必须对管理过程中的各种因素及其相互之间的关系进行总体的、系统的分析研究，才能形成管理中可行的基本理论和合理的决策活动。总体的、系统的研究和学习方法，就是用系统的观点来分析、研究和学习管理的原理和管理活动。所谓系统，是指由相互作用和相互依赖的若干组成部分结合成的、具有特定功能的有机整体，系统本身又是它从属的一个更大系统的组成部分。根据这个定义，可知管理过程是一个系统，管理的概念、理论和技术方法也是一个系统。这样，从管理的角度来看，系统就有了两层含义：一是指一种实体；二是指一种方法或手段。两者既有区别，又密切联系。

在分析和研究管理过程这个系统时，要把握其作为一种实体所具有的以下特征：

（1）整体性。管理过程是由各个管理职能相互联系、相互作用构成的有机整体，而不是它的各种因素的简单叠加。

（2）目的性。管理系统的目的就是使组织中的各个要素得到合理配置，以创造价值和提供服务，从而取得最大的经济效益和社会效益。

（3）开放性。管理过程本身是一个系统，但它又是社会系统中的组成部分，因此，它在不断地与外部社会环境进行物质、能量和信息的交换，因而具有开放性。

（4）转换性。管理过程中的各个因素不是固定不变的，因此管理系统可以转换被管理的各种因素，使管理取得更大的成效。

（5）相互依存性。不仅管理的各因素之间相互依存，而且管理活动与社会其他活动也是相互依存的。

（6）控制性。管理过程具有管理反馈的机制，以使各项工作能够及时、准确地被控制而得到有效的管理。

系统作为一种方法、手段或理论，要求在研究和解决管理问题时必须具有整体观点，"开放的"与相对"封闭的"观点、反馈信息的观点、分级观点、等效观点等有关系统的基本观点。

学习管理的概念、理论和方法也要用系统的观点来进行指导。通过管理过程中管理职能的展开来系统研究管理活动的过程、规律、原理和方法，这是一种对主管人员来说比较切合实际的研究和学习的方法，而且易学、易懂、易用。因此，学习管理学，绝不能把各项职能工作割裂开来，而应把它们当作整个管理过程的有机组成部分来系统地分析和思考，从而真正认识到作为一个主管者应该做些什么工作，怎样把工作做好，以及应掌握哪些相关知识。

（三）理论联系实际的方法

理论联系实际的方法，具体来说可以是案例的分析和实训调查、边学习边实践及带着问题学习等多种形式。这种方法有助于提高学习者运用管理的基本理论和方法去发现问题、分析问题和解决问题的能力。同时，管理学是一门生命力很强的尚处于试验中的学科，因而还应以探讨研究的态度来学习，通过理论与实践的结合，使管理理论在实践中不断得到检验，从而深化认识、发展理论。

（四）案例教学法

案例教学法是"管理学"课程教学中一个不可缺少的组成部分，它将部分真实案例引进课堂，使学生在较短的时间内如亲临其境般经历一系列的管理事件和问题，接触各式各样的组织情景。

1. 案例的含义

"案例"的英文是 case，医学上译作"病例"，法学上译作"案例"或"判例"，而

"管理学的教学案例"的英文是 business case,一般译作"个案""实例""案例"等。

美国哈佛大学案例教学研究开发部主任、案例教学协会主席 John Boehrer 教授认为,案例教学是一种以学生为中心,对现实问题和某一特定事实进行交互式探索的过程。学生在某些现实的约束条件下,如有限的时间、有限的信息和大量不确定性的条件下,运用智慧和情感,锻炼面对复杂问题做出关键性决策的能力。在案例分析中,学生必须作为案件事件的主角来观察问题,这就需要对所研究的问题先进行分析,然后才能决定怎样去解决问题,学生所致力解决的问题实际上并没有唯一的正确答案。

2. 管理案例的特点

管理案例有以下几个主要特点:

(1) 在案例教学中,案例是对某一具体事件或情景的客观描述和介绍,它围绕着一定的问题展开,是为一定的教学目的服务的。

(2) 案例教学是一种模拟实践的教学活动,是一种培养学生应用能力和实践能力的有效方法。

(3) 案例教学是一门独特的教学艺术,教师在案例教学中应起到一种积极的指导和组织作用。

(4) 案例教学以学生为中心,让学生以主角身份来积极地观察、分析和解决案例中存在的问题。

(5) 案例教学中解决问题的方案往往不是唯一的,学生在提出解决问题的方案前,必须运用一定的理论、方法和手段,对问题进行仔细分析研究,然后提出可供选择的方案。

(6) 课堂讨论是案例教学全过程的中心环节,是教与学的焦点与高潮,是教学双方所做努力的集中体现,是一种交互式的探索过程。

3. 案例教学的实施过程

案例教学的实施过程如图 1-6 所示。

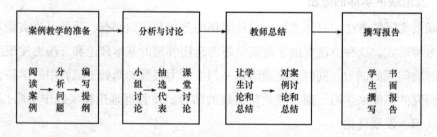

图 1-6 案例教学的实施过程

上述几种方法是学习和研究管理学的基本方法,除此之外,还有其他一些方法,如归纳与演绎法、比较研究法、数学分析法等。总之,学习和研究管理学,要以马克思主义的唯物辩证法为指导,同时综合运用各种方法,吸收和采用多种学科的知识,从系统的观点出发,联系实际,实事求是,这样才能真正掌握和发展管理学,为提高管理水平做出有益的贡献。

第五节 管理与环境

管理是一切社会组织必备的功能,其目标、方式、对象都是由组织的内部要素决定的。但是,任何一个社会组织的内部要素和行为都不是孤立的,要受到一系列外部环境因素的影响和制约。

所有的管理者在从事管理活动时,都必须在不同程度上考虑到外部环境的各种力量和因素,尽管其中很多因素是可控的,但任何组织的管理者都必须对可能影响组织运转的各种外部因素加以确定、评估,做出反应,并加以利用。对一个组织产生影响和制约,甚至决定作用的外部环境,一般可划分为一般环境和具体环境。

一、一般环境

一般环境也称宏观环境或社会大环境,主要是指可能影响组织的经济环境、政治和法律环境、社会文化环境、科技环境、自然地理环境和全球化环境。与具体环境相比,这些方面的变化对组织的影响都是间接的,但是管理者在执行其管理职能时,必须认真考虑这些因素。

(一) 经济环境

经济环境是指组织所在国家或地区的总体经济状况,包括经济发展水平、经济结构、消费者购买力、利率、通货膨胀率、失业率、社会总体价格水平等。

经济环境对所有类型的组织,包括营利性的和非营利性的组织都会产生影响。因为不论是工商企业还是学校、医院,甚至包括国家,任何组织的有效运转都必须有足够的资金来源,或称之为资本。利率和通货膨胀率会影响到资本的成本和可获得性。消费者购买力、社会总体价格水平则会影响到对组织所提供的产品或服务的需求。失业率、劳动力价格等会影响到组织所需劳动力的可获得性及其成本。股票市场难以预测的起伏变化,更是使得工商企业所处的环境越加复杂化。

需要注意的是,经济环境诸因素对组织的影响往往不是单独起作用或是仅仅产生某一方面的影响,它们经常是相互影响或是产生连锁反应,并且这种影响通常是广泛的,即可能影响到处于其中的所有组织,而不一定仅影响某一特定的组织。例如,通货膨胀率不仅带来价格水平的变动,对企业的投入或产出都可能产生严重影响,而且会影响就业、原材料供应、消费者购买力等诸多方面,因而会对所有的各类组织都产生极大的干扰。

(二) 政治和法律环境

政治和法律环境主要包括国家的政权性质和社会制度及国家的路线、方针、政策、法律、法规等。虽然在市场经济下,政府不会直接干预企业的经营与管理,但是政府作为社会秩序的管理者,可以通过各种经济政策、法律法规或是一些特定的立法来对企业或其他组织的行为产生影响，规范或限制其所能做和不能做的事情。例如，通过《中华人民共和国劳动法》和有关职业安全与健康等方面的法律法规来维护劳动者权益，保障其安全与健康；通过《中华人民共和国产品质量法》《中华人民共和国消费者权益保护法》等法律法规来约束企业行为和保护消费者利益；有关环境保护的法律条例则是许多企业在生产经营当中必须认真考虑的因素，否则将受到相应的处罚。

（三）社会文化环境

社会文化环境主要是指一个国家的人口数量、年龄结构、职业结构、民族结构和特性、生活习惯、道德风尚，以及这个国家的历史和历史上形成的文化传统。这些社会人文因素都直接、间接地对其他环境因素产生影响，也是组织活动必须认真研究和关注的基本因素。

（四）科技环境

管理的外部环境中最为活跃的因素之一即是科学技术。我们生活的时代是一个科学技术飞速发展的时代，新产品、新机器、新工具、新材料，乃至新服务层出不穷，给人们带来的是更高的生产效率、更高的生活水准和更加多样化的产品，当然随之也带来了交通拥挤、环境污染、能源短缺等一系列问题。每一个身处科技环境变化的企业和组织，都必须认真地去考虑如何应对这种变化，否则将会面临生存的危机，事实上，技术的变革正在从根本上影响着组织的构建及管理者的管理方式。尽管人们对始于20世纪下半叶的计算机革命的历史意义尚未做出最终的定论，但其对人类社会文明进步的作用，对所有组织及其管理的影响绝不亚于18世纪的工业革命，甚至比后者更为深远。我们已经看到，那些充分利用了计算机带来的信息优势和其他技术优势的企业和组织在激烈的竞争中占据着领先的地位。

（五）自然地理环境

自然地理环境主要包括自然资源、地理条件、气候条件等。组织需要根据自然地理环境的状况，研究原材料供应、能源供应、产品贸易的方向及生产、交通、运输条件，来开展生产经营活动。

（六）全球化环境

"地球村""全球经济一体化"，这些说法反映出当今世界发展的重要趋势。商品进出口、中外合资企业、国际著名跨国公司在中国设立分公司、中国企业走出国门在外国设分部，各种区域性联盟和全球性组织、外国投资者入驻中国国有企业、中外合作办学、中外文化交流……足以表明各种规模和类型的组织的管理者正面临着全球环境的机遇与挑战。管理者的思维必须超越国界，不论是进行全球化运作的企业，还是将自己的经营范围局限在国内市场的企业，每一个组织都面临着改进自己的产品或服务的压力，以适应来自国外同类或相关组织高质量的产品或服务的竞争。

事实上，全球环境对组织的影响是多方面的，因为全球一体化不仅反映在经济方面，而且表现在政治、文化、科技等诸多方面，它给组织带来的不仅有挑战，还有机会。组织如果想取得长期的发展，其管理者必须更多地从全球化视角去思考问题。

二、具体环境

具体环境是指那些对管理者的决策和行动产生直接影响并与现实组织目标直接相关的要素。对于每一个组织而言，具体环境都是不同的，并随着条件的改变而变化。对于工商企业而言，具体环境主要包括顾客、供应商、竞争者等。

（一）顾客

顾客是指组织所提供的产品或服务的购买者。组织是为满足顾客的需求而存在的。顾客或客户是吸收组织产出的主体，因此他们决定了组织的成败。不论是对企业还是对学校、医院乃至政府组织而言，都是如此。

为了赢得顾客，组织必须了解顾客的需求，满足他们的需求。当然，随着社会经济、文化、科技的发展，顾客的需求、品位会发生改变，组织必须及时了解，甚至提前预测这种变化，及时满足顾客不同的、不断变化的需求；否则，组织就会被顾客遗弃。正是出于这一清醒地认识，海尔等公司才提出了"让顾客完全满意""创造顾客"等经营理念，"以客户为导向"则成为许多企业经营的法则。

（二）供应商

作为开放的系统，组织必须不断地从外部环境中获取各种资源，通过组织的活动，将这些资源转化为该组织所提供的产品或服务，并将其输出到外部环境中。组织所需要的各种资源就是由供应商提供的。一个组织的供应商，不仅仅是指为其提供原材料和设备的公司，还应当包括为其提供持续的资金来源的银行和其他金融机构，以及为其提供所需人力资源的高校及其他培训机构、劳动力市场等。

质量、价格、交货期，这是供应商影响组织的三个基本因素，因为它们会对组织的活动产生直接影响，对于工商企业则进一步影响其利润水平。

过去，组织与供应商之间往往形成一种对立的或是竞争的关系。但是近年来，"双赢"的理念已经渐入人心，组织与供应商都认识到，在越来越艰辛的环境中，改善双方关系，变对立为合作，才有可能共同获益。

（三）竞争者

所有的组织都有一个或更多的竞争者。这些竞争者可能是来自同一行业提供相同产品或服务的其他组织，也可能是来自其他行业提供类似或替代产品或服务的组织，它们与本组织争夺顾客、市场和资源。例如，可口可乐公司与百事可乐公司之间的竞争、互联网公司与其他传播媒体之间的竞争等。

组织之间通过价格、产品、服务等形式进行竞争，对于身处其中的任何一个组织来讲，这都是一种不容忽视的环境力量，管理者必须对此进行科学、深入的分析，掌握哪些是自己的直接竞争对手，哪些是潜在的竞争对手，哪些是自己产品或服务的替代品，并时刻准备对此做出反应。

（四）其他因素

管理者必须认识到，除了顾客、供应商、竞争者之外，还会有一些其他因素能够对组织的行为产生直接的影响，这些因素包括政府管理机构、社会团体，如消费者协会、新闻传播媒介，以及本组织所在社区机构等。这些机构或组织在特定范围内或以某些特定的方式与组织发生联系，对组织的生存或发展起着促进或威胁的作用，因此，组织必须细心应对。

三、组织与外部环境的关系

任何组织想要实现自己的目标，都必须从外部环境取得必要的能量、资源和信息。例如，企业要想在市场上求得生存和发展，就需要从企业外部取得人力、物力、财力、信息、技术等，然后将它们进行输入、加工、处理，转换成结果输出给外部环境，并要被外部环境所接受。

概括起来说，组织与外部环境之间的关系表现在两个方面：一是社会环境对组织的作用；二是组织对外部环境的适应性。

（一）社会环境对组织的作用

（1）社会环境对组织具有决定作用。社会环境是组织存在的前提，没有具体要素的供给，企业就不可能生存，更谈不上发展。

（2）社会环境对组织具有制约作用。也就是说，社会环境作为外在条件对组织的生存和发展起着限制与约束的作用。以法律环境为例，在市场经济条件下，国家调整企业与企业之间、企业与消费者之间、企业与政府之间，以及涉外经济活动的利益关系和商务纠纷，主要是通过法律手段和经济手段进行的。这样，企业的生产经营活动就必然面临国内和国际法律环境，各种各样的法律规定以一定的标准衡量企业进入市场运行的资格，衡量企业在市场运作的合法性等。

（3）社会环境对组织具有影响作用。影响是指某一事物或行为对其他事物或行为的波及作用。习俗、民族文化或同一文化区域内人们的不同观念等，都会对组织活动产生重要的影响。

（二）组织对外部环境的适应性

组织对外部环境的适应性主要是指组织对其他社会环境的观察和反应。组织适应外部环境有两种基本的形态：一是消极、被动的适应；二是积极、主动的适应。任何组织要想达到自己既定的目标，都必须采取积极的态度，主动地适应环境的变化。

本章小结

（1）管理是指管理者在特定的环境下，对所拥有的资源进行有效的计划、组织、领导、控制和创新，以便达到既定的组织目标的过程。管理工作是在组织中开展的，是相对区别于作业工作又为作业工作提供服务的活动。管理工作在本质上不同于作业工作。称职的管理者不能事必躬亲，使自己陷入作业工作中，而要设法通过它们实现组织的目标。

（2）管理的基本职能包括计划、组织、领导、控制和创新。不同类别管理者在工作上的差别不在于职能本身，而主要在于各项管理职能履行的程度和重点有所不同。

（3）组织中从事管理工作的人，可以按层次划分为基层管理者、中层管理者和高层管理者；按工作性质和管理领域可分为综合管理者和专业管理者。

（4）管理者应具备的技能包括三个方面，即技术技能、人际技能和概念技能。这三种管理技能是任何类别的管理都共同需要的，区别在于从事不同管理工作的管理者所需掌握的各种管理技能的比例可能不同。高层管理者更需要概念技能，基层管理者对技术技能的要求更高，但不论何类管理者，他们都不能例外地需要人际技能。

（5）管理工作适用于各类组织，包括各种营利性组织和非营利性组织。因此，管理的适用范围是广泛的，但管理又是在特定的环境下，对特定的组织进行的。世界上不存在普遍适用的某种固定的管理模式，有效的管理者必须能在管理理论、原理和方法的指导下，结合具体情况因地制宜、灵活应变地开展管理工作。

（6）管理学是一门系统地研究管理活动的普遍规律、管理基本原理和一般方法的科学。学习和研究管理学，要以马克思主义的唯物辩证法为指导，同时综合运用系统方法、理论联系实际的方法等。

（7）管理的环境包括组织的外部环境和内部环境。外部环境就是对组织绩效起着直接或潜在影响的外部因素，它包括一般环境和具体环境。

重要概念

管理　管理的自然属性　管理的社会属性　管理职能　管理者　技术技能　人际技能　概念技能　组织的一般环境　组织的具体环境

复习思考题

1. 何谓管理？它的内涵是什么？
2. 论述管理的两重性。
3. 管理活动具有哪些基本职能？它们之间的关系是什么？
4. 什么是管理者？在管理学中管理者怎样分类？
5. 一个有效的管理者需要扮演哪些角色？应具备哪些技能？
6. 管理学的研究对象及其方法是什么？
7. 哪些环境因素构成了组织的一般环境和具体环境？

案例分析

杨总经理的一天

利群电子公司是一家拥有300多名员工的小型电子器件制造企业。除了三个生产车间之外，企业还设有生产技术科、购销科、财务科和办公室四个部门。总经理杨兴华任现职已有四年，此外还有两个副总经理张光和江波，分别负责生产技术、经营及人事。几年来，公司的经营呈稳定增长的势头，职工收入在当地遥遥领先。

  某天，杨总经理一上班就平息了两起"火情"。首先是关于张平辞职的问题。张平是一车间热处理组组长，也是公司的技术骨干，工作积极性一向极高，但今天一上班就气呼呼地来到总经理办公室递上了一份辞呈。经过了解，张平并非真的想辞职，而是觉得受了委屈。原因是头一天车间主任让他去参加展览中心的热处理新设备展销会而未能完成张副总交办的一批活，受到了张副总的批评。经过杨总经理的说服，张平解开了心结，收回了辞呈。

  张平刚走，又来了技术科的刘工。刘工是厂里的技术"大拿"，也是技术人员中工资最高的一位。刘工向杨总经理抱怨自己不受重视，声称如果继续如此的话，自己将考虑另谋出路。经过了解，刘工是不满技术科的奖金分配方案。虽然技术科在各科室中奖金总额最高，但科长老许为了省事，决定平均分配，从而使得自认为为企业立下汗马功劳的刘工与刚出校门的小李、小马等人所得一样。结果是小李、小马等欢天喜地，而刘工却感到受到了冷落。杨总经理对刘工做了安抚，并告诉刘工明年公司将进一步开展和完善目标管理活动，"大锅饭"现象很快就会克服的。事实上，由于年初计划时，目标定得比较模糊和笼统，各车间在年终总结时均出现了一些问题。

  送走了张平和刘工后，杨总经理开始翻阅秘书送来的报告和报表，结果上个月的质量情况令他感到不安，产品不合格率上升了6个百分点。车间和生产技术科在质量问题上的相互推诿也令人恼火。他准备在第二天的生产质量例会上重点解决这个问题。此外，用户的几起投诉也需要格外重视。

  处理完报告和报表后，杨总经理决定到车间巡视一下。在二车间的数控机床旁，他发现青年工小王在操作时不合乎规格要求，当即给予了纠正。随后他又到了由各单位人员协作组成的技术攻关小组，鼓励他们加把劲，争取早日攻克这几个影响产品质量和生产进度的"拦路虎"，并顺便告知技术员小谭，公司会尽量解决他妻子的就业问题。此外，杨总经理又透露了公司已做出的一项决定：今后无论是工人还是技术人员，只要有论文发表，公司将承担其参加学术会议的全部费用。大家备受鼓舞。

  中午12点，根据预先的安排，杨总经理同一个重要的客户共进了午餐，下午2点他主持了公司领导和各部门主管参加的年终总结会，会上除了生产技术科科长与购销科科长为先进科室的称号而又一次争得面红耳赤之外，其他基本顺利。散会以后，他同一个外商进行了谈判，签下了一份金额颇大却让两副总忐忑不安的订单，因为其中的一些产品本公司并没生产过，短时期内也没有能力生产，但杨总经理心中自有主意，因为他知道，有一家生产这类产品的大型企业正在四处找米下锅，而这份订单不仅会使这家大企业愁眉轻展，也将使利群电子公司轻轻松松稳赚一笔。

  下班时间到了，但杨总经理丝毫没有回家的意思。

讨论题：
请从管理职能的角度分析杨总经理一天的工作。

实训项目

访问一个企业或一位管理者

实训目的

通过访问参观某一个企业或访问某一位管理者，让学生结合实际并加深对管理系统的感性认识与理解；培养学生关注企业和学习管理的兴趣，以及参加社会实践活动的主动性、积极性。

实训内容

1. 要求学生了解该企业的某一项基本业务职能，如计划管理、生产管理、技术管理、营销管理、物资储备管理、财务管理、行政管理、人事管理、后勤管理等。
2. 向管理者了解他的职位、工作职能、胜任该职务所必须具备的条件等情况。

实训考核

1. 要求每位学生写出访问调查报告或小结，教师审阅，小组或全班交流。
2. 要求学生填写实训报告（实训项目、实训目的、实训内容、承担任务、实训小结等）。

第二章

管理思想与理论发展史

★学习目标

了解中国古代管理思想的逻辑体系；
了解西方管理理论的主要内容；
理解韦伯的行政组织理论的主要内容；
掌握泰勒的科学管理理论的主要内容；
掌握法约尔的一般管理理论的主要内容；
掌握人际关系理论的主要内容。

★案例导入

求道

有一个年轻人跋山涉水来到森林中的寺院，请求寺院里德高望重的主持收他为徒。主持郑重地告诉他："如果你真要拜我为师追求真道，你必须履行一些义务和责任。""我必须履行哪些义务和责任呢？"年轻人急切地问。"你必须每天从事扫地、煮饭、劈柴、打水、收拾东西、洗菜等工作。""我拜你为师是为了习艺正道，而不是来做琐碎的杂工和无聊的粗活。"年轻人一脸不悦地丢下这话，就悻悻然离开了寺院。

【案例启示】

正道不是高不可攀或高深莫测的理论，它隐藏在日常的工作琐事及生活细节中；同样，管理的道理随处可得，只要用心去体会，认真去从事，不断地去总结，在工作过程中就可以深刻领悟到管理的奥妙及意义。

第二章 管理思想与理论发展史

许多西方管理理论都可以在中国古代管理思想中找到类似的论述，而这些中国古代管理思想的提出先于西方许多年，有些管理思想至今还具有借鉴意义。在学习管理思想时，一方面要认真学习西方管理思想，另一方面要充分挖掘中国古代管理思想的宝库。

第一节　管理思想概述

一、管理思想的产生

管理源于人类的共同劳动，凡是有许多人共同劳动即协作的地方，就需要管理。可见，自从有了人类社会就有了管理实践，随着管理实践的发展，人们对管理活动逐步产生认识，即人们所掌握的有关管理的知识就是管理思想。将管理思想系统化和上升到理论形态，便成为管理理论。

管理实践自古以来就存在，而人们对管理知识的掌握、积累和总结，却经历了长期的历史过程。以企业管理为例，自18世纪60年代工业革命之后，西方几个主要发达国家特别是英国，便相继从工场手工业时期过渡到机器大工业时期，随着工厂制度的建立和工厂规模的扩大，管理日趋复杂，人们对工厂管理知识的积累也逐渐丰富。然而，作为一种系统的、反映工厂管理规律性的知识即科学管理理论（真正意义的管理理论），直到19世纪末才开始形成。

所以，管理实践、管理思想与管理理论三者的关系似一个三角关系：在管理实践的基础上产生管理思想，将管理思想总结归纳上升到理论形态便成为管理理论，管理理论又返回到管理实践，接受管理实践检验并指导管理实践，如此循环往复，呈螺旋式上升发展。

二、管理思想的逻辑体系

在各个历史时期，不同的管理者有着不同的管理思想，提出了各种管理理论，因此在学习时必须把握每一种管理思想和管理理论的内在逻辑发展体系，即人性假设—管理方法—管理目标。由于人性假设的不同，管理者使用的管理方法也不一样，从而形成了不同的管理目标。

（一）人性假设

每种管理思想首先都包含着一个基本的人性假设，人性假设是指管理者在管理过程中对人的本质属性的基本看法。中国有主张人性本善而提倡仁政、德治、礼治的儒家，主张人性本恶而提倡法治、刑治的法家；西方有主张人性本恶的X理论，主张人性本善的Y理论，以及经济人、社会人、文化人等多种关于人性的假设。管理思想家之所以如此关心人性问题，主要是因为管理活动的主要对象是人，而对人做怎样的人性判识，便决定着进行怎样的管理设计。因此，研究各派管理思想，首先需要搞清楚其对人性的假设和判识，它是一切管理思想和管理行为的认识基础。

（二）管理方法

管理学是一门应用型科学，不同的管理思想有不同的管理方法。例如，以泰勒为代表的科学管理理论的基本管理方法就是制度化、标准化、规模化。

（三）管理目标

各派的管理思想都不是毫无目的的纯粹学术探讨，都有自己的基本价值指向，都是为了实现某种目标而进行的艰苦的探索。如科学管理理论与人际关系理论的管理目标都是追求效率。

对于这一逻辑体系，"人性假设"这个概念听起来有点陌生，其实很简单，这都和人们的日常生活息息相关。比如，不同父母对孩子的管理方式是不同的，归纳起来无外乎有三种类型，即暴力型、温柔型和放任型。暴力型的父母动不动就打骂孩子；温柔型的父母对孩子总是循循善诱；而放任型的父母则对孩子不管不问。这三种类型的父母对孩子的不同管理方法的形成，除了他们自身性格的因素以外，还有一个重要的因素就是他们对孩子的认识不同：暴力型的父母认为他们的孩子是不听话的、不自觉的，相信不打不成才，所以动不动就打骂孩子；温柔型的父母则相反，认为他们的孩子是听话的、自觉的，"响鼓不用重锤敲"，提醒一下就可以了；放任型的父母认为他们的孩子没有办法管理，打也没用、骂也没用，好说歹说都不听，就不管他，放任自流。可见，由于父母对孩子的看法不同，就形成了他们的管理方法乃至管理目标的差异。

第二节 中国古代管理思想

中华民族悠久的历史积累了丰富的管理经验和许多影响深远的管理思想，为人类社会的进步和管理理论的发展做出了重要贡献。

中国古代管理思想在许多著作中都有记载和论述，如春秋战国时期杰出的军事家孙武著的《孙子兵法》，该书共13篇，篇篇闪烁着智慧的光芒。"知己知彼，百战不殆"这句名言就是一例，这种辩证的策略思想在书中比比皆是。孙武的策略思想不仅在军事上而且在管理上都具有指导意义和参考价值。日本和美国的一些大公司甚至把《孙子兵法》作为培训管理人员的必用书籍。《论语》《老子》《墨子》《韩非子》《贞观政要》《资治通鉴》等，也蕴含着丰富的管理思想，成为中外企业家的常备书籍。美国财富杂志首席经济学家迈克尔·波顿在他的名著《大话管理100年》中，肯定了当代"以人为本"的企业文化管理思想，而这一思想早在中国春秋战国时期就被提倡。由此可见，我国古代管理思想虽因各种原因未形成独立的完整的理论体系，但其价值极高，对现代管理实践有着重要的参考和借鉴价值。

然而，当中国进入近代社会后，随着西洋文化的渗入，大量的西方管理学著作被翻引进国内，造成了许多人认为管理思想无国货，使得我国源远流长的古代管理思想未能得到足够的重视。

在20世纪80、90年代，在中国向市场经济转型初期，西方先进的管理理念和方法对我国初创企业的发展起到了启蒙和推动作用，但是根植于西方价值观的西方管理模式难免也会导致"教条主义"和"经验主义"，更无法与中国传统价值观相融合。可以说，现代意义上的任何管理模式、管理思想、管理方法的产生和运用，都离不开本民族、社会的文化传统。深入研究古代丰富的管理思想和成功的管理经验，一方面有助于现代经济管理思想的完善和发展，尤其对建立中国特色的管理科学，更具有一定的现实意义；另一方面有助于弘扬中华民族的优良传统文化，树立文化自信。在全球经济一体化时代，若仍然只满足于学习西方管理理论，而漠视自己的文化传统，无异于放弃中华民族的话语权，这种发展有如无源之水、无本之木，最终是走不通的。

一、中国古代管理思想的逻辑体系

中国古代管理思想极为丰富。春秋时期可以说是中国古代文明的繁盛时期，各种管理思想也是百家争鸣。自秦汉以后，尽管也出现了许多杰出的管理思想家，但大都是在前人基础上的补充和发展，因此，我们以其中的儒、法、道三家（见表2-1）为代表进行分析。需要强调的是他们的管理思想还不能称为科学，其属于经验管理，研究的主要内容是治国之道、为君之方和做吏之规。

表2-1 中国古代管理思想体系

学说	人性假设	管理方法	管理目标
儒家	人性本善	仁政、德治、礼制	齐家治国平天下
法家	人性本恶	法制、刑治	崇君权、富国强兵
道家	人性自然	无为而治	至德之世

儒家首先提出人性本善的人性假设，进而提出仁政、德治、礼制的管理方法，最后提出要实现齐家治国平天下的管理目标。

法家首先提出人性本恶的人性假设，进而提出法制、刑治的管理方法，最后提出要达到崇君权、富国强兵的管理目标。

道家首先提出人性自然的人性假设，进而提出无为而治的管理方法，最后指出要实现的管理目标是至德之世。

二、中国古代管理思想的具体内容

（一）人本管理思想

1. 把人作为管理的中心

中国古代管理哲学的核心是人本观。"人"是管理活动的出发点和归宿，处于管理系的中心。

孟子云："民为贵，社稷次之，君为轻。"意思是说要把人民放在第一位，国家其次，君在最后。

《尚书》中曰："民可近，不可下；民为邦本，本固邦宁。"其意是说人民是国家的本体，人民稳定了，国家才能安宁。

孔子曰："仁者人也""仁者爱人"，"仁"作为中国传统道德的基础，其根本含义即"人"。

2. 重视人才的作用

中国古代许多思想家都把人才作为国家存亡的关键。

马致远的《汉宫秋》第二折："陡恁的千军易得，一将难求。"解释为征集成千的士兵很容易，但找到一个好的将领却很难，比喻人才难得，突出人才的重要性。

《荀子·君子》曰："尊圣者王，贵贤者霸，敬贤者存，慢贤者亡，古今一也。"说明尊重人才、重用人才，才能使事业兴旺发达。

3. 建立选人、用人标准

在选人、用人方面，中国古代也有许多精辟的见解。

司马光在《资治通鉴》中提出"才者，德之资也；德者，才之帅也"。强调了"德才兼备，以德为先"的人才观。

"金无足赤，人无完人"，意思是说没有人是完美的，对人才不要求全责备。因此，也提出了"用人当用其所长"的用人观，从而发挥每个人的优势。

"用人不疑，疑人不用"，意思是说对所用之人要给予充分的信任，不信任之人就不要委以重任，这样才能充分发挥人才的作用。

4. 强调修己安人

《礼记·大学》："古之欲明明德于天下者，先治其国；欲治其国者，先齐其家；欲齐其家者，先修其身。"说明个人修身的重要性，修养好自身品性才能管理好家庭，治理好国家。

子曰："其身正，不令而行；其身不正，虽令不从。"意思是说，当管理者自身端正了，不用下命令，被管理者也就会跟着行动起来；相反，如果管理者自身不端正，纵然三令五申，被管理者也不会服从的。

5. 推崇人际关系和谐

孟子说："天时不如地利，地利不如人和。"荀子说："上不失天时，下不失地利，中得人和，而百事不废。"这些思想都是说明了消除内部冲突和矛盾，取得内部团结的重要性。要办好企业，重要的是内部职工的合作共事。因此，人和十分重要。

（二）战略管理思想

我国古代的军事典籍中蕴藏着大量的战略管理思想，成为今天企业经营战略管理的重要思想宝藏，尤其是在《孙子兵法》中，孙子着重指出了战略谋划的重要性。

孙子曰：兵者，国之大事，死生之地，存亡之道，不可不察也。商场即为战场。在市场竞争中，企业要具备旺盛的生命力，一定要对企业的发展战略、经营方式、管理手段慎重研究，错棋一着，可能会满盘皆输。

《孙子兵法·谋攻篇》："是故百战百胜，非善之善者也；不战而屈人之兵，善之善者也。"实现战略目标应当选择最佳的策略，杀敌攻城只是下策，不通过双方军队兵刃交锋，便能使敌军屈服才是上策。

《孙子兵法·计篇》："夫未战而庙算胜者，得算多也；未战而庙算不胜者，得算少也。多算胜，少算不胜，而况于无算乎！"战役之前要多谋划，这样才有胜算。企业制定经营战略也是如此，必须多方调研，做全面长远的考虑。

在市场经济的条件下，企业之间的竞争变幻莫测，管理者只有高瞻远瞩，充分运用战略管理，才能立于不败之地。

（三）系统管理思想

系统管理思想重视事物的整体性，注重事物之间的区别和联系，重视人对客观事物的适应和促进。

"不谋万世者，不足谋一时；不谋全局者，不足谋一域。"某一时聪明、某一方面做得好并不能从根本上解决问题，要着眼于全局和长远才能解决问题。企业经营管理也是一样，不能"头痛医头脚痛医脚"，要系统分析问题的根源，基于全面考虑解决问题。

系统管理思想在我国古代管理实践中被充分重视和运用，很多著名的工程管理都是用了当时的系统管理思想，注重运筹、决策和对信息资源的管理而得以完成。

北宋真宗时期，皇城失火，皇宫烧毁。宋真宗派大臣丁渭主持修复，当时修复的任务相当繁重，既要清理废墟，又要挖土烧砖，还要从外地运来大批建筑材料。丁渭经过分析研究之后，确定了这样一个方案：首先，把皇宫前面的大街挖成一条大沟，利用挖出来的土烧砖；然后把京城附近的汴水引入大沟，通过汴水运进建筑材料；等皇宫修复之后，再把碎砖烂瓦填入沟中，最后修复原来的大街。按这一方案修造，取得了"一举三得"的效果，是中国古代系统管理思想运用的典范。

（四）组织管理思想

中国古代就已经有了有效的政府和组织管理，追溯起来从夏朝至今已经有4 000多年的历史。《周礼》就为官僚组织制定了一套完整的制度，它将国家政务划分为六个方面，分别为治、教、礼、政、刑、事，并分设天、地、春、夏、秋、冬六种官员来管辖相对应的政务，各司其职，使国家行政能力大为提高。

三省六部制初创于隋朝，完善于唐朝，是中国古代封建社会一套组织严密的中央官制。此后一直到清末，六部制基本沿袭未改。三省是指中书省、门下省、尚书省，六部是指尚书省下属的吏部、户部、礼部、兵部、刑部、工部。每部各辖四司，共为二十四司。

在历史发展过程中,组织形式和权力各有演变,至隋朝才整齐划一为三省六部,主要掌管中央政令和政策的制定、审核与贯彻执行。不同时期的统治者做过一些有利于加强君主专制的调整和补充。

第三节 西方管理思想与理论

一、西方早期的管理思想

西方的管理实践和思想主要体现在指挥军队作战、治国施政和管理教会等活动之中。古巴比伦人、古埃及人和古罗马人在这些方面都做过重要贡献。

★【链接2-1】

金字塔式的管理机构

古埃及有着严密的金字塔式的管理机构,在法老之下设置了各级官吏,最高为宰相,辅助法老处理全国政务,总管王室农庄、司法、国家档案,监督公共工程的兴建。宰相之下设有大臣,分别管理财政、水利建设以及各地方事务。上自宰相,下至书吏、监工,各有专职,形成了以法老为最高统治者的金字塔式的管理机构。为了强化法老专制政权的统治,埃及法老为自己修建了被后世称为世界七大奇迹之一的金字塔,其工程之浩大、技术之复杂,至今仍被视为难以想象的奇迹,以致被蒙上许多神秘的色彩。仅从管理角度来看,成千上万人的劳动,就需要严密的组织和管理。

进入18世纪60年代以后,以英国为代表的西方国家开始了第一次工业革命,生产力有了很大提高,随之而来的是管理思想和管理方法的创新,出现了一批卓越的思想家、经济学家和管理学家。

(一)亚当·斯密的劳动分工观点和经济人观点

亚当·斯密在1776年发表了《国民财富的性质和原因研究》一书,系统阐述了其政治经济学观点,特别是对劳动分工能带来劳动生产率的提高做了全面分析。他认为分工的益处主要是:可以使工人重复完成单项操作,从而提高劳动熟练程度,提高劳动效率;可以减少由于变换工作而损失的时间;可以使劳动简化,使劳动者的注意力集中在一种特定的对象上,有利于创造新工具和改进设备。此外,亚当·斯密还认为,经济现象是由具有利己主义的人们的活动产生的。人们在经济行为中,追求的完全是私人利益。

★【链接2-2】

亚当·斯密的劳动分工

亚当·斯密研究劳动分工问题时列举了制衣针制作过程中的拔丝、矫直、切段、磨尖、钻孔五项工作。如果每个工人都独立完成所有制衣针工作,那么 10 个工人每天总共制作 200 根针。如果这 10 个工人每人只专门从事其中一项工作,则每天能生产 48 000 根针。由此可见,劳动分工能使生产效率得到提高。

(二)查尔斯·巴贝奇的作业研究和报酬制度

查尔斯·巴贝奇是一位精通数学、机器制造的经济学家。1832 年,他发表了《论机器与制造业的经济》一书,他赞同亚当·斯密的劳动分工能提高劳动效率的论点,但认为亚当·斯密忽视了劳动分工可以减少支付工资这一好处。巴贝奇认为工人同工厂主之间存在利益共同点,并竭力提倡所谓利润分配制度,即工人可以按照其在生产中所做出的贡献,分到工厂利润的一部分。巴贝奇也很重视对生产的研究和改进,鼓励工人提出改进生产的建议。他认为工人的收入应该由三部分组成,即按照工作性质所确定的固定工资、按照生产效率及所做贡献分得的利润、为提高劳动效率而提出建议所应给予的奖励。

(三)罗伯特·欧文的人事管理

罗伯特·欧文是一位空想社会主义者。他曾在自己经营的一家大纺织厂中做过试验。他提出要缩短工人的劳动时间、提高工资、改善住房。他的改革试验证明:重视人的作用、尊重人的地位,可以使工厂获得更大利润。在一定程度上可以说欧文是人事管理的创始者。

上述各种管理思想是随着生产力的向前发展,适应资本主义工厂制度发展的需要而产生的。从 18 世纪末到 20 世纪初,这些管理思想还不系统、不全面,没有形成专门的管理理论和学派,但为后来泰勒等人创立科学管理理论打下了良好的基础,因而开始了从经验的管理向科学管理的过渡。

二、西方管理思想与理论的发展

管理学作为一门科学,已经历了近一个世纪的演变。泰勒的科学管理理论、法约尔的一般管理理论和韦伯的行政组织理论开创了管理理论思想的先河;梅奥的人际关系理论将管理理论思想推向了一个新的发展阶段;现代管理理论呈现出了管理理论思想的繁荣局面;文化知识管理理论成为 20 世纪管理理论思想的里程碑(见表 2-2)。

表 2-2　西方管理思想与理论体系

理论	人性假设	管理方法	管理目标
古典管理理论	经济人	强调制度化、标准化、规模化	企业效率化
人际关系理论	社会人	满足员工的社会和心理需要；参与管理	企业效率化
现代管理理论	系统人	系统方法研究	效率与效益的统一
文化知识管理理论	文化人	文化管理、知识管理	综合效益和可持续发展

三、西方管理理论的主要内容

（一）古典管理理论

1. 泰勒的科学管理理论

弗雷德里克·温斯洛·泰勒（Frederick Winslow Taylor）是最先突破传统经验管理格局的人物，被称为"科学管理之父"。

19 世纪末，如何提高劳动生产率是美国工业生产中的一个突出问题。当时作为机械工程师的泰勒始终对工人的低效率感到震惊，工人们采用各种不同的方法做同一工作，他们倾向于用"磨洋工"的方式工作。泰勒确信工人的生产效率只达到了应有水平的 1/3，为改变这种状况，他开始在车间里采用科学管理方法。泰勒认为，如果通过工作专业化和劳动分工，能使每一位工人生产每一单元产出花费的时间和精力有所减少，那么生产过程就会变得更有效率；并且认为，能够创造最高效率的劳动分工的方法是科学管理，而不是凭直觉而来的简单估算。他花了 20 年的时间来寻求从事每一项工作的"最佳方法"。泰勒的科学管理理论主要包括以下六个方面。

（1）确定合理的工作标准。泰勒认为，提高效率的首要问题是如何合理安排每日工作量，以解决消极怠工现象。为此，泰勒在伯利恒钢铁公司进行了有名的搬运生铁块试验：该公司由 75 名工人负责把 92 磅重的生铁块装运到 30 m 的铁路货车上。他们每天平均搬运 12.5 t，日工资 1.15 美元。泰勒找了一名工人，对搬运姿势、行走的速度、持握的位置给搬运量造成的影响及多长的休息时间最合适进行试验。经过分析确定了装运生铁块的最佳方法，通过采用最佳方法结合 57% 的休息时间，每个工人的日搬运量达到了 47~48 t，同时工人的日工资提高到了 1.85 美元。

（2）工作方法的标准化。这在实质上同第一点是一致的，工作标准的制定必定是方法的标准化，否则就不会有一套科学的统一的操作程序。泰勒在伯利恒钢铁公司还进行了有名的铁锹试验。当时，公司的铲运工人拿着自家的铁锹上班，这些铁锹各式各样、大小不等。公司的物料有铁矿石、煤粉、焦煤等，每个工人的日工作量为 16 t。泰勒经过观察发现，由于物料的比重不一样，每一铁锹的负载大不一样。如果是铁矿石，一铁锹有 38 磅；如果是煤粉，一铁锹只有 3.5 磅。那么，一铁锹到底负载多大才合适呢？经过试验，最后确定一铁锹 21 磅对于工人是最适合的。根据试验的结果，泰勒针对不同的物料设计不同形状和规格的铁。以后工人上班时都不用自带铁锹,而是根据物料情况从公司领取特制的标准铁锹,工作效率大大提高。堆料场的工人从 400～600 名降为 140 名,平均每人每天的操作量提高到 59 t,工人的日工资从 1.15 美元提高到了 1.88 美元。

(3) 合理配备工人。泰勒认为,应根据工人的具体能力安排恰当的工作,使其能胜任自己的工作。为了提高劳动生产效率,必须为工作挑选第一流的工人。第一流的工人就是指他的能力最适合做这种工作并且他愿意去做。泰勒主张对上岗的工人进行教育和培训,要教会他们科学的工作方法,使工作效率大大提高。

(4) 差别计件工资制。为了激励工人努力工作,完成定额,泰勒提出了差别计件工资制。它的内容包括:①通过对工时的研究和分析,制定出一个定额或标准。②根据工人完成工作定额的不同,采用不同的工资率,如工人完成定额的 80%,则只按 80% 付酬,超定额完成了 120%,则按 120% 付酬,这就是所谓的"差别计件工资制"。③工资支付的标准是根据工人的实际表现而非工作类别来支付工资。泰勒认为,实行差别计件工资制会大大提高工人的劳动积极性,从而大大提高劳动生产效率。

(5) 管理职能和执行职能相分离。泰勒认为,应该把管理职能和执行职能分开,建立专门的管理部门,配备专门的管理人员。这里的管理职能包括:时间和动作研究;制定劳动定额和标准的操作方法,并选用标准工具;比较标准和实际执行情况,并进行控制。管理职能与执行职能的分离在管理史上具有重要意义,不仅促进了劳动分工的发展,实现了管理工作的专门化,而且为科学管理理论的形成奠定了基础。

(6) 例外管理。泰勒认为,小规模的企业可采用上述职能管理,但大规模的企业不能只依靠职能管理,还需运用例外管理。他认为,企业的高级管理人员把例行的一般日常事务授权给下级管理人员去处理,自己只保留对例外事项的决定权和监督权,如果一个大企业的经理几乎被办公桌上的大量信件和报告淹没,而且每一种信件和报告都要他签字或盖章,那么这样的情景是极其可悲的。

★【链接2-3】

泰勒简介

弗雷德里克·温斯洛·泰勒是美国著名的经济学家和管理学家,科学管理的创始人,被称为"科学管理之父"。

1856 年 3 月 20 日,泰勒出生于美国费城杰曼顿的一个富有的律师家庭。泰勒在法国和德国的学校念过书,后来考上哈佛大学法律系。由于他十分刻苦,视力和听力受到了损害,所以最后不得不辍学。离开哈佛大学后,他进入费城恩特普里斯水压工厂的金工车间当模型工及机工学徒,1878 年进入费城米德维尔钢铁公司当一名普通工人。由于工作努力,泰勒升为职员,后又被提升为机工班长、车间工长、厂总技师,这中间只经过了六年时间。工作中,他参加了新泽西州的史蒂文斯技术学院业余学习班学习,于 1883 年获得新泽西州史蒂文斯技术学院的机械工程学学士学位,1884 年升任为米德维尔钢铁公司的总工程师。到米德维尔钢铁公司当工人的时候,泰勒已经真正开始观察有关管理方面的问题了。他发现许多工人在干活时都有"磨洋工"、工作效率低下的现象。为了改进管理方面的问题,他在米德维尔钢铁厂进行各种试验,对工人"磨洋工"造成产量不高的原因进行了研究和分析。后来他开始进行工时研究的工作,希望为建立工作标准提供可靠的科学依据。同时,泰勒提出了"差别计件工资制"。泰勒在 1890 年担任了一家机械制造投资公司的总经理。1893 年,他辞去这家公司的工作,开始独立创业,并亲自从事管理咨询顾问的工作。1898—1901 年期间,他受雇于宾夕法尼亚的贝瑟利恩钢铁公司从事管理咨询方面的工作。在大量试验的基础上,逐渐形成了他的科学管理的思想。从贝瑟利恩钢铁公司退休后,泰勒开始通过撰写文章和发表演讲来宣传他的科学管理制度。从 1903 年开始,他每周都去哈佛大学讲课。1915 年,泰勒去世,享年 59 岁。

2. 法约尔的一般管理理论

亨利·法约尔(Henri Fayol)被称为"管理过程之父",他出生于法国的一个小资产阶级家庭。1860 年,他毕业于法国国立采矿学院,毕业后进入康门塔里·福尔香堡采矿冶金公司,成为一名采矿工程师,25 岁任矿井经理,40 岁被晋升为公司总经理,任职 30 多年,77 岁退休后继任董事长。当他被任命为公司总经理时,公司遭遇财政困难、濒临破产。法约尔运用他的管理才干挽救了公司,在他的管理下,该公司成为法国南部最大的采矿和冶金公司之一。法约尔博览群书、知识渊博,他的管理理论以一个整体的大企业为研究对象,而且涉及工商企业、军队、机关、宗教、慈善团体等的管理问题。法约尔一生的著述很多,代表作为《工业管理与一般管理》(1916 年)。

法约尔与泰勒的不同之处在于他们所站的角度不同。法约尔认为,对于一个高层管理者而言,其重要的才能不再是技术而是管理的技能。他的主要贡献在于首次提出了**管理职能**,并确立了管理的基本原则。

(1)企业的基本活动和管理的五种职能。法约尔认为,在任何企业都存在着六种基本活动,而这些活动统称为经营。这六种基本活动是技术活动、商业活动、财务活动、安全活动、会计活动和管理活动。管理只是六种活动中的一种,管理活动是指计划、组织、指挥、协调和控制,即管理的五种职能。

(2)管理的 14 条原则。法约尔认为,正如宗教需要教规约束教徒的行为一样,管理也需要用"管理原则"来作为管理者行动的指南。法约尔根据自己的管理经验总结出了 14 条原则。这 14 条原则是劳动分工原则、权力与责任原则、纪律原则、统一指挥原则、统一领导原则、个人利益服从整体利益的原则、人员的报酬原则、集中化原则、等级制度原则、秩序原则、公平原则、人员稳定原则、首创精神原则和团结精神原则。

这 14 条原则在管理中具有非常重要的意义,但在管理工作中它又不是绝对和死板的东西,其中有一个度的问题,关键在于了解其真正的本质,并能灵活地应用于实践。

★【链接2-4】

法约尔管理的14条原则

第1条，劳动分工原则。这条原则与亚当·斯密的"劳动分工"原则是一致的。专业化通过使雇员们的工作更有效率，从而提高了工作的效率。

第2条，权力与责任原则。管理者必须有命令下级的权力，职权赋予管理者的就是这种权力。但是，责任应当是权力的孪生物，凡行使职权的地方就应当建立责任。

第3条，纪律原则。雇员必须遵守和尊重统治组织的规则，良好的纪律是有效的领导者造就的。对管理者与工人之间关系的清楚认识关系到组织的规则。明智地运用惩罚以对付违反规则的行为。

第4条，统一指挥原则。每一个雇员应当只接受来自一位上级的命令。

第5条，统一领导原则。每一组具有同一目标的组织活动，应当在一位管理者和一个计划的指导下进行。

第6条，个人利益服从整体利益的原则。任何个人或群体的利益不应当置于组织的整体利益之上。

第7条，人员的报酬原则。对工作人员的服务必须付给公平的工资。

第8条，集中化原则。集中是指下级参与决策的程度。决策制定是集中还是分散，只是一个适当程度的问题，管理当局的任务是找到在每种情况下最适合的集中程度。

第9条，等级制度原则。从最高层管理到最低层管理的直线职权代表了一个等级制度，信息应当按等级制度传递。但是，如果遵循等级制度会导致信息传递的延迟，则可以允许横向交流，条件是所有当事人统一和通知各自的上级。

第10条，秩序原则。人员和物料应当在恰当的时候处在恰当的位置上。

第11条，公平原则。管理者应当和蔼地和公平地对待下级。

第12条，人员稳定原则。人员的高流动率是低效率的，管理当局应当提供有规划的人事计划，并保证有合适的人选接替职务的空缺。

第13条，首创精神原则。允许员工发起和实施他们的计划将会调动他们的工作热情。

第14条，团结精神原则。鼓励团队精神将会在组织中建立起和谐与团结的氛围。

3. 韦伯的行政组织理论

马克斯·韦伯（Max Weber）被称为"组织理论之父"。他出生于德国一个有着广泛社会和政治关系的富裕家庭，从小受到良好的教育，对经济学、社会学、政治学、宗教学有着广泛的兴趣。他先后在柏林、佛赖堡和慕尼黑等大学担任过教授。韦伯在管理思想上的主要贡献是提出了所谓的理想的行政组织机构模式，其代表作是《社会组织和经济组织理论》。

(1) 权力和权威是组织形成的基础。韦伯认为，任何社会组织的管理都必须以某种形式的权力为基础。他将社会所存在的权力分为三种类型：①合法合理的权力。这是社会公认的、法律规定的权力。对这种权力的服从是绝对的，没有普通百姓和领袖、官员之分。这种权力是依照一定法律而建立的一套等级制度，对这种权力的服从就等于对确认的职务或职位的权力的服从。②传统的权力。这是由历史沿袭下来的惯例、习俗而规定的权力。对这种权力的服从是绝对地服从统治者，因为他具有历史沿袭下来的神圣不可侵犯的权力地位（犹如帝王的权力一样）。③神授的权力（个人崇拜式的权力）。这种权力指的是以对某人的特殊的神圣的英雄主义或模范品质的忠诚与崇拜为依据而形成的权力。

总而言之，对各种权力的服从是由于追随者对领袖人物的权力的信仰和信任。根据对权力的分类，韦伯在描述其理想行政组织体系时使用的是合法合理的权力。

(2) 理想的行政组织体系的特点。所谓"理想的"并不是最合乎需要的，而是指组织的"纯粹形态"。在实践中出现的可能是各种组织形态的混合，这个理想的行政组织机构只是便于进行理论分析的一种标准模式。韦伯将理想行政组织体系的特点归纳为：①明确的分工；②责权分明、层层控制的等级系统；③人员的任用；④管理人员的专职化；⑤遵守规则和制度；⑥组织中人员的关系。

通常我们把以上三位学者为代表的理论称为古典管理理论，也就是说，古典管理理论以泰勒、法约尔、韦伯为代表，通过以上的讲述可以找出古典管理理论内在的逻辑体系：人性假设是"经济人"假设，管理方法是强调制度化、标准化、规模化，管理的目标是追求企业的效率化。

（二）人际关系理论

以泰勒为代表的科学管理理论的广泛应用，大大提高了效率。但这些理论多着重于对生产过程、组织控制方面的研究，较多地强调科学性、精密性、纪律性，而对人的因素则注意较少，把工人当作机器的附属品，不是人在使用机器，而是机器在使用人，这激起了工人的强烈不满。这就迫使资产阶级不得不重视企业管理中的人际关系问题，于是在20世纪20年代产生了人际关系理论，以后发展为组织行为理论。

人际关系理论最主要的代表人物是埃尔顿·梅奥（Elton Mayo）。他于1922年移居美国，曾在宾夕法尼亚大学沃顿财政商学院任教，1926年进入哈佛大学从事工商管理问题的研究，他的主要著作有《工业文明中的人类问题》（1938年）、《工业文明中的社会问题》（1945年）。梅奥对人际关系理论的研究主要来自霍桑试验。1924—1932年间，他在美国芝加哥郊外的霍桑工厂进行了一系列试验。这个工厂是一家拥有2.5万名工人的大型企业，专营电器设备。在当时的人们看来，霍桑工厂具有较完善的娱乐设施、医疗制度和养老金制度，按理说工厂的劳动生产率应较高，但实际上是较低的。为了探究原因，美国国会议员组织了一个由多方面专家组成的小组进驻工厂，开始试验。起初试验的目的是研究工作条件与生产率之间是否存在直接的因果关系。这个试验的后期工作由梅奥负责。霍桑试验大体上分为四个阶段，即工作场所照明试验阶段、继电器装配室试验阶段、大规模访谈阶段和接线板接线工作室试验阶段，通过历时八年的试验，梅奥等人认识到，人们的生产效率不仅要受到生理方面、物质方面等因素的影响，更重要的是会受到社会环境、社会心理等方面的影响。这个结论的获得是相当有意义的，对只重视物质条件，忽视社会环境、社会心理对工人的影响的"科学管理"来说，是一个重大的修正。

1. 职工是"社会人"的假设

古典管理理论把人假设为"经济人"，即认为人都是追求最大经济利益的理性动物，工人工作是为了追求最高的工资收入。梅奥则把人假设为"社会人"，认为工人并非单纯追求金钱收入，他们还有社会心理方面的需求，如追求人与人之间的友情、安全感、归属感等。

2. 满足工人的社会欲望，提高工人的士气是提高生产效率的关键

古典管理理论认为，良好的物质条件一定能够促进生产效率的提高。梅奥认为，生产效率的提高并不是由经济刺激在内的物质条件的变化决定的，而是由工人的共同态度即士气的变化决定的。工人的满足度越高，士气就越高，而士气越高，生产效率也就越高。

3. 企业内存在着非正式组织

古典管理理论只承认正式组织，并把正式组织看作达到最高效率的唯一保证。梅奥认为，在企业内除了存在正式组织外，还存在着非正式组织。非正式组织与正式组织有着重大的差别，在正式组织中以效率的逻辑为重要标准，而在非正式组织中则以情感的逻辑为重要标准。梅奥认为，非正式组织的存在并不是一件坏事，它同正式组织相互依存，对生产效率的提高有很大的影响。

4. 存在霍桑效应

对于新环境的好奇与兴趣，会导致较佳的成绩，至少在最初阶段是如此。如何保持霍桑效应，也是每个管理者都应重视和研究的问题。

人际关系理论以梅奥为代表，其内在的逻辑体系是：人性假设是"社会人"假设，管理方法是满足员工的社会和心理需要，让员工参与管理，管理的目标还是追求企业的效率化。梅奥的贡献在于克服了古典管理理论的不足，奠定了行为科学的基础，为管理思想的发展开辟了新的领域。但这一理论也存在着局限性，如过分强调非正式组织的作用；过多地强调情感的作用，似乎职工的行动主要受情感和关系支配；过分否定经济报酬、工作条件、外部监督、作业标准的影响。

把泰勒的科学管理理论和梅奥的人际关系理论加以比较就可以看出：科学管理理论把职工视为"经济人"，认为他们追求个人的经济利益，只是一些机械的、被动的生产要素（会说话的机器），将其视为一个个孤立存在的个体，忽视了人的情感因素的作用，忽视了他们是群体中的一员，不可避免地受群体和社会环境的影响。而人际关系理论则看到了人都有各自的需要、欲望和情感，作为一种"社会人"，他们的需要、欲望和情感同他们所处的群体及社会环境有着密切的联系，而这些需要、欲望和情感又制约着人的行为，进而制约着生产效率。科学管理强调合理的分工和对组织的控制，人际关系理论则强调对人群行为的激励与协调。可见，由科学管理理论到人际关系理论，实质上是从一种以物为中心的"物本"管

理到以人为中心的"人本"管理的转变与发展，而融合了管理文化的"以人为本"的管理思想，在知识经济时代，具有特别重要的意义。

（三）现代管理理论

第二次世界大战后，随着现代科学技术的发展，生产和组织规模的扩大，生产力迅速发展，生产社会化程度日益提高，引起了人们对管理理论的普遍重视。不仅从事管理和研究管理学的人，而且一些心理、社会、人类、经济、生物、哲学、数学等方面的科学家们也从各自不同的角度，用不同的方法对管理问题进行了研究，从而出现了各种学派，带来了管理理论的空前繁荣，我们形象地称之为管理理论的"热带丛林"。美国管理学家哈罗德·孔茨（Harold Koontz）在20世纪60年代和80年代对现代管理理论中的各种学派加以分类，发表了《管理理论的丛林》和《再论管理理论丛林》两篇论文。"热带丛林"即得名于此。在前一篇论文中，孔茨把各种管理理论划分为6个主要学派，后来，孔茨认为6个学派已不能概括管理学派的所有观点，故在后一篇论文中又在原有6个学派的基础上增至11个学派。其实，学派的划分主要是为了便于理论上的归纳和研究，并非意味着彼此独立、截然分开，它们在内容上相互影响、彼此交叉融合。

这一时期，管理科学的发展重点在于运用数量分析的方法来提高决策的精确性和管理的效率，因此管理科学成了系统工程和运筹学的同一语。这一时期管理理论的人性假设是"系统人"假设，管理方法是运用系统方法研究管理活动，管理的目标是追求效率与效益的统一。下面重点介绍几种主要的现代管理理论学派。

1. 管理程序学派

管理程序学派又称管理职能学派，它是在法约尔一般管理理论的基础上发展起来的，该学派推崇法约尔的管理职能理论，认为应对管理的职能进行认真分析，从管理的过程和职能入手，对企业的经营理念加以理性的概括和总结，形成管理理论，指导和改进管理实践，该学派的代表人物是美国的管理学家孔茨和西里尔·奥唐纳，代表作是他们合著的《管理学》。

管理程序学派认为管理的本质就是计划、组织、指挥、协调、控制职能和过程，其内涵既广泛又易于理解，一些新的管理概念和管理技术均可容纳在计划、组织及控制等职能之中，各个企业和组织所面临的内部条件及管理环境尽管不同，但管理的职能却是相同的。

2. 行为科学学派

行为科学学派是在人际关系理论的基础上发展而来的。马斯洛（Abraham H. Maslow）（代表作是《激励与个人》）以及弗雷德里克·赫茨伯格（Frederick Herzberg）（代表作是《工作的推动力》）是行为科学学派的代表人物。

行为科学学派主张从单纯强调情感的因素，搞好人与人之间的关系转向探索人类行为的规律，提倡善于用人，进行人力资源的开发。强调个人目标和组织目标的一致性。认为调动积极性必须从个人因素和组织因素两个方面着手，使组织目标包括更多的个人目标，不仅改进工作的外部条件，更重要的是改进工作设计，从工作本身满足人的需要。主张在企业中恢复人的尊严，实行民主参与管理，改变上下级之间的关系，由命令服从变为支持帮助，由监督变为引导，实行职工的自主自治。

3. 社会系统学派

社会系统学派是以组织理论为研究重点，从社会学的角度来研究组织。这一学派的创始人是美国的管理学家切斯特·巴纳德，他的代表作是1937年出版的《经理的职能》。

巴纳德把组织看作是一个社会协作系统，即一种人的相互关系系统。这个系统的存在取决于三个条件：①协作效果。即组织的目标是否顺利达成。②协作效率。即在实现目标的过程中，协作成员损失最小而心理满足度最高。③组织目标和环境相适应。巴纳德还指出，在一个正式组织中要建立这种协作关系，必须满足以下三个条件：①共同的目标；②组织中每一个成员都有协作的意愿；③组织内部有一个能够彼此沟通的信息系统。此外，巴纳德对管理者提出了三个责任要求：①规定目标；②善于使组织成员为实现组织目标做出贡献；③建立和维持一个信息联系系统。

4. 决策理论学派

决策理论学派是在社会系统学派的基础上，吸收行为管理科学学派的观点，运用计算机技术和运筹学的方法发展起来的。决策理论学派的代表人物是美国的管理学家、诺贝尔经济学奖获得者赫伯特·西蒙，他于1960年发表的《管理决策的新科学》是决策理论学派的"圣经"。

在《管理决策的新科学》一书中，西蒙从逻辑实证主义出发，对传统的管理理论中的命令统一原则、特殊化原则、管理幅度原则、集团化原则等展开了严厉的批判，提出了一系列新的、与众不同的观点。西蒙认为：管理就是决策，决策贯穿于整个管理过程。组织是作为决策者的个人所构成的系统，组织活动的本质是决策，对组织活动的管理包含着各种类型的决策。管理的实质是决策，它是由一系列相互联系的工作构成的一个过程。这个过程包括四个阶段，即情报活动、设计活动、选择活动、审查活动。

5. 系统管理学派

系统管理学派是运用系统科学的理论、范畴及一般原理，分析组织管理活动的理论。其代表人物有美国的卡斯特、罗森茨韦克等。系统管理学派的主要理论观点是：组织是一个由相互联系的若干要素所组成的人造系统；组织是一个为环境所影响，并反过来影响环境的开放系统。不仅组织本身是一个系统，同时还是社会系统的分系统，它在与环境的相互影响中取得动态平衡。

系统管理和系统分析在管理中的应用，提高了管理人员对影响管理理论和实践的各种相关因素的洞察力。该理论在20世纪60年代最为盛行，但由于它在解决管理的具体问题时略显不足而稍有减弱，但仍然不失为一种重要的管理理论。

6. 管理科学学派

管理科学学派又称为数量学派，是泰勒的科学管理理论的继承和发展。管理科学学派正式作为一个管理学派，是在第二次世界大战以后形成的。这一学派的特点是利用有关的数学工具，为企业寻找一个有效的数量解，着重于定量研究。

管理科学学派认为，管理就是制定和运用数学模型与程序的系统，用数学符号和公式来表示计划、组织、控制、决策等合乎逻辑的程序，求出最优解，以达到企业的目的。该学派还主张依靠计算机管理提高管理的经济效益

7. 权变理论学派

权变理论是 20 世纪 70 年代在经验主义学说的基础上进一步发展起来的管理理论。权变理论学派认为管理中不存在普遍适用的"最佳管理理论"，有效的管理是根据组织的内外因素灵活地应用各种管理方法来解决管理问题的过程。

权变理论学派是管理理论新的发展和补充，主要表现在它与管理实践的联系更具体，与客观实际更接近。但是，权变理论学派仅限于考察各种具体的条件和情况，而没有用科学研究的一般方法来进行概括，只强调特殊性，否认普遍性；只强调个性，否认共性。

8. 经验主义学派

经验主义学派主要从管理者的实际管理经验方面来研究管理，他们认为成功的管理者的经验是最值得借鉴的。因此，他们重点分析许多管理人员的经验，并加以概括，使其系统化、理论化，据此向管理人员提供建议。

经验主义学派又称案例学派，其代表人物主要有戴尔（Ernest Dale），其代表作有《伟大的组织者》《管理：理论和实践》；彼得·德鲁克（Peter F. Drucker），其代表作有《有效的管理者》等。这一学派的中心是强调管理的艺术性。他们认为，古典管理理论和行为科学理论都不能完全适应企业发展的实际需要，有关企业管理的科学应该从企业管理的实际出发，以大企业的管理经验为主要研究对象，将其加以概括，不必企图去确定一些原则，只要通过案例研究分析一些管理人员的成功经验和他们解决特殊问题的方法，便可以在效仿的情况下进行有效的管理。

（四）文化知识管理理论

这一时期以威廉·大内和彼德·圣吉为代表。文化知识管理理论的人性假设是"文化人"假设，管理方法是倡导文化管理和知识管理，管理的目标是追求综合效益和企业的可持续发展。

1. 威廉·大内的 Z 理论

威廉·大内（William Ouchi）是美国加利福尼亚大学的管理学教授，是一位日裔美国管理学者，这使他在研究美日两国差异时具有一定的优势。1943 年，威廉·大内出生于美国的檀香山，1961—1965 年任美国通用汽车公司的研究人员，1967 年获斯坦福大学工商管理学硕士学位，1968—1971 年任芝加哥大学讲师，1972 年获芝加哥大学博士学位，1979 年起任加利福尼亚大学管理学教授，他还是美国管理科学院、管理科学研究所的成员，1975—1981 年任职于行政管理科学编辑委员会，并于 1978 年至 1981 年间任管理月刊学术委员。其代表作是 1981 年出版的《Z 理论——美国企业界怎样迎接日本的挑战》。

大内对管理学的最大贡献在于通过比较研究美日管理方式，提出了有关组织发展的 Z 理

论，Z理论结合了美国企业自己的特点，又利用了日本的管理方法，得到了美国企业管理界的赏识，被视为一种新兴的企业文化——Z文化。大内把美国企业管理模式称之为A组织管理模式，把日本企业管理模式称之为J组织管理模式，在对它们进行了比较分析后，发现在每个重要的方面，两者恰恰是对立的。J组织管理模式是实行终身雇佣制；对雇员进行缓慢的评价和升级；雇员从普通人员到管理人员走非专业化道路；企业对员工的控制是含蓄的，以员工对企业的认同感为基础；企业的决策是集体决策，因而也由集体对此负责；形成整体关系。而A组织管理模式的雇佣特点是短期的；雇员的流动性迫使企业采取迅速评价和升级的办法；企业对员工的专业化程度要求较高，因而员工走的是一条专业化道路，管理人员具有较高的专业水平，但仅限于自己的部门；企业对员工的控制更多地依靠具体的规章和制度；企业的决策是个人决策，个人负责；形成一种局部关系。可见，A组织管理模式注重硬管理、形式管理、理性管理和外显管理，管理显得生硬、机械、正式化、缺乏弹性、整合力差，组织的凝聚力也差。而J组织管理模式注重软管理、整合管理、人性化管理和隐形管理，因而管理具有有机性、非正式性、弹性、人性，它注重经营思想、组织风气、企业文化、人才开发、情报和技术开发能力等"软件"建设。这种组织精神上统一，士气高昂，能应付变化。所以，大内认为应该把两者加以结合，取长补短，以美国文化背景为依据，并吸收日本企业的长处，形成一种既有高效率又有高度职工满足感的企业组织，他称这种企业组织为Z组织管理模式，它具有以下特点：

（1）企业对员工的雇佣是长期的，不是短期的。员工有了职业的保障就会关心企业的利益和成长。

（2）采取下情上达的经营管理模式。决策可能是集体做出的，但最终要由一个人对这个决策负责，基层管理人员不是机械地执行上级的命令。

（3）统一思想主要靠中层管理人员对各种建议和意见进行调整统一。

（4）上下级关系比较融洽。平等主义是Z组织管理模式的核心特点。

（5）企业管理层在要求员工完成生产任务时也使员工在工作中得到满足。

（6）员工能得到多方面的经验，走非专业化道路。

（7）对员工的考察是长期且全面的。

2. 彼得·圣吉的学习型组织

美国著名的《财富》杂志报道：20世纪70年代被该杂志列入全球500家大企业排行榜的公司，到了20世纪80年代有1/3销声匿迹，自20世纪80年代起每年有30家企业从排行榜上淘汰。据报道，现代公司的平均寿命只有40年，比人的寿命还要短。

为什么会出现这一现象呢？据分析，一个人才荟萃的组织并不是一个具有最强竞争力的组织，所有组织成员的高学历也不能保证企业经营的成功。现代组织中仅有个人素质的提高是不够的，还需要积极提升组织的素质，只有组织具有高素质，个人才能在组织中充分发挥其个人的竞争力。

那么，如何才能提升整个组织的素质呢？要建立一种新型的组织——学习型组织。《财富》杂志指出，要抛弃那些陈旧的领导观念，20世纪90年代最成功的企业组织将是那些基于学习型组织的公司。

系统阐明学习型组织内涵的主要人物是彼得·圣吉（Peter M. Senge）。彼得·圣吉就读于斯坦福大学，主修工程。1978年获麻省理工学院动力系博士，后任该学院组织学习中心主任。他创办了美国著名的波士顿创新顾问公司，又称彼德新领导力训练中心。他在1990年年初出版了《第五项修炼》（学习型组织的艺术与实务），1994年又推出了《第五项修炼》的续集。

学习型组织的学习内容就是圣吉提出的五项修炼。五项修炼实际上就是五项技能，包括以下内容：

（1）自我超越。这是指学习如何扩展个人的能力，创造出人们想要的结果，并且塑造出一种组织环境，鼓励所有的成员自由发展，实现自己选择的目标和愿景。

（2）改善心智模式。这是指要持续不断地澄清、反省以及改进人们内在的世界图像，并且检视内在图像如何影响人们的行动与决策。

（3）建立共同愿景。这是指针对人们想创造的未来，以及人们希望据以达到目标的原则和实践方法，建立共同愿景，并且激起大家对共同愿景的承诺的奉献精神。

（4）团队学习。这是指转换对话及集体思考的技巧，让群体发展出超乎个人才华的能力。

（5）系统思考。这是指思考、了解行为系统之间相互关系的方式，帮助人们看清如何才能更有效地改变系统，以及如何与自然及世界经济中最大的流程相调和。

在这五项修炼中，圣吉把第五项修炼视为核心，认为它是整合其他各项修炼的理论与实质，它不断提醒人们融合整体能得到大于各部分加总的效力，这也是此书得名的由来。五项修炼的实质是要提升组织的素质，所以组织要不断地经过学习—修炼—提升，这也是强化组织竞争力的必由之路。

★【链接2-5】

管理科学理论的形成

第二次世界大战时期，英国为解决防空需要而产生了运筹学，发展了新的数学分析和计算技术。这些成果应用于管理工作中就形成了管理科学理论。管理科学理论是指以系统的观点运用数学、统计学的方法和电子计算机的技术，为现代管理的决策提供科学的依据，通过计划与控制以解决各项生产与经营问题的理论。

该理论是泰勒科学管理理论的继续和发展，其主要目标是探求最有效的工作方法或最优方案，以最短的时间、最少的支出取得最大的效果。但该理论的研究不仅已经突破了原来的"操作方法""作业水平"的范围，向整个组织的所有活动扩展，而且采用了泰勒时代根本没有的科技手段，在深度上有了很大发展。它的内容包括以下几个方面。

1. 运筹学

运筹学是管理科学理论的基础，是第二次世界大战中英国科学家为解决雷达的合理布置而发展起来的数学分析和计算技术。从内容上来讲，这是一种分析的、试验的和定量的科学方法。它专门研究在物质条件已定的情况下，为了达到目的，如何统筹兼顾整个活动所有环节之间的关系，选择一个最好的方案，即要求为最经济、最有效地使用人、财、物，做出综合性的合理安排，以取得最好的效果。在现代的管理工作中，形成了运筹学的许多新的分支，如规划论、库存论、网络分析、排队论、对策论等。

2. 系统分析

系统分析这个概念是由美国兰德公司于 1949 年首先提出的，认为事物是极其复杂的"系统"。系统分析就是运用科学和数学的方法对系统中的事件进行研究和分析。它要求在研究中注意，局部的目标不应与整体的目标相冲突，系统的最优途径不一定是各组成部分的最优途径。从系统的全局出发，进行研究、分析，制定决策，进行科学的管理，是这一科学方法的特点。

3. 决策科学化

决策科学化是要求以充分的事实为依据，运用严密的逻辑思考方法，对大量的资料和数据按照事物的内在联系进行计算、分析，遵守一定程序，做出正确的决策。

4. 常用的数学模型

常用的数学模型主要有盈亏平衡点模型、库存模型、线性规划模型、目标规划、整数规划、动态规划、决策模型、网络模型、排队模型、模拟模型、马尔可夫过程、对策论等。

管理科学理论就是制定适用于管理决策的数学模型与程序的系统，并把它们通过电子计算和其他科学技术方法应用于企业的管理之中。

由于这一理论本身是一门运用数学方法进行计量分析的科学，而要把管理中与决策有关的各种复杂因素全部数量化，是不可能也是不现实的。管理科学理论的运用也只是决策过程的一个方面，它还必须与其他方面结合才能提供比较完整的情况和做出比较正确的判断，从而进行管理中的科学决策。

本章小结

（1）在学习管理思想的时候，一方面要认真学习西方管理思想，另一方面要充分挖掘中国古代管理思想的宝库。

（2）在管理实践的基础上产生管理思想，将管理思想总结归纳上升便成为管理理论，管理理论又返回到管理实践，接受管理实践检验并指导管理实践，如此循环往复，如螺旋式上升发展。

（3）中华民族悠久的历史积累了丰富的管理经验和许多影响深远的管理思想及管理理论，为人类社会的进步和管理理论的发展做出了重要贡献。

（4）进入18世纪60年代以后，以英国为代表的西方国家开始了第一次工业革命，生产力有了很大提高，随之而来的是管理思想和管理方法的创新，出现了一批卓越的思想家、经济学家和管理学家。典型代表有：亚当·斯密的劳动分工观点和经济人观点；查尔斯·巴贝奇的作业研究和报酬制度；罗伯特·欧文的人事管理。

（5）西方国家在19世纪末20世纪初开始形成系统化的管理思想与理论。20世纪20年代以前的主要管理思想与理论有泰勒的科学管理理论、法约尔的一般管理理论和韦伯的行政组织理论。

（6）20世纪20年代中期开始在霍桑工厂中进行的试验，宣告了另一种管理理论的诞生。梅奥在总结后提出的人际关系学说，弥补了前期管理理论的不足，使人们看到了"人"的重要性与特殊性。

（7）无论管理实践还是管理理论，都是随着社会的发展而发展的，管理理论反映了一定社会的管理要求，各种管理思想从不同侧面说明管理工作的本质与内容，都有其一定的适用范围。在现代的管理实践中，我们需要注意根据管理实际而灵活地运用各种管理理论。

重要概念

差别计件工资制　科学工作方法　行政性组织　霍桑试验　人性假设　人际关系理论　决策理论学派　学习型组织

复习思考题

1. 中国古代儒家、法家、道家管理思想的主要内容是什么？
2. 综合分析亚当·斯密与查尔斯·巴贝奇研究的管理思想。
3. 泰勒科学管理理论的主要内容有哪些？为什么说泰勒是"科学管理之父"？
4. 法约尔的一般管理理论包括哪些内容？
5. 人际关系理论的主要内容是什么？
6. 现代管理理论主要包括哪些学派？各学派的主要观点是什么？
7. 彼得·圣吉提出的学习型组织五项修炼的内容是什么？

案例分析

案例一　文化病变：人性与责任

X公司是国内一家知名的上市公司，公司董事长兼总经理A从工人干起，一步步地成为当家人。多年来，在他的带领下，公司一直保持着高速发展，并于2007年年底成功上市。

在他的带领下，公司文化不乏一些闪光点。

重视人才——从1998年开始，公司每年都招聘大量的高学历员工及名校毕业生，给予较高的工资和优厚的福利待遇，极大地提高了公司的产品质量和技术含量。公司营造了一种重视人才的氛围。

唯才是举——每年年底，中层干部都会举行一年一度的干部竞争上岗选拔，干部岗位完全公开。竞岗者必须提交书面"竞争上岗报告"，通过后还要经过答辩。每年都有干部落马，都有新人、能人上岗，给公司员工形成了一种紧迫感和危机感。

但是，他个人价值观上的一些致命缺陷也导致了公司内部不良文化的滋生和蔓延，使得X公司在一种畸形的氛围中走入了迷途。

他比较独断专权。在公司内部，严厉打击异己以及不太驯服的员工和干部。不论员工以前有多大贡献，一旦冒犯"天威"，就一定要"下"来。曾经有一位技术部的经理，只因说了句不太恰当的闲话，就被处罚，写悔过书，三十七八岁的男子汉在保卫处痛哭流涕地检讨自己"我罪该万死"。即使这样，部门经理还是被撤掉了，并且永远不得"翻身"。

他搞"一言堂"，导致上行下效。公司内小报告盛行。公司有不成文的规定，就是不允许与辞职人员来往。有一位同志，与从X公司辞职的朋友一起到海边游泳，被人看到，报告了他，结果该同志的工资被扣了，几年里一直没有给他涨工资。X公司的工资水平在当地是排名第一的，没有人愿意丢掉饭碗。所以，大家说话、办事都极其小心，一谈到什么敏感话题，一些年长的员工就神秘兮兮地说："莫谈'国'事，莫谈'国'事。"于是，大家都很知趣地闭上嘴巴。

他总过度追究责任、矫枉过正，导致各部门及员工之间互相推诿扯皮。这一点在生产部门、技术部门、质检部门体现得尤为突出。公司的质量标准是这样的：技术部门出检验方法、标准，生产部门按设计生产，质检部门按照技术部的标准检验。一般来讲，一旦产品出问题，先找质检部门，质检部门说："我们检验的时候没问题，这是质量不稳定，应该找技术部门。"或者说："我们是按标准检验，是不是技术部门的标准有问题？"技术部更聪明，把检验标准提高、再提高，一直到完美无缺的地步。生产部门做不出那么高水平的产品，但质检部门按照完美无缺的标准检验，于是产品就开始在车间里积压，生产线中止，但三个部门各不相让。时间耽搁长了，销售部开始着急——因为延迟交货是要被罚款和丢失客户的。

讨论题：
1. 你如何评价A总的管理思想？
2. A总的管理实践体现了什么管理思想？

案例二　纽曼公司利润下降的原因

纽曼公司的利润在过去的一年里一直在下降，但同一时期同行们的利润却在不断上升。公司总裁杰克先生非常关注这一点，为了找出利润下降的原因，他花了几周时间考察公司的各个方面。接着，他决定召开各部门经理人员会议，把他的调查结果和得出的结论连同一些可能的解决方案告诉他们。

杰克说："我们的利润一直在下降，我们正在进行的工作大多数看来也都是正确的。比方说，推销策略帮助公司保持住了在同行中应有的份额。我们的产品和竞争对手的一样好，我们的价格也不高，公司的推销工作看来是有成效的，我认为还没必要改进什么。"他继续评论道："公司有健全的组织结构、良好的产品研究和发展规划，公司的生产工艺在同行中也占领先地位。可以说，我们的处境良好。然而，我们的公司却面临这样的严重问题。"

参会的每一个人都有所期待地倾听着。杰克开始讲到了劳工关系："像你们所知道的那样，几年前，在全国劳工关系局选举中工会没有取得谈判的权利。一个重要的原因是，我们支付的工资一直至少和工会提出的工资率一样高。从那以后，我们继续给员工提高工资。问题在于，没有维持相应的生产效率。车间工人一直没有能生产足够的产量，可以把利润维持在原有的水平上。"杰克喝了点水，继续说道："我的意见是要回到第一个原则。我们的公司是为股东创造财富的，不是工人的俱乐部。公司要生存下去，就必须要创造利润。我在上大学时，管理学教授们十分注意科学管理先驱们为获得更高的生产效率所使用的方法，这就是为了提高生产效率广泛地采用了刺激性的工资制度。在我看来，我们可以回到管理学的第一原则去，如果我们的工人的工资取决于他们的生产效率，那么工人就会生产更多。管理学先辈们的理论在今天一样的在指导我们。"

讨论题：
1. 你认为杰克的解决方案怎么样？
2. 你认为科学管理理论在当今的管理实践中应当怎样应用？
3. 生产效率低的原因还可能有哪些？

实训项目

查阅中西方管理思想、管理理论与实践方法的文献资料

实训目的

通过文献资料的查阅，对比中西方管理思想的差异，思考它们对现代管理的借鉴意义，初步培养学生分析管理思想、管理理论与实践方法的能力。

实训内容

1. 以小组为单位学习查阅文献资料。
2. 要求学生分析评价中西方管理思想各自的特点。
3. 阐述中西方管理思想对现代管理实践的借鉴和参考。

实训考核

要求每组学生写一份实训小结，并交由教师批阅。

第三章

决 策

★ 学习目标

了解决策的概念及特点；
掌握决策的各种类型；
掌握决策的过程；
掌握决策的影响因素；
掌握及正确应用定性决策方法；
掌握及正确应用确定型、风险型和不确定型决策方法。

★ 案例导入

阿斯旺水坝的灾难

规模在世界上数得着的埃及阿斯旺水坝在20世纪70年代初竣工。从表面上看，这座水坝给埃及人民带来了廉价的电力，减少了水旱灾害，灌溉了农田。然而，该水坝实际上却破坏了尼罗河流域的生态平衡，造成了一系列灾难：由于尼罗河的泥沙和有机质沉积到水底，使尼罗河两岸的绿洲失去了肥源——几亿吨淤泥堆积，土壤日益盐碱化；由于尼罗河河口供沙不足，河口三角洲平原向内陆收缩，使工厂、港口、国防工事有跌入地中海的风险；由于缺乏来自陆地的盐分和有机物，致使沙丁鱼的年收获量减少1.8万吨；由于大坝阻隔，使尼罗河下游的活水变成了相对静止的"湖泊"，致使水库区一带血吸虫病流行。埃及建造此大坝所带来的灾难性后果，是人们当初所没有预想到的。

【案例启示】

埃及建造阿斯旺水坝的决策，给埃及人民带来了一定的利益，但也造成了一系列灾难。

经济发展绝不能以破坏生态环境为代价。

第一节　决策概述

决策是管理的核心。可以认为，整个管理过程都是围绕着决策的制定和组织实施而展开的。现代管理学界流行这样一句话："管理的重心在经营，经营的关键是决策。"对于企业的主管人员来说，决策是最重要、最困难、最花费精力和最冒风险的事情。因此，近年来决策活动引起了管理学家、心理学家、社会学家，以至数学家和计算机科学家们的极大关注，成为一门独立研究领域，形成决策科学。

一、决策的定义

关于决策的定义，不同的学者有不同的看法。一种简单的定义则认为决策是从两个以上的备选方案中选择一个的过程。一种较具体的定义则认为决策是为了实现组织确定的战略目标，运用一定的科学理论方法，在对组织内、外部环境影响因素进行充分、全面、系统分析的基础上，提出若干个预选方案，并评价各种备选方案，从中选择出作为人们行动纲领的最满意方案。

本书采用路易斯·古特曼和范特的说法，将决策定义为：管理者识别并解决问题，以及利用机会的过程。对于这一定义，可做如下解释：

（1）决策的主体是管理者，可以是单个的管理者，也可以是多个管理者组成的集体或小组。

（2）决策的本质是一个过程，这一过程由多个步骤组成。

（3）决策的目的是解决问题或利用机会，这就是说，决策不仅是为了解决问题，有时还是为了利用机会。

二、决策的类型

决策可以按照以下标准进行分类。

（一）按决策主体分类

按决策主体进行分类，可以分为组织决策与个人决策。

1. 组织决策

组织决策是指由多人共同做出的决策，是充分发挥集体的智慧，由多人共同参与决策分析并制定决策的整体过程。最常用的组织决策的形式有四种，即互动小组的形式、德尔菲法、名义群体法和电子会议。

2. 个人决策

决策者只有一个人的决策活动称作个人决策。

个人决策与组织决策各有优缺点，但两者都不能适用于所有情况。组织决策相对于个人决策的优点为：①提供完整的信息，提高决策的科学性。"三个臭皮匠抵个诸葛亮"这句格言说的就是这个道理。②产生更多的方案，例如，一个由会计、生产、营销和人事代表组成的组织，会制定出不同背景的方案。③容易得到普遍的认同，有助于决策的顺利实施。④提高合法性。组织决策制定过程是与民主思想一致的，因此人们觉得组织制定的决策比个人制定的决策更合法。

组织决策也存在以下缺点：①消耗时间，效率可能低下。②少数人统治。一个组织的员工之间永远不会是完全平等的，他们可能会因组织职位、经验、对有关问题的知识、易受他人影响的程度、语言技巧、自信心等因素而不同。这就为单个或少数成员创造了发挥其优势、驾驭组织中其他人的机会。因此，很可能出现以个人或小群体为主发表意见、进行决策的情况。③屈从压力。在组织中屈从社会压力，从而导致所谓的群体思维，即要求在组织成员中取得一致的欲望会战胜取得最好结果的欲望。④责任不清。在组织决策中，组织成员分担责任，但实际上谁对最后的结果负责任却不清楚。

3. 组织决策与个人决策的选择

组织决策与个人决策的选择，取决于如何定义效果：

（1）如果以速度来定义，那么个人决策更为优越。因为以反复交换意见为特点的组织决策的过程，也是耗费时间的过程。

（2）如果以一种方案所表明的创造型的程度来定义，那么组织决策比个人决策更为有效。但是，群体不宜过大，有证据表明，有 5 个或 7 个成员的组织在一定程度上是最有效的。因为 5 和 7 都是奇数，可避免不愉快的僵局。离开了效率的评价，效果就无从谈起，组织决策的效率总是低于个人决策。

（3）在决定是否采用组织决策时，主要考虑的是效果的提高是否足以抵消效率的损失。

★【链接3-1】

美国通用电气公司的"全员决策"制度

美国通用电气公司是一家集团公司，1981 年杰克·韦尔奇接任总裁后，认为公司管理太多，而领导得太少，"工人们对自己的工作比老板清楚得多，经理们最好不要横加干涉"。为此，他实行了"全员决策"制度，使那些平时没有机会互相交流的职工、中层管理人员都能出席决策讨论会。"全员决策"制度的开展与实施，沉重打击了公司中的官僚主义，减少了烦琐的程序，使公司在经济不景气的情况下取得巨大进展。韦尔奇本人被誉为全美最优秀的企业家之一。

韦尔奇的"全员决策"有利于消除企业中的权力过分集中这一弊端，让每一个员工都体会到自己也是企业的主人，从而真正为企业的发展着想，绝对是一个优秀企业家的妙招。

如果你希望下属全然支持你，你就必须让他们参与，而且越早越好。

（二）按决策起点分类

按决策起点进行分类，可以分为初始决策与追踪决策。

1. 初始决策

初始决策是指组织对从事某种活动或从事该种活动的方案所进行的初次选择。初始决策是在对组织内外环境的某种认识的基础上做出的。

2. 追踪决策

追踪决策是在初始决策的基础上对组织活动的方向、内容或方式进行的重新调整。追踪决策是由于这种环境发生了变化，或者是由于组织对环境特点的认识发生了变化而引起的。组织中的大部分决策都属于追踪决策。

与初始决策相比，追踪决策具有以下特征：

（1）回溯分析。对初始决策的形成机制与环境进行客观分析，在挖掘和保留初始决策中的合理因素的同时，列出需改变决策的原因，以便有针对性地采取调整措施。

（2）非零起点。初始决策是在有关活动尚未进行、对环境尚未产生任何影响的前提下进行的，是零起点的决策。追踪决策是在初始决策已经实施，组织已经消耗了一定的人、财、物等资源，所面临的环境条件发生某种程度的变化，已经不是初始状态情况下进行的，是非零起点的决策。

（3）双重优化。初始决策是在已知的备选方案中择优，而追踪决策则需要双重优化：第一重优化是追踪决策所选的方案要优于初始决策，因为只有在原有的基础上有所改善，追踪决策才有意义；第二重优化是要在能够改善初始决策实施效果的各种可行方案中，选择最优或最满意者。第一重优化是追踪决策的最低要求，第二重优化是追踪决策力求实现的根本目标。

（三）按决策问题的层次分类

按决策问题的层次进行分类，可以分为战略决策与战术决策。

1. 战略决策

战略决策是指确定与企业未来的生存和发展有关的大政方针方面的决策，通常关系到组织的长远发展，通常是复杂的、不确定性的决策，涉及组织与外部环境的关系，常常依赖于决策者的直觉、经验和判断能力。它通常包括企业使命目标的确定，企业发展战略与竞争战略、收购与兼并、产品转向、技术引进和技术改造，厂长、经理人选确定，组织结构改革等。这些决策牵涉组织的各方面，具有长期性和方向性，因而要求抓住问题的关键，而不是注重细枝末节的面面俱到。战略决策多是非程序化、带有风险性的决策，做好战略决策主要是企业高层领导的职责。

2. 战术决策

战术决策属于执行战略决策过程的具体决策,通常包括管理决策和业务决策。

(1) 管理决策。管理决策是指对企业人、财、物等有限资源进行调动或改变其结构的决策,涉及信息流、组织结构、设施等,如营销计划与营销策略组合、产品开发方案、职工招收与工资水平、机器设备的更新等。管理决策主要是由中层或高层管理人员负责制定。

(2) 业务决策。业务决策是指解决企业日常生产作业或业务活动问题的一种决策,涉及改善内部状况及效率,如工作任务的日常分配和检查、生产进度安排和监督、岗位责任制的制定和执行、库存控制和材料的采购、广告设计等。业务决策主要是由企业基层管理人员负责制定。

3. 战略决策与战术决策的关系

战略决策与战术决策相互依存、相互补充:战术决策是实现战略决策的必需步骤和环节,没有战术决策,再好的战略决策也只是空想;反之,战略决策是战术决策的前提,没有战略决策,战术决策也就失去了意义,因而对组织的存在与发展也是无益的。

(四) 按决策性质分类

按决策性质进行分类,可以分为程序化决策与非程序化决策。

1. 程序化决策

程序化决策是指例行的、按照一定的频率或间隔重复进行的决策。程序化决策处理的主要是常规性、重复性的问题。处理这些问题需要预先建立相应的制度、规则、程序等,当问题发生时,只需要根据已有的规则加以处理即可,如职工请假、日常任务安排、常用物资的采购、"三包"产品质量问题的处理等。

2. 非程序化决策

非程序化决策是指非例行的、很少重复出现的决策。这类决策主要处理的是非常规性的问题,如重大的投资问题、组织变革问题、开发新产品或打入新市场的问题等。

一般来说,由组织的最高层所做出的决策大多数是非程序化决策。这类决策的问题无先例可循,只能依靠决策者的经验、直觉、判断及将问题分解为若干个具体的小问题逐一解决,随着管理者地位的提高,其所面临的非程序化决策的数量增多,重要性也逐步提高,决策难度加大,进行决策所需的时间也会相对延长,进行非程序化决策的能力变得越来越重要。因此,许多组织一方面要设法提高决策者的非程序化决策能力,另一方面应尽量使非程序化决策向程序化决策方向转化。

3. 程序化决策与非程序化决策的关系

(1) 程序化决策与非程序化决策的划分不是绝对的,两者并没有严格的界限,在特定的条件下,两者可以相互转化。

(2) 程序化决策与非程序化决策仅仅代表着事情存在的两个极端状态,两者之间还存在着许多其他类型的决策状态。

(3) 随着现代决策技术的发展,很多以前被认为是非程序化决策的问题已经具有了程序化决策的因素，程序化决策的领域日益扩大。

（五）按决策的可控程度分类

按决策的可控程度进行分类，可以分为确定型决策、风险型决策与不确定型决策。

1. 确定型决策

确定型决策是指在稳定（可控）条件下进行的决策。在确定型决策中，决策者确切知道自然状态的发生概率，每种方案只有一个确定的结果，最终选择哪种方案取决于对各个方案结果的直接比较。这类决策一般可以用简单的计算或数学模型来求得最优解。

2. 风险型决策

风险型决策也称随机决策。在风险型决策中，自然状态不止一种，决策者不知道哪种自然状态会发生，但知道有多少种自然状态及每种自然状态出现的概率，如天气有晴、雨、阴等几种状态，明天将出现哪种状态，谁也无法事先做出肯定的判断，但基于历史的数据或以前的经验可以判断出每种自然状态出现的可能性，即概率。

3. 不确定型决策

不确定型决策是指在不稳定条件下进行的决策。在不确定型决策中，决策者可能不知道有多少种自然状态，即便知道，也不能判断每种自然状态出现的概率，由于这种决策存在着不能确定的因素，而且各种方案都有若干个不确定的结果，所以最终决策的后果也是不确定的。如某企业为了扭亏为盈，需要开发新产品，因为新产品的市场需求情况是不确定的，所以成功的概率到底有多大无法确定，因此，这个决策属于不确定型决策。在不稳定的条件下进行有效决策的关键在于决策人员对信息资料的掌握程度、对信息资料的质量及对未来形势的准确判断。

三、决策的特点

决策包括以下六种特点。

（一）目标性

决策是为了实现特定目标进行的活动，没有目标就无从决策，目标明确以后，方案的拟订、比较、选择、实施及实施效果的检查就有了标准与依据。

（二）可行性

决策的实施需要利用一定的资源。缺乏必要的人力、物力、财力，理论上十分完善的方案也无法实行，因此在决策方案的拟定和选择时，决策者不仅要考虑采取某种行动的必要性，而且要注意实施条件的限制。

（三）选择性

决策的关键是选择。没有选择就没有决策，而要能有所选择，就必须提供可以相互替代的多种方案。事实上，为了实现同样的目标，组织总是可以从事多种不同的活动。这些活动在资源要求、可能结果及风险程度等方面存在着或多或少的差异，因此，不仅有选择的可能，而且有选择的必要。

（四）满意性

选择活动方案的原则是满意原则，而非最优原则。最优原则往往只是理论上的幻想，因为它有以下要求：①决策者了解与组织活动有关的全部信息；②决策者能正确地认识全部信息的有用性，了解其价值，并能制定出行动方案；③决策者能够准确地计算每个方案在未来的执行结果。

然而，在管理过程中，这些条件是难以具备的。首先，决策是面向未来的，而未来不可避免地包含着不确定性。其次，人们也很难识别出所有可能实现目标的备选方案。再次，由于信息、时间和确定性的局限限制也使管理者难以做到最佳，因此他们通常采纳一个令人满意的，即在目前环境中是足够好的行动方案。

（五）过程性

决策是一个过程，而非瞬间行动。决策是为达到一定的目标，从两种或多种可行方案中选择一个合理方案的分析判断和抉择的过程。

一般认为，决策过程可以划分为四个主要阶段：一是找出制定决策的理由；二是找到可能的行动方案；三是对诸行动方案进行评价和抉择；四是对于付诸实施的抉择进行评价。因此，决策实际上是一个"决策—实施—再决策—再实施"的循环过程。但在实际工作中，这些过程往往相互联系、交错重叠。

（六）动态性

决策具有显著的动态性，它与决策的过程性有关。决策总是一个循环的过程，因此，决策目标的制定以过去的经验和组织当前的状况为基础，决策的实施将使组织步入不断地发展变化中。在此过程中，任何可能对决策条件产生影响因素的变化都要求在一定程度上修正决策，甚至重新决策，以适应变化了的决策条件。决策活动的相互关联性也要求决策者必须根据其决策结果产生重大影响的其他决策灵活调整自己的决策方案。

四、决策的依据

管理者在决策时离不开信息，信息的数量和质量直接影响决策水平。管理者在决策之前及决策过程中应尽可能地通过多种渠道收集信息，作为决策的依据。

全面、准确、及时的情报信息是决策的前提条件。决策过程首先是一个信息沟通的过程，这一过程如果受阻，就会增大决策失误的风险性。企业的全部信息分为两个部分：一部分是决策的原材料，称为资源信息；另一部分是决策的产品，称为管理信息。资源信息只有经过决策过程才会变为管理信息，以方针、策略、计划、指标、指令、标准的形式出现于经营管理过程之中，所以企业必须建立有效的信息系统，迅速准确地收集与企业生产经营活动有关的一切信息，集中加工筛选、整理和存储，并建立有效的信息沟通渠道，保证信息纵横传递和反馈畅通无阻。

管理者在决定收集什么样的信息、收集多少信息以及从何处收集信息等问题时，要进行成本收益分析。只有在收集的信息所带来的收益（因决策水平提高而给组织带来的利益）超过为此而付出的成本时，才应该收集该信息。

人们通常所说的决策，简单来说，就是做决定。决策是人类社会的一项重要活动，它涉及人类生活的各个领域，决策的过程就是收集信息、进入思维、进行推理，最终做出决定的过程。显而易见，信息是决策的基础和依据。没有大量的信息，就不可能进入思维、进行推理，并最终做出决策。只有拥有大量的信息，才能做出一个好的决策。

第二节 决策过程与影响因素

决策的核心是在分析、评价、比较的基础上，对活动方案进行选择；选择的前提是拟定多种可行性方案；要拟定备选方案，首先要判断调整组织活动，改变原先决策的必要性，制定调整后应达到的目标。所以，决策过程包括识别问题、明确决策目标、拟定备选方案、评估备选方案、选择方案等阶段的工作内容。

在从事这些工作的过程中，决策者要受到组织文化、时间、环境、过去决策及他们对待风险的态度等多重因素的影响。

一、决策过程

决策是解决问题的过程，典型的决策过程包括以下几个阶段，如图3-1所示。

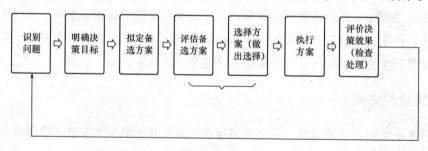

图 3-1 决策过程

（一）识别问题

一切决策都是从问题开始的，所谓问题，就是指现实状态与期望状态之间的差异。期望状态是什么？它可以是组织过去的绩效、组织预先设置的目标、组织中其他一些单位的绩效或是其他组织中类似单位的绩效。

决策者要在全面调查研究、系统收集环境信息的基础上发现差距，确认问题，分析问题，包括弄清问题的性质、范围、程度、影响、后果、起因等各个方面，为决策的下一个过程做好准备。可以认为,决策就是发现问题、分析问题和解决问题的过程。

(二) 明确决策目标

明确决策目标是制定和实施决策的基础,确定的目标只有含义明确、内容具体,才能对控制和实施决策起到指导作用。明确决策目标,要注意以下几点。

1. 决策目标应有明确的内涵,切忌含混笼统

如提高经济效益的目标,必须明确具体内容指的是什么,是销售额还是利润,是资金周转还是费用水平。

2. 要明确决策目标是否有附加条件

如要求产品的花色增加10%,同时要求保持原有的产品结构,并且不得降低资金周转速度和减少利润,后面就是附加条件。企业管理中的目标基本上是有条件的。因此,在明确目标时,必须严格规定附加条件。

3. 要明确衡量目标实现的具体标准

要明确衡量目标实现的具体标准,即确定哪些因素与决策相关。明确、清晰的决策目标,对其预定达到的要求应当有具体的标准规定,以便为拟订方案提供参考依据,同时作为检查决策执行结果的尺度;无论决策的内容及性质如何,其衡量标准应尽量做到数字化,以利于监督、控制和检查评价。

4. 要区分目标的重要程度和主次顺序

管理决策常常面临许多目标的情况,尤其是战略决策,所提出的问题经常需要考虑两个或两个以上的目标,问题的解决也依赖于同时满足这些目标,因此,必须根据重要程度将目标区分为必须达到的目标和希望达到的目标。

5. 明确决策目标,要做到需要和可能的统一

明确决策目标,不仅应根据管理需要,还要考虑可能性,主观愿望必须切合实际,才有可能实现,因此,只有将主观需要与可能性结合起来,决策目标才更有利于实现,这也是决策的可行性原则。

(三) 拟定备选方案

一旦机会或问题被正确地识别出来,管理者就要提出达到目标和解决问题的各种方案。这一步要求决策者列出能成功地解决问题的若干个可行方案。

(1) 在提出备选方案时,管理者必须把其试图达到的目标牢记在心,而且要提出尽可能多的方案。

(2) 为了提出更多、更好的方案,管理者需要从多种角度审视问题。这意味着管理者不仅要借助其个人经验、经历和对有关情况的把握来提出方案,还要善于征询他人的意见。

(3) 备选方案可以是标准的和明显的,也可以是独特的和富有创造性的,标准方案通常是指组织以前采用过的方案,通过头脑风暴法、名义小组技术和德尔菲技术等,可以提出富有创造性的方案。

（4）寻求解决问题的备选方案的过程是一个具有创造性的过程，决策者必须开拓思维，充分发挥想象力。

（5）在方案拟定过程中，应体现以下基本要求：①应具有整体详尽性，即所拟定的备选方案应包括所有可行方案，只有这样，才能为比较、评价和选择方案提供充分的余地，以保证最终选定方案的最优性。②应具有相互排他性和可比性。各方案的总体设计、主要措施和预期效果应有明显的区别，既不能把方案 A 的描述包括在方案 B 中，也不能使方案 A 成为方案 B 的实现途径。坚持相互排他性的目的在于：比较选择时便于从若干种备选方案中选择一种，如果各方案内容接近甚至相同，就失去了选择的意义，但是，在坚持相互排他性的同时，各备选方案之间又应当是可以比较的，如果没有可比性，同样会给选择带来不便。

（四）评估备选方案

以价值准则为尺度对备选方案可能产生的结果进行评价和估量。

（五）选择方案

从所列出的若干种可行性方案中选择满意方案的环节，也是决策的关键步骤。

经过前面的几个步骤后，我们确定了所有与决策相关的因素，恰如其分地权衡了它们的重要性，确认了可行性方案，并尽可能客观地评估了这些方案，便可以从经过分析的备选方案中选择最佳方案作为决策方案。

1. 选择最佳方案时的规则

要使执行该方案过程中可能出现的问题数量减少到最少，而执行该方案对实现组织目标的贡献达到最大。从经济学的角度来讲，就是力图用尽可能小的代价换取尽可能大的效果，从而实现最好的决策，没有哪个理智的决策者愿意花 100 万元去解决一个价值 50 万元的问题。

2. 选择最佳方案时应考虑的因素

（1）经验。在选择最佳方案时，将过去的经验作为一个指南。

（2）直觉。直觉与经验有关，它包括唤起决策者过去的记忆，并将其应用于对未来的预测。

（3）他人的建议。决策者必须从同事、上级和下级那里寻求帮助和指导。

（4）试验。如果可能的话，采用这种方法来检验备选方案。

3. 选择最佳方案时决策者应注意的事项

（1）统筹兼顾。尽可能保持组织与外部结合方式的连续性，要充分利用组织现有的结构和人员条件。

（2）注意反对意见。反对意见不仅可以帮助决策者从多种角度去考虑问题，促进决策进一步完善，而且可以提醒决策者防范一些可能会出现的弊病。

（3）要有决断的魄力。在众说纷纭的情况下，决策者要在充分听取各种意见的基础上，根据自己对组织的理解和对形势的判断，权衡利弊，做出决断。

（六）执行方案

执行方案就是把方案付诸行动，决策者必须设计所选方案的实施方法，一个优秀的决策者必须具备两种能力，即做出决策的能力和化决策为有效行动的能力。具体应从以下几个方面做好组织执行方案的工作。

（1）制定相应的具体措施，保证方案的正确实施。

（2）确保与方案有关的各种指令能被所有有关人员充分接受和彻底了解。

（3）应用目标管理方法把决策目标层层分解，落实到每一个执行单位和个人。

（4）建立重要的工作报告制度，以便及时了解方案进展情况，从而进行调整。

（七）评价决策效果

一个方案可能涉及较长的时间，在这段时间，形势可能发生变化，而初步分析建立在对问题或机会的初步估计上，因此，管理者要不断对方案进行修改和完善，以适应变化了的形势。同时，连续性活动因涉及多阶段控制而需要进行定期的分析。由于组织内部条件和外部环境的不断变化，管理者要不断修正方案来减少或消除不确定性，定义新的情况，建立新的分析程序。具体来说，职能部门应对各层次、各岗位履行职责情况进行检查和监督，及时掌握执行进度，检查有无偏离目标，及时将信息反馈给决策者。决策者则根据职能部门反馈的信息，及时追踪方案实施情况，对与既定目标发生部分偏离的，应采取有效措施，以确保既定目标的顺利实现。对客观情况发生重大变化，原先目标确实无法实现的，则要重新寻找问题或机会，确定新的目标，重新拟定可行的方案，并进行评估、选择和实施。

需要说明的是，管理者在以上各个步骤中都会受到个性、态度和行为，伦理、价值和文化等诸多因素的影响。

二、决策的影响因素

（一）环境

1. 环境的特点

就企业而言，如果市场相对稳定，则决策基本上是昨天决策的翻版与延续；而如果市场急剧变化，则需要经常对经营方向和内容进行调整。处在垄断市场上的企业，通常将经营重点放在内部生产条件的改善、生产规模的扩大以及生产成本的降低上；而处在竞争市场上的企业，需要密切关注竞争对手的动向，不断推出新产品，努力改善促销宣传，建立健全销售网络。

2. 环境的习惯反应模式

对于相同的环境，不同的组织可能做出不同的反应。而这种调整组织与环境关系的模式一旦形成，就会趋于稳固，限制着决策者对行动方案的选择。

（二）过去的决策

今天是昨天的继续，明天是今天的延伸。历史总要以这种或那种方式影响着未来。在大多数情况下，组织中的决策不是在一张白纸上进行的初始决策，而是对初始决策的完善、调整或改革。过去的决策对目前的决策有以下影响：

（1）过去的决策是目前决策的起点；过去方案的实施，给组织内部状况和外部环境带来了某种程度的变化，进而给非零起点的目前决策带来了影响。

（2）过去的决策对目前决策的影响程度取决于过去决策与现任决策者的关系情况。如果过去的决策是由现在的决策者做出的，决策者考虑到要对自己当初的选择负责，就不会愿意对组织活动做出重大调整，而倾向于将大部分资源继续投入到过去方案的实施中，以证明自己的正确性。相反，如果现在的决策者与过去的决策没有什么关系，重大改变就可能被其接受。

（三）决策者对风险的态度

人的理性是有限的。决策者对未来的预知不可能与实际发生的情况完全一样，这导致方案实施后未必能产生期望的结果。也就是说，决策是有风险的。

决策者对风险的态度会影响其对方案的选择。喜欢风险的人通常会选取风险程度较高但收益也较高的行动方案；而厌恶风险的人通常会选取较安全同时收益水平也较低的行动方案。

（四）伦理

决策者是否重视伦理以及采用何种伦理标准会影响其对待行为或事物的态度，进而影响其决策。

（五）组织文化

组织文化会影响到组织成员对待变化的态度，进而影响到一个组织对方案的选择与实施。

在决策过程中，任何方案的选择都意味着对过去某种程度的否定，任何方案的实施都意味着组织要发生某种程度的变化。决策者本人及其他组织成员对待变化的态度会影响到方案的选择与实施。

在偏向保守、怀旧、维持的组织中，人们总是根据过去的标准来判断现在的决策，总是担心在变化中会失去什么，从而对将要发生的变化产生怀疑、害怕、抵触的心理与行为；相反，在具有开拓、创新精神的组织中，人们总是以发展的眼光来分析决策的合理性，总是希望在可能发生的变化中得到什么，因此渴望变化、欢迎变化、支持变化。

（六）时间

美国学者威廉·R·金和大卫·I·克里兰把决策划分为时间敏感型决策和知识敏感型决策。时间敏感型决策是指那些必须迅速做出的决策。战争中军事指挥官的决策多属于此类决策。知识敏感型决策是指那些对时间要求不高而对质量要求较高的决策。组织中的战略决策大多属于此类决策。

★【链接3-2】

"囚徒困境"博弈

"囚徒困境"说的是两个囚犯的故事。A、B两人一起做坏事，结果被警察发现抓了起来，分别关在两个独立的、不能互通信息的牢房里进行审讯。在这种情形下，两个囚犯都可以做出自己的选择：供出他的同伙（即与警察合作，从而背叛他的同伙），或者保持沉默（也就是与他的同伙合作，而不是与警察合作）。这两个囚犯都知道，如果他俩都能保持沉默的话，就都会被释放，因为只要他们拒不承认，警方就无法给他们定罪。但警方也明白这一点，所以他们就给了这两个囚犯一点儿刺激：如果他们中的一个人背叛，即告发他的同伙，那么他就可以被无罪释放，同时还可以得到一笔奖赏。而他的同伙就会被按照最重的罪来判决，并且为了加重惩罚，还要对他实施罚款，作为对告发者的奖赏。当然，如果这两个囚犯互相背叛的话，两个人都会被按照最重的罪来判决，谁也不会得到奖赏。

那么，这两个囚徒该怎么办呢？是选择互相合作还是互相背叛？从表面上看，他们应该互相合作，保持沉默，因为这样他们俩都能得到最好的结果：自由。但他们不得不仔细考虑对方可能采取什么样的选择。囚犯A不傻，他马上意识到，他根本无法相信他的同伙B不会向警方提供对他不利的证据，然后带着一笔丰厚的奖赏出狱而去，让他独自坐牢。这种想法的诱惑力实在太大了。但囚犯B也意识到，他的同伙A也不傻，也会这样来设想他。所以两个囚犯的结论是，唯一理性的选择就是背叛同伙，把一切都告诉警方，因为如果他的同伙笨得只会保持沉默，那么他就会是那个带着奖赏出狱的幸运者了，而如果他的同伙也根据这个逻辑向警方交代了，那么，囚犯A反正也得服刑，起码他不必在这之上再被罚款。所以结果就是，这两个囚犯按照不顾一切的逻辑得到了最糟糕的报应：坐牢。表3-1为这个博弈的支付矩阵。

表3-1 "囚徒困境"博弈

A＼B	坦白	抵赖
坦白	−8，−8	0，−10
抵赖	−10，0	−1，−1

第三节 决策方法

决策方法可以分为两类：一类是关于组织活动方向和内容的决策方法；另一类是在既定方向下从事一定活动的不同方案选择的方法。随着决策理论和实践的不断发展，人们在决策中所采用的方法也不断地得到充实和完善，当前，经常使用的企业经营决策方法一般可分为两类：一类是定性决策方法；另一类是定量决策方法。前者注重决策者本人的直觉，后者则注重决策问题各因素之间客观的数量关系，把决策方法分为两类只是相对而言，在具体使用中,两者不能单独使用。把两者密切配合,已成为现代决策方法的一个发展趋势。

一、定性决策方法

定性决策方法又称决策"软"方法,它是指建立在心理学、社会学、行为科学的基础上,经过系统的调查研究分析,根据掌握的情况与资料,充分发挥专家集体的智慧、能力和经验进行决策的方法。

管理决策者运用社会科学的原理并根据个人的经验和判断能力,充分发挥各自丰富的经验、知识和能力,从对决策对象的本质特征的深入研究,掌握事物的内在联系及其运行规律,对企业的经营管理决策目标、决策方案的拟定,以及方案的选择做出决断。这种方法适用于受社会经济因素影响较大的、影响因素错综复杂及涉及社会心理因素较多的综合性的战略问题,是企业界决策采用的主要方法。

(一)专家会议法

专家会议法是指根据市场竞争决策的目的和要求,邀请有关方面的专家通过会议形式,提出有关问题,展开讨论分析,做出判断,最后综合专家们的意见,做出决定。

这种方法的优点是:通过座谈讨论,能互相启发,集思广益,取长补短,能较快、较全面地集中各方面的意见得出决策结论。但缺点是:参与人数有限;与会者容易受到技术权威或政治权威的影响,不能真正畅所欲言,往往形成一边倒;即使权威者的意见不正确,也能左右其他人的意见;由于受到个人自尊心的影响,往往不能及时修正原来的意见。因此,有时采用专家会议法也会做出错误的市场竞争决策。

因此,采用这种方法时一定要注意三点:一是参加的人数不宜过多;二是要召开讨论式的会议让大家各抒己见;三是决策者要虚心听取专家意见。

(二)头脑风暴法

头脑风暴法通常是将对解决某一问题有兴趣的人集合在一起,在完全不受约束的条件下敞开思路,畅所欲言。头脑风暴法是比较常用的一种集体决策方法,便于发表创造性意见,因此主要用于收集新设想。头脑风暴法的创始人英国心理学家奥斯本为该决策方法的实施提出了四项原则。

(1)对别人的建议不做任何评价,将相互讨论限制在最低限度内。

(2)建议越多越好,在这个阶段,参与者不要考虑自己建议的质量,想到什么就应该说出来。

(3)鼓励每个人独立思考,敞开思路,想法越新颖越好。

(4)可以补充和完善已有的建议,以使它更具有说服力。

头脑风暴法的目的在于创造一种畅所欲言、自由思考的氛围,诱发创造性思维的共振和连锁反应,从而产生更多的创造性思维,这种方法的时间应安排在 1~2 小时内,参加者以 5~6 人为宜。

(三) 德尔菲法

德尔菲法是一种复杂、耗时的专家调查咨询方法。它是由美国兰德公司在20世纪50年代提出，曾广泛应用于一些宏观问题的预测与决策，并取得明显的效果。由于它科学、便于操作，有相当的准确性，因而被很多管理人员所采用。

从20世纪60年代末到70年代中，专家会议法和德尔菲法（以德尔菲法为主）在各类预测方法中所占的比重由20.8%增加到24.2%，20世纪80年代以来，我国不少单位也采用了德尔菲法进行预测、决策分析和编制规划工作。德尔菲法的实施步骤有以下几个：

(1) 认真选择咨询专家。在组织内部和外部挑选研究某一特定领域的专家，成立一个小组。坚持"百花齐放、百家争鸣"方针，在学术见解、学科领域、年龄结构、理论水平、实践经验、投入程度等方面做全面考虑，精心挑选可供咨询的专家，专家人数视待决策问题或机会的复杂程度而定，十几人或上百人不等。

(2) 精心设计咨询调查表。如可以先对调查的目的、方式、原理等做适当介绍，以免引起误解；问题集中、针对性强；一般宜先整体后局部，先简单后复杂，避免使用不确切性语言，表格的设计应简洁美观；提问的方式与数量适当等。

(3) 采用背靠背方式寄出咨询调查表。

(4) 对收回的调查表及时分析、归纳，并补充适当材料和对调查问题加以修改，再次寄出。

(5) 视情况反复几次，一经四轮反馈、分析归纳即可获得较为信赖的结果。

(6) 对最终的调查结果进行必要的数据处理并结合其他背景材料进行综合分析，形成报告。

(四) 电子会议

最新的定性决策方法是将专家会议法与尖端的计算机技术相结合的电子会议。50人围坐在一张马蹄形的桌子旁，这张桌子上除了一系列的计算机终端外别无他物，将问题显示给决策参与者，将他们自己的回答打在计算机屏幕上。个人评论和票数统计都投影在会议室内的屏幕上。

电子会议的主要优点是匿名、诚实和快速。决策参与者匿名打出自己想要表达的任何信息，将其显示在屏幕上，使所有人都能看到。它使人们充分地表达自己的想法而不用担心会受到惩罚，消除了闲聊和讨论偏题，且不必担心打断别人的"讲话"。专家们声称电子会议比传统的面对面会议快一半以上，例如，菲尔普斯·道奇矿业公司采用此方法将原来需要几天的年计划会议缩短到12小时。但是，电子会议也有缺点：那些打字快的人使得那些口才好但打字慢的人相形见绌；这一过程缺乏面对面的口头交流所传递的丰富信息。

(五) 名义小组技术

在集体决策中，如果大家对问题性质的了解程度有很大差异或彼此的意见有较大分歧，这时就可以采用名义小组技术。管理者先选择一些对要解决的问题有研究或有经验的人作为小组成员，并向他们提供与决策问题相关的信息。小组成员之间先不通气，独立思考，各自提出决策建议，并尽可能详细地将自己提出的备选方案写成文字资料，然后召集会议，陈述自己的方案。在此基础上，由小组成员对提出的全部备选方案进行投票，产生大家最赞同的方案，并形成对其他方案的意见，提交管理者作为决策参考。

二、定量决策方法

定量决策方法又称决策"硬"方法，它是指应用数学模型或借助电子计算机进行决策的一种方法，即运用数学的决策方法。它的核心是把同决策有关的变量与变量、变量与目标之间的关系用数学关系表示，即建立数学模型，然后通过计算求出答案，供决策者参考使用。近年来，计算机的发展为数学模型的运用开辟了更为广阔的前景。现代企业决策中越来越重视决策的"硬"方法的运用，因此学会运用数学方法进行企业决策是非常重要的。

运用定量决策方法，可以把企业管理经常出现的常规问题编成处理的程序，供下次处理类似的问题时调用。因此，这种方法在程序化决策中被广泛应用。同时，它可以把决策者从常规管理事务中解放出来，把主要精力集中在非程序化的战略决策问题上。

根据问题或机会的性质、未来情况的可预测程度及相应的解决方式，可以把决策面临的状态分成三种典型的状态，即具有高度预测性的确定型及具有一定预测性的风险型及具有高度不可预测性的不确定型。

（一）确定型决策方法

确定型决策方法是指已知未来自然状态条件下的决策。这类决策的每一种备选方案的结果只有一个数值，选择的任务就是从中找出最好的方案。

确定型决策方法具备四个条件：一是存在着决策人希望达到的一个明确目标；二是只存在一个确定的自然状态；三是存在着可供选择的两个或两个以上的行动方案；四是不同的行动方案在确定状态下的损失或利益可以计算出来。

确定型决策方法中最常用的方法有线性规划法、盈亏平衡分析法、贡献分析法等。

1. 线性规划法

线性规划法是指在一些线性等式或不等式的约束条件下，求解线性目标函数的最大值或最小值的方法。运用线性规划法建立数学模型的步骤是：

（1）确定影响目标大小的变量。

（2）列出目标函数方程。

（3）找出实现目标的约束条件。

（4）找出使目标函数达到最优的可行解，即为该线性规划的最优解。

【例3-1】某企业生产桌子和椅子两种产品，它们需要经过制造和装配两道工序，有关资料见表3-2。假设市场状况良好，企业生产出来的产品都能销售出去，试问何种产品的组合能使企业的利润最大？

表 3-2 某企业生产的桌子和椅子

项目	桌子	椅子	工序可用时间/h
在制造工序上的时间/h	2	4	48
在装配工序上的时间/h	4	2	60
单位产品利润（π）/元	8	6	—

解：第一步，确定影响目标大小的变量。在本例中，目标是利润，影响利润的变量是桌子数量 T 和椅子数量 C。

第二步，列出目标函数方程：
$$\pi = 8T + 6C \tag{3-1}$$

第三步，找出约束条件。在本例中，两种产品在一道工序上的总时间不能超过该道工序的可利用时间，即

制造工序：
$$2T + 4C \leqslant 48 \tag{3-2}$$

装配工序：
$$4T + 2C \leqslant 60 \tag{3-3}$$

除此之外，还有两个约束条件，即非负约束：
$$T \geqslant 0$$
$$C \geqslant 0$$

从而线性规划问题成为如何选取 T 和 C，使 x 在上述四个约束条件下达到最大。

第四步，求出最优解——最优产品组合。通过图解法或联立方程（3-1）至方程（3-3），可求出上述线性规划问题的解为 $T = 12$，$C = 6$，即生产 12 张桌子和 6 把椅子使企业的利润最大。

最大利润：$\pi = 8T + 6C = 8 \times 12 + 6 \times 6 = 132$（元）。

2. 盈亏平衡分析法

（1）盈亏平衡分析法的基本原理。盈亏平衡分析法又称量本利分析法、盈亏临界分析法、保本分析法等，这种方法是依据与决策方案相关的产品产（销）量、成本、利润之间的关系来分析判断方案对企业盈亏产生的影响，评价和选择决策方案。通过盈亏平衡分析法，可以使企业明确：企业至少要生产、销售多少产品才能保本；企业为实现一定的目标利润，需要销售多少产品；企业销售一定数量的产品能够获得多少利润；企业经营的安全状况如何等。

按成本总额与业务量（产量、投入量）的关系即成本性态，企业全部成本可分为固定成本和变动成本两大类。在一定的产（销）量范围内，固定成本在一定时期内不受业务量变动的影响，如折旧费、房租、借款利息、管理费用等；变动成本是随着业务量变动而呈正比例变动的成本，如直接工人的工资、直接材料费用等。

假定 F 为固定成本总额，V 为单位变动成本，P 为产品单价，Q 为产量或销售量，π 为利润总额，C 为单位产品贡献，则盈亏平衡分析的基本模型为

$$\pi = PQ - F - VQ = (P - V)Q - F \tag{3-4}$$

(2) 盈亏平衡分析法的应用。盈亏平衡分析法的应用主要有以下内容：

①确定盈亏分界点产量，即 $\pi=0$ 时的产量。由式（3-4），可得

$$Q_0 = \frac{F}{P-V} = \frac{F}{C} \tag{3-5}$$

②确定实现目标利润的产量。由式（3-4），可得

$$\pi = PQ - (F+VQ)$$

则

$$Q = \frac{F+\pi}{P-V} = \frac{F+\pi}{C} \tag{3-6}$$

③确定因素变动后的盈亏分界点产量。假定采用一种新方案，引起固定成本、价格、单位变动成本的变化分别为 ΔF、ΔP、ΔV，则这些因素变动后的盈亏分界点产量为

$$Q = \frac{(F \pm \Delta F)}{(P \pm \Delta P) - (V \pm \Delta V)} \tag{3-7}$$

④确定因素变动后实现目标利润的产量。固定成本、价格、单位变动成本、目标利润等变动后的盈亏分界点产量为

$$Q = \frac{(F \pm \Delta F) + (\pi + \Delta \pi)}{(P \pm \Delta P) - (V \pm \Delta V)} \tag{3-8}$$

⑤确定安全边际和安全边际率。

$$\begin{array}{l}\text{安全边际} = \text{实际（预期）销售量} - \text{盈亏分界点销售量} \\ \text{安全边际率} = \text{安全边际/实际（预期）销售量}\end{array} \tag{3-9}$$

安全边际和安全边际率越大，说明当市场需求大幅度下降时，企业仍有可能免于亏损，故它的经营较为安全。

【例3-2】某企业拟生产 A 产品，总固定成本为 900 万元，预计的单位售价为 8 000 元，单位产品变动成本为 2 000 元。试确定：①盈亏分界点产量；②企业为了获利 600 万元，应达到的销售量和销售收入为多少？③若生产能力为 4 000 台，达到生产能力时，获利期望值为多少？

解：①盈亏分界点产量：

$$Q_0 = \frac{F}{P-V} = \frac{900 \times 10^4}{8\,000 - 2\,000} = 1\,500 \text{（台）}$$

盈亏分界点销售收入：

$$S_0 = 1\,500 \times 8\,000 = 1\,200 \text{（万元）}$$

②企业为了获利 600 万元，应达到的销售量：

$$Q = \frac{F+\pi}{P-V} = \frac{(600+900) \times 10^4}{8\,000 - 2\,000} = 2\,500 \text{（台）}$$

应达到的销售收入：

$$S = 2\,500 \times 8\,000 = 2\,000 \text{（万元）}$$

③若生产能力为 4 000 台，达到生产能力时，获利期望值：

$$\pi = PQ - (F + VQ) = (P - V)Q - F$$
$$= [(8\,000 - 2\,000) \times 4\,000 - 900 \times 10^4] = 1\,500\,（万元）$$

总之，盈亏平衡分析法在企业经营决策中应用非常广泛，选择生产经营方式、开发新产品、调整产品结构、购置新设备等模式都需要借助这一分析方法。

3. 贡献分析法

（1）贡献分析法的基本原理。贡献就是增量利润，它等于由决策引起的增量收入减去由决策引起的增量成本，即

贡献（增量利润）= 增量收入 − 增量成本

通过贡献的计算和比较，来判断一种方案是否可以被接受的方法，称为贡献分析法。如果贡献 >0，说明这一决策能使利润增加，因而是可以接受的。如果有两种以上的方案，则贡献大的方案为较优方案。

在产量决策中，常常使用单位产品贡献的概念，即增加一个单位产量能给企业增加多少利润。如果产品价格不变，增加单位产量的增量收入就等于价格，增加单位产量的增量成本就等于单位变动成本。所以，单位产品贡献就等于价格减去单位变动成本，即

单位产品贡献 = 价格 − 单位变动成本

由于价格由变动成本、固定成本和利润三部分组成，所以，贡献也等于固定成本加利润，意味着企业得到的贡献首先要用来补偿固定成本支出，剩下的部分才是企业利润。当企业不盈不亏（利润为零）时，贡献等于固定成本。

贡献分析法主要用于企业的短期决策。所谓短期决策是指在一个已经建立起来并正在运营的企业中进行经营决策。即使企业不生产设备、厂房等固定成本，也仍然要支出，所以属于沉没成本，在决策时不应加以考虑。正因为这样，在短期决策中，决策的准则应是贡献（增量利润），而不是利润。

（2）贡献分析法的应用。贡献分析法在企业短期业务决策中应用甚广，有兴趣的读者可以阅读由吴德庆、马月才合编的《管理经济学》或其他的管理经济学教材。

【例3-3】某企业单位产品的变动成本为4元，总固定成本为28 000元，产品价格为6元。现有人以5元的价格订货10 000件。如不接受这笔订货，企业将处于停产状态。企业是否应承接此笔订货？

解：如果接受订货，则接受订货后的利润和贡献分别为

利润 = 销售收入 − (总变动成本 + 总固定成本)
$$= [5 \times 10\,000 - (4 \times 10\,000 + 28\,000)] = -18\,000\,（元）$$

贡献 = 单位产品贡献 × 产量 = $(5-4) \times 10\,000 = 10\,000$（元）

如果根据利润进行决策，企业接受订货后要亏损18 000元，因而不应接受此笔订货，但这是错误的，因为在计算中把属于沉没成本的固定成本考虑进去了。而根据贡献分析法，企业接受订货可以使利润增加（本例中为减少亏损）10 000元，所以应接受此笔订货。

（二）风险型决策方法

风险型决策方法是研究环境条件不确定，但能以某种概率出现的决策。风险型决策准则有期望收益最大和期望机会损失最小准则。风险型决策方法一般有以下五个条件：一是明确的决策目标；二是存在着决策者可以选择的两个以上的可行方案；三是存在着不以决策者主观意志为转移的两种以上的自然状态；四是各种自然状态下发生的概率；五是不同可行方案在各种自然状态下的损益值。

风险型决策方法有很多，这里只介绍决策树法和决策表法。

1. 决策树法

决策树法是指将构成决策方案的有关因素以树状图的方式表现出来，并据以分析和选择决策方法的一种系统分析方法。这种方法以损益值为依据，通过比较不同方案的期望损益值决定方案的取舍，适用于分析比较复杂的问题。

决策树的结构包括决策节点、方案枝、状态节点和状态枝（图3-2）。决策节点在决策树图中用方块表示，代表一种决策方案；由决策节点引出若干条直线，每条直线代表一种决策方案，称为方案枝；状态节点在决策树图中用圆圈表示，由状态节点引出的若干条直线，称为概率枝。在概率枝上标明对应的自然状态名称及其出现的概率，概率枝末端标明方案在该自然状态下的损益值或效益值，某一种方案的综合期望损益值标在状态节点上方，决策结果的决策目标值标于决策节点上方。

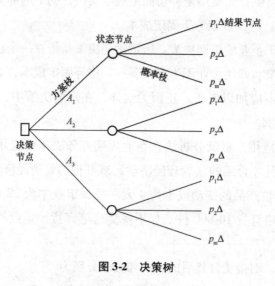

图3-2　决策树

应用决策树法，首先要绘制树形图；然后计算各节点的期望收益值及各方案的最终期望收益值。

状态节点的期望收益值 = $\sum$（损益值 × 概率值）× 经营年限

方案的最终期望收益值 = 该方案状态节点的期望收益值 − 该方案投资额

最后剪枝即根据期望收益值最大准则（或期望机会损失最小准则）进行方案优选。

决策树的画法是从左至右分阶段展开的。画图时先分析决策节点的起点、备选方案、各方案所面临的自然状态及其概率,以及各方案在不同自然状态下的损益值(损失值或收益值),然后分别按照决策树的绘制要求绘制,并将有关数据填入图中。如果是多级决策,则要确定是哪几个阶段,并逐段展开其方案、状态节点、概率枝及结果节点。最后将决策节点、状态节点自左向右分别编号。

用决策树法进行决策,可以根据决策节点是单个还是多个分为单级决策和多级决策两种,下面举例说明其具体步骤。

【例 3-4】某企业为了扩大某产品的生产,拟建设新厂,据市场预测,产品销路好的概率为 0.7,销路差的概率为 0.3。有两种方案可供企业选择(见表 3-3)。

表 3-3 各种自然状态下的发生率

方案的自然状态		年获利/万元	概率	投资额/万元	服务期/年
方案 1 新建大厂	销路好	100	0.7	300	10
	销路差	-20	0.3		
方案 2 新建小厂	销路好	40	0.7	140	10
	销路差	30	0.3		

方案 1:新建大厂,需投资 300 万元。据初步估计:销路好时,每年可获利 100 万元;销路差时,每年亏损 20 万元。服务期为 10 年。

方案 2:新建小厂,需投资 140 万元。据初步估计:销路好时,每年可获利 40 万元;销路差时,每年仍可获利 30 万元。服务期为 10 年。

问哪种方案最好?

解:(1) 绘制决策树,如图 3-3 所示。

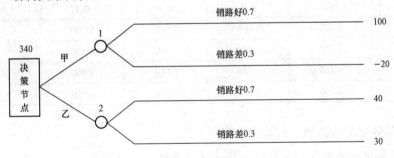

图 3-3 决策树

(2) 计算净收益:

方案 1(节点①)的期望收益为

$$[0.7 \times 100 + 0.3 \times (-20)] \times 10 - 300 = 340(万元)$$

方案 2(节点②)的期望收益为

$$(0.7 \times 40 + 0.3 \times 30) \times 10 - 140 = 230(万元)$$

（3）结果分析。计算结果表明，在两种方案中，方案1较好。

需要说明的是，在上面的计算过程中，我们没有考虑货币的时间价值，这是为了使问题简单化。但在实际应用中，多阶段决策通常需要考虑货币的时间价值。

2. 决策表法

决策表法是将方案中可能出现的自然状态和相对应的收益值列于一个表中，以不可控因素的概率与其出现后的后果的乘积总和作为选择方案的标准。

【例3-5】某公司拟销售一种新产品，每箱的售价为180元，其中成本为130元，利润50元。如果销售量不佳，每滞销一箱损失为30元。根据预测，今年第一季度市场需求量与去年同期无大变化（见表3-4）。该公司怎样决定日销售量计划，以使期望利润最大？

表3-4 需求预测

日销售量	完成该销售量天数	概率
100	18	0.2
110	36	0.4
120	27	0.3
130	9	0.1
Σ	90	1.0

解：根据表3-4，编制收益表并计算期望利润，其结果见表3-5。

表3-5 期望利润

自然状态概率方案	日销售量				期望利润/元
	100	110	120	130	
	0.2	0.4	0.3	0.1	
100	5 000	5 000	5 000	5 000	5 000
110	4 700	5 500	5 500	5 500	5 340
120	4 400	5 200	6 000	6 000	5 360
130	4 100	4 900	5 700	6 500	5 140

表3-5中的数字为收益值，计算方法为

$$收益值 = 日销售量 \times 每箱利润 - （日产量 - 日销售量） \times 滞销损失$$

各方案期望利润的计算方法为

$$期望利润 = \sum 不同状态下收益值 \times 相应概率$$

以期望收益为最大准则，本例产量120箱的方案为最优。

（三）不确定型决策方法

各种自然状态下出现的概率事先无法预测时的决策就是不确定型决策，在不确定性情况下，主要有以下几种决策方法。

1. 悲观法

悲观法也称最大最小收益法、小中取大法，即先在每种方案中选取最小收益值，而后在选取的最小收益值中选取最大收益值所在的方案，作为采用方案。

2. 乐观法

乐观法也称最大最大收益法、大中取大法，即先在每种方案中选取最大收益值，而后在选取的最大收益值中选取最大收益值所在的方案，作为采用方案。

3. 折中法

折中法就是在上述两种方法之间进行。此方法的前提是在最好的和最差的自然状态下均有可能出现，因此在运用此方法时，决策者应该首先给最好的自然状态一个乐观系数，给最差的自然状态一个悲观系数，两者之和为1；然后用最好的自然状态下的期望收益值（收益乘以乐观系数）加上最差的自然状态下的期望收益值（收益乘以悲观系数）得出各方案的期望收益值，期望收益值最大的方案就是决策所选择的方案。

4. 最小遗憾法

最小遗憾法也称大中取小法，即当某一状态出现时，将会明确哪种方案是收益值最大的方案，如果决策者当初并未采取这一方案，就会感到后悔，则最大收益值与所采取的方案收益值之差就称为后悔值。从这种方案的最大后悔值中找出一个最小的后悔值，后悔值最小的方案就是被选中的方案。

5. 平均法

平均法也称等可能法，此方法的前提是各种自然状态下发生的可能性是相同的，通过比较各方案的损益值的平均值来进行方案选择，如在利润最大化目标下，选择平均利润最大的方案；在成本最小化目标下，选择平均成本最小的方案。

上述的决策方法都是从不同角度来考虑问题，因此所得的结果不完全一致，这需要决策者根据自己的判断来选用。

【例3-6】某企业拟开发一种新产品，预计新产品投入市场后有可能出现需求量较高（S_1）、需求量一般（S_2）、需求量较低（S_3）、需求量很低（S_4）四种需求状态，各种状态出现的概率是无法预测的。为了开发这种新产品，企业设计出三种方案，分别是沿用原有的生产技术和设备（A_1）、改进原有的技术和设备（A_2）、采用新技术和新设备（A_3），各种状态下的收益见表3-6，请用不确定型决策方法来决策（乐观系数=0.2，悲观系数=0.8）。

表3-6 各种方案的收益值   万元

状态 方案	S_1	S_2	S_3	S_4
A_1	300	200	-100	-200
A_2	400	240	-150	-300
A_3	200	180	50	-110

解：（1）悲观法决策，见表 3-7。

表 3-7　悲观法决策　　　　　　　　　　　　　　　　　　　　万元

状态 方案	S_1	S_2	S_3	S_4	最小值	决策结果
A_1	300	200	-100	-200	-200	A_3 最优
A_2	400	240	-150	-300	-300	
A_3	200	180	50	-100	-110	

（2）乐观法决策，见表 3-8。

表 3-8　乐观法决策　　　　　　　　　　　　　　　　　　　　万元

状态 方案	S_1	S_2	S_3	S_4	最大值	决策结果
A_1	300	200	-100	-200	300	A_2 最优
A_2	400	240	-150	-300	400	
A_3	200	180	50	-110	200	

（3）折中法决策，见表 3-9。

表 3-9　折中法决策　　　　　　　　　　　　　　　　　　　　万元

状态 方案	S_1	S_2	S_3	S_4	最大值	决策结果
A_1	300	200	-100	-200	$0.2 \times 300 + 0.8 \times (-200) = -100$	A_3 最优
A_2	400	240	-150	-300	$0.2 \times 400 + 0.8 \times (-300) = -160$	
A_3	200	180	50	-110	$0.2 \times 200 + 0.8 \times (-100) = -40$	

（4）最小遗憾法决策，见表 3-10。

表 3-10　最小遗憾法决策　　　　　　　　　　　　　　　　　万元

状态 方案	S_1	S_2	S_3	S_4	最小值	决策结果
A_1	100	40	150	90	150	A_1 最优
A_2	0	0	200	190	200	
A_3	200	60	0	0	200	

（5）平均法决策，见表 3-11。

表 3-11　平均法决策　　　　　　　　　　　　　　　　　　　　万元

状态 方案	S_1	S_2	S_3	S_4	平均值	决策结果
A_1	300	200	-100	-200	50	
A_2	400	240	-150	-300	47.5	A_3 最优
A_3	200	180	50	-110	80	

本章小结

（1）管理实际上是由一连串的决策组成的。决策是管理的核心内容，它贯穿于管理工作过程的始终。

（2）狭义的决策是指对行动目标和手段的一种抉择。广义的决策则是一个全过程的概念，不仅是指选定方案的抉择活动，还包括了抉择前的情报活动、设计活动等一系列决策准备工作，以及决策以后的执行及审查活动。

（3）一项决策通常都由决策者、决策目标、决策准则、备选方案、决策的自然状态、决策后果等要素构成。根据这些构成要素的性质和表现不同，决策可分为各种类型。

（4）组织中制定决策的人，可以是个体，也可以是群体。个体决策在效率性方面要优于群体决策，但相对而言，由群体做出决策会使决策的准确性和可接受性更高。

（5）任何理性的决策都需要遵循一定的决策目标，并使决策行动最终达到所期望目标的要求。所以，决策目标的制定是决策过程中的一个重要环节。现实中的企业经营决策往往是多目标决策，需要注意处理好多目标冲突问题。

（6）现实中力图实现组织所期望目标的决策者，很难能够做到完全的理性，而只会是有限度的理性。因此，在现实中满意化决策准则就比最优化决策准则更具有代表性。

（7）确定型的决策问题不论多么复杂，从理论上说可通过开发和使用科学的决策方法与手段而达到该项决策的最优化。但对于风险型决策和不确定型决策来说，它们从根本上只是一种满意化决策，因为不同的决策者出于其个性和风险偏好的不同，在选择方案时可能会有不同的评判标准，这样做出的决策就只是就其立场而言的相对最满意的决策。

（8）优秀的管理者不仅要掌握决策的科学过程和方法，还要注意对决策者的心理和行为方面的分析研究，以全面地提高其管理决策的水平。

重要概念

决策　决策目标　决策过程　确定型决策　盈亏平衡分析法　风险型决策　决策树法　不确定型决策

复习思考题

1. 什么是决策？决策的分类标准有哪些？
2. 战略决策与战术决策有何区别？程序化决策与非程序化决策有何区别？
3. 决策的特点和依据是什么？
4. 决策过程包括哪几个阶段？决策受哪些因素的影响？
5. 简述定性决策的方法。
6. 确定型决策方法、风险型决策方法和不确定型决策方法各有哪些？
7. 管理与决策之间究竟是什么关系？你认为应该怎样去理解"管理就是决策"这种说法？
8. 决策做得不好，往往会酿成"一着不慎，全盘皆输"的恶果。如何预测一项决策的质量？管理者应该怎样做，才能提高其决策的质量？
9. 从决策的全过程角度出发，有人提出：有效的决策必须实现"决策制定时的民主，而决策实施时的专断"。对这种"民主专断制"，你有何看法？

案例分析

案例一　菲利普·莫里斯公司的多元化经营决策

菲利普·莫里斯公司是世界上规模最大、获利最多的烟草公司之一，在美国同行中一直处于领先地位。它的主要产品——"万宝路"牌香烟风靡世界，为公司带来了滚滚的财源。但是，进入20世纪50年代以后，公司经营形势发生了急剧的变化。在医生们习惯性地把香烟与癌症联系在一起，卫生组织也认定香烟对人类健康有害时，美国国会颁布了一项决议，禁止烟草公司在电视上再进行销售香烟的广告宣传。烟草公司的产品销售面临着严重的威胁。这时，莫里斯公司意识到如果自己要正常地生存下去，就必须设法进入新的市场领域，开展多元化经营。

美国米勒啤酒公司一直在生产高级啤酒，产品浓度高，包装相当考究，启用方便，可销路一直不好。它的广告宣传主题是，豪华布景中有一位女士在温文尔雅地细品着米勒牌啤酒。1959年，莫里斯公司用1.3亿美元收购了米勒公司，购入后即着手对米勒啤酒公司的主要产品进行研究和改造。公司投入了大量经费进行市场调查，结果发现美国90%以上的啤酒是中下层人士饮用的，喝高级酒的人很少，高收入的人更倾向于喝XO、香槟酒之类的。于是擅长市场开发的莫里斯公司决定对米勒啤酒公司的主要产品进行调整，将其确定为大众化饮料，并在啤酒的浓度、包装、价格和广告方面做相应调整。为使大众接受新型淡味啤酒，公司投入巨大的广告预算，极力对其新策划的一伙穿工作服的建筑工人在酒吧痛饮米勒啤酒的广告进行广泛的、高强度的电视宣传。结果，在全国啤酒总销量仅增长3%的情况下，米勒啤酒公司的销量却连年递增。仅10年间，米勒啤酒公司的市场占有率从同行业第

7位上升至第2位。接着，以米勒啤酒为基础，又生产出迎合各种顾客需要的莱特牌啤酒，这使莫里斯公司的销售额和利润都大幅增加。

1978年，莫里斯公司又购买了七喜饮料公司，并把原来含咖啡因的七喜饮料改为无咖啡因的汽水类饮料，随后又开发出了一种无咖啡因的可乐饮料，并在广告上大量宣传这两种饮料，使其销售量飞速上升。菲利普·莫里斯公司成功地在软饮料行业获得了利润的又一个增长点。

讨论题：

你对菲利普·莫里斯公司收购米勒啤酒公司的决定怎么看？

案例二　钟表王国的困惑与再起

瑞士西部城市比也纳是一座人口不到6万的"钟表之城"，聚集着几十家钟表厂，驰名世界的"劳力士"表就出产于此。20世纪70年代中期开始，瑞士钟表业陷入严重的危机。

日本和中国香港采用电子石英技术使钟表的生产效率大大提高，大量价廉物美的电子石英表涌入国际市场。这股狂流冲击着以生产机械表为主的瑞士钟表业。世界钟表市场在逐日扩大，而瑞士钟表产品的销路却在不断缩小。

危机使瑞士两大钟表集团受到了严重损失，这两大集团就是德语区钟表业集团有限公司（ASUAG）和法语区钟表工业联合会（SSIH）。这两大集团都在寻找夺回钟表王国霸主地位的途径。ASUAG面对日本的挑战不断进行科研攻关，于1979年1月终于制造出世界上最薄的手表：整个手表只有0.98 mm厚。该表以塑料作为主要材料，是一种大众表，1981年被正式命名为"瑞士表"（即Swatch）。他们期望"瑞士表"能够像流行音乐和流行服装一样，不断随着时代的变化而变化，成为时代的潮儿。

然而，这种不起眼的塑料表的诞生却在这个钟表王国受到广泛批评，没有人喜欢这个80年代的"灰姑娘"，认为它毁坏了瑞士钟表业的形象。

1982年年初，ASUAG和SSIH决定与美国一家公司成立合资企业生产"瑞士表"，同年8月，"瑞士表"产量达到每周4 000只，型号25种。但产品销售很快出现了问题，失败的情绪笼罩着"瑞士表"。面对种种反对意见，公司负责人果断制定了将"瑞士表"打入国际市场的长远战略，并成立了市场研究小组。1983年3月1日，"瑞士表"的宣传大战正式拉开序幕，这同时也标志着该表的正式问世。在一个大型记者招待会上，"瑞士表"打出了四张"王牌"：

(1) 价格是瑞士石英手表历史上最低的；

(2) 质量敢与价格昂贵的手表相比：误差每天1秒、30 m深防水压、防震、经久耐用；

(3) 它是新潮流、新生活的标志；

(4) 它能够迎合各种人的爱好，可做时髦的装饰品。

为使"瑞士表"在更大范围内获得人们接受，公司每年至少将利润的12%用于广告宣传，以扩大企业和产品的影响。为壮大实力，ASUAG和SSIH在1984年正式合并，组成瑞士微电子钟表工业集团有限公司（SMH）。这家公司在今天已拥有欧米茄、浪琴、雷达等高档表及雪铁纳、铁索和"瑞士表"等12家钟表企业，在瑞士100家大型企业中名列第12位。

根据统计，1993年，瑞士出口手表和机芯达12亿件，约占世界手表市场的50%，其中仅"瑞士表"就有2 500万只，占瑞士出口成表的75%。另有资料表明，"瑞士表"的市场已遍布五大洲、140多个国家和地区。"瑞士表"普遍受到了人们的欢迎和称赞，它的成功在瑞士钟表界已被传为佳话。

讨论题：

请从决策理论的角度分析"瑞士表"的成功开发和经营主要得益于什么。

实训项目

了解某企业的决策方法和决策实践

实训目的

1. 通过对某企业的调查，能够让学生了解决策的内容、过程和决策方法在企业生产经营中的应用。

2. 在调查的基础上要求学生进行具体的企业决策分析，从而提高学生分析问题、解决问题的能力。

实训内容

1. 通过对某企业的调查，了解该企业在生产经营中是如何进行决策的。

2. 通过对该企业产品在市场的销售状况来判断企业决策的有效性。

实训考核

1. 该企业采用了哪些决策方法？

2. 能否了解该企业进行决策时的程序？

3. 如何通过对该企业产品在市场上的销售来判断企业决策的有效性？

4. 决策方法在企业决策时各有哪些特点和作用？

5. 根据该企业的决策状况，写一份800字的决策计划书。

第四章

计 划

★ 学习目标

了解计划的概念、内容与作用；

了解计划的影响因素及类型；

理解滚动计划法、投入产出分析法的原理及编制方法；

掌握计划的编制程序；

掌握目标的特点和目标制定的步骤。

★ 案例导入

穿越库布齐沙漠的悲剧

2006年5月2日，即"五一"长假的第二天，正当人们休闲旅游兴致正高的时候，一则游客遇难的消息令全国震惊。有一支通过网络联系自发组成的40多人的旅游探险队，准备利用7天长假穿越内蒙古的库布齐沙漠。他们于5月1日出发，5月2日进入了沙漠腹地，在5月3日那天，内蒙古和北京的有关部门都接到了报警电话，他们被困在了库布齐沙漠当中，情况非常紧急。后经北京、内蒙古、鄂尔多斯等多方力量连夜近15小时的搜救，最终在沙漠深处找到了这支遇险队伍。然而，其中一名叫小倩的女孩还是不幸遇难，究竟是什么原因导致这次不幸的发生呢？

事后专家总结，悲剧发生的主要原因是由于准备不足，计划不周。第一，对沙漠缺乏了解，不熟悉地理环境和气候规律。一般在沙漠中是昼伏夜行，但他们却在白天气温最高的时候行走，导致小倩中暑身亡。他们认为，探险是考验自己的毅力的方式，他们的探险只是凭着一腔热情，认为人定胜天，不尊重客观规律。第二，过高地估计了自身的内在条件。小倩之所以遇难，主要是平时缺乏锻炼，体力不行，不适合在这种恶劣的环境下长途跋涉。第三，在计划执行中不善于借助外力。在旅途中为了节约开支，把请来的向导和租用的骆驼辞退了，自己背水和行李，每个人背四五十斤的东西，在沙漠里行进非常困难，小倩的体重才90斤，她却背40斤的东西，能走几步路呢？第四，团队成员只是"五一"前夕才通过网络认识的，相互不了解各自的经验和体能状况，这就是组队的一个很大的隐患，因为作为探险活动往往要结成一支团队来进行，必须依靠大家的力量来对付一些困难和挫折。

【案例启示】

从这个真实的案例中我们可以体会到一项周密的计划是多么的重要。如果探险的组织者和参加者能够在行动前对整个事件有个周密的计划，对要做什么、如何去做、会出现哪些情况、如何应对突发事件等都能心中有数的话，那么，这个悲剧或许可以避免。

第一节 计划概述

在组织中，计划是管理职能中首要的职能，其他工作都只有在确定了目标、制定了计划以后才能开展，并围绕着计划的变化而变化。在组织运行过程中，管理人员最主要的任务就是努力使每个人理解组织目标及实现目标的方法，以使每个人能够有效地完成任务。

一、计划的概念、任务和内容

（一）计划的概念

计划有广义和狭义之分，广义的计划是指制定计划、执行计划和检查计划的三个执行情况紧密衔接的各种过程。狭义的计划是指制定计划，这里又可分为动态和静态两层含义。从动态来看，它是在科学预测的基础上对未来某一项活动预先做出的安排，包括确定行动的时间、方法、步骤、手段等，通常称之为"计划工作"。从静态来看，它是指规划好的行动方案或蓝图。通常指的是狭义的计划，即根据实际情况，通过科学的预测，权衡客观需要和主观条件，提出在未来一定时期内要达到的目标，以及实现目标的途径。它是使组织中各种活动有条不紊地进行的保证。

制定计划，即在时间和空间两个维度进一步分解任务和目标。执行计划包括实现任务和目标的方式、进度的规定。检查计划是对行为结果的检查和控制。切实可行的计划应当满足四个方面的要求：第一，应当具有明确的目标；第二，计划工作必须先于其他各项管理活动而展开；第三，计划必须是准备付诸实施的、切实可行的方案；第四，计划必须有益于在总体上提高管理效益。

管理大师孔茨曾形象比喻："计划工作是一座桥梁，它是把我们所处的此岸和我们要去的彼岸连接起来,以克服这一天堑。"

(二) 计划与决策的关系

以西蒙为代表的决策理论学派提出"管理就是决策"这个论断后,就开始出现对计划与决策关系的讨论:计划与决策是何关系?两者中谁先谁后?要理解计划,有必要先搞清这一关系。

有人认为,计划是个较为广泛的概念:作为管理的首要工作,计划是一个包括环境分析和预测、目标确定、方案选择的过程,决策只是这一过程中某个阶段的工作内容。

而以西蒙为代表的决策理论学派则强调,管理就是决策,决策是管理的核心,贯穿于整个管理过程。确定目标、制定计划、选择方案,是目标及计划决策;机构设置、人事安排、权限分配,是组织决策;计划执行活动的检查及检查的时点、检查手段的选择,是控制决策。因此,决策不仅包括了计划而且包容了整个管理决策,即管理本身。

实际上,如果把两者结合起来看,两种观点并不矛盾。计划与决策是"你中有我,我中有你"的关系,这种关系体现在:决策的制定过程中,不论是对内部能力优势或劣势的分析,还是在方案选择时关于各个方案执行效果或要求的评价,实际上都已经开始孕育着制定计划。反过来,计划的编制过程,既是决策的组织落实过程,也是决策得更为详细的检查和修订的过程。无法落实的决策,或者说决策选择的活动中某些任务的无法安排,必然会导致该决策必须做一定的调整。

因此,可以说决策是计划的基础,为计划提供依据。计划是决策的逻辑延续,为决策所选择目标的实施提供组织保证。在实际工作中,决策与计划互相渗透,有时甚至是不可分割地交织在一起的。

(三) 计划的任务

计划的任务就是根据社会的需要及组织自身能力,确定组织在一定时期内的奋斗目标,通过计划的编制、执行和检查,协调和合理安排组织中各部门和人员的活动,有效地利用组织的资源,取得最大的经济效益和社会效益。

(四) 计划的内容

计划工作的任务是通过计划的内容来实现的,计划的内容可以简要地概括为5W2H,即做什么(What to do),为什么做(Why to do),何时做(When to do),何地做(Where to do),谁去做(Who to do),如何做(How to do),需要多少成本(How much)。这七个方面的具体含义如下:

"做什么"是指明确一定时期的计划目标和内容。例如,由于激烈的市场竞争,企业的原有产品已经慢慢失去了优势,经过市场调研和预测,企业决定迅速推出新产品,那么近期的计划目标和内容就是筹集资金,组织相关科研技术人员进行技术研发,在短时期内推出换代产品。

"为什么做"是指明确计划的宗旨目标和战略,并论证可行性。这一步骤非常重要,如果没有做好，就会产生方向性的错误，即使后续工作再完美，行动肯定会失败，同时计划者对计划的宗旨、战略和目标越清晰，越有助于他们在计划工作中发挥积极性、主动性和创造性。因此，计划者在分析和预测市场的基础上，进一步认识到市场竞争的残酷，为了企业盈利必须选择开发新产品的战略，主动淘汰原有的旧产品；同时结合自身的条件，对计划的可行性进行论证。

"何时做"是指规定计划中的各项工作开始和结束的时间，以提高资源的调拨、提高工作效率和进行有效的控制。在企业中，尤其注重时间效率，因为时间就是金钱。哪个企业先推出新产品，哪个企业就可以先抢占商机，抢占市场份额。

"何地做"是指确定计划的实施地点、场所，了解计划实施的环境条件有何限制，以便合理安排计划的实施。

"谁去做"是指计划实施中哪些工作由哪些部门或人员负责执行。只有明确责任人，才能把计划落到实处。

"如何做"是指制定实现计划的具体措施。

"需要多少成本"是指计划的完成所需的成本，这关系到成本和效益的平衡，要做好计划执行的预算。

★【链接4-1】

5W2H 法

5W2H 法由美国陆军兵器修理部首创，诞生于第二次世界大战期间，由于它易记、应用方便，曾被广泛用于企业管理和各项工作中。5W2H 都是英文的第一个字母，即通过设问来诱发人们的创造性设想，发问的具体内容可根据对象灵活应用。

(1) Why？为什么需要新的计划？为什么非做不可？

(2) What？目的是什么？做哪一部分工作？

(3) Where？从何入手？何处最适宜？

(4) When？何时完成？何时最适宜？

(5) Who？谁来承担？谁去完成？谁最适合？

(6) How？怎样去做？怎样做效率最高？怎样实施？

(7) How much？要完成多少数量？成本多少？利润多少？……

这七问概括得比较全面，实际上把要做的事情和可能遇到的问题全部包括进去了。我国教育学家陶行知先生曾对5W2H法给予了高度评价，他认为5W2H法是指导我们工作的"好老师"，并作诗曰："我有几个好朋友，曾把万事指导我。你若想问其姓名，名字不同都姓何：何事、何故、何人、何时、何地、何去，好像弟弟和哥哥。还有一个西洋派，姓名颠倒叫几何。若向七贤常请教，即使笨人不会错。"

二、计划的特点和作用

（一）计划的特点

1. 目标性

任何组织和个人制定计划都是为了有效地达到某种目标。目标是计划工作的核心，没有目标的计划是盲目的。在计划过程的最初阶段，首要任务就是制定具体明确的目标，其后的所有工作都是围绕目标进行的，目标性是计划的出发点和归宿点。

2. 首要性

计划处于管理职能的首要地位，组织、领导、控制、创新等管理的其他职能只有在计划工作确定了目标之后才能进行，并且都随着计划和目标的改变而改变。只有在确定了目标和计划之后，人们才能确定要建立何种组织结构、需要何种人员、领导下属走向何方及何时需要何种纠偏等。

3. 普遍性

计划是普遍存在的，计划的普遍性表现在两个方面：一是组织的任何活动都需要计划。由于资源的有限性，人们在从事各种活动时，都需要事先进行计划，只有这样，才能有效地利用资源。二是组织中各级管理人员都需要计划。所不同的是，不同管理层次的管理者制定的计划类型不同，高层管理人员负责制定战略计划，而中、基层管理人员负责制定战术计划或生产作业计划。

4. 时效性

时效性是指任何计划都有时间的限制。它主要表现在两个方面：一是计划工作必须在计划期开始之前完成计划的制定工作；二是任何计划必须慎重选择计划期的开始和截止时间。例如，我国制定的"十一五"规划从 2006 年开始，到 2010 年结束；再如，随着我国物流业的兴起，南昌市针对本地实际情况及发展目标，在 2007 年以前就提前制定了 2007 年到 2020 年的物流发展规划。

5. 动态性

动态性是指任何计划都不是一成不变的。由于任何人都不可能对未来做出全面而准确的判断，因此任何计划在执行的过程中，都会受到环境条件的影响，当外部环境发生变化时，计划就必须做出及时的调整。但调整不是盲目的，不是领导拍脑瓜随意拍出来的，应切合实际。例如，在金融危机来临之际，国内许多企业纷纷将目光从原来海外市场转向国内市场，调整原有的经营计划，成功地规避了风险。

6. 创造性

计划是对管理活动的设计。管理活动中的环境可能会发生变化，管理活动中会不断出现新问题、新变化，要应对这些变化，计划就需要打破原有的模式，体现出创造性。同时，管理是一个不断上升的过程，原来的计划完成后，会有新的计划产生，这一计划不是原来计划的重复，而是一个创造的过程，这更是计划创造性的体现。

（二）计划的作用

无论是大型组织还是小型组织，都离不开计划。计划在管理中的作用是不言而喻的，其作用主要表现在以下几个方面。

1. 计划是管理者指挥的依据

计划确定了组织发展的方向。计划的编制将组织的目标活动在时间和空间上进行了详细分解，从而为科学分工提供了依据。管理者在计划制定之后要根据计划分派任务，确定下级的权利和责任，要促使组织中的全体人员的活动方向趋于一致而形成一种复合的、巨大的组织行为，以保证达到计划所设定的目标。

2. 计划是降低风险，掌握主动的手段

未来的情况是不断变化的，特别是当今世界正处于一种剧烈变化之中，社会、科技、人们的价值观念都在不断地变化。计划是预期这种变化并设法消除变化对组织造成不良影响的一种有效手段。计划是针对未来的，这就使计划制定者不得不对未来的变化进行预测，根据国情和现在的信息来推测未来可能出现的变化将对达成组织目标产生何种影响，在变化发生时应采取什么对策，并制定出一系列的备选方案。在实际中，有些变化是无法事先预测的，而且随着计划期的延长，这种不确定性也就相应增大，但通过计划工作，进行科学的预测可以把未来的风险降到最低。

3. 计划是减少浪费，提高效益的方法

计划工作的一项重要任务就是要使未来的组织活动均衡发展。预先对此进行认真的研究，能够消除不必要活动所带来的浪费，能够避免在今后的活动中由于缺乏依据而进行轻率判断所造成的损失。

（1）计划工作要对各种方案进行技术分析，选择最适当的、最有效的方案来达到组织目标。

（2）由于有了计划，组织中成员的努力将合成一种组织效应，这将大大提高工作效率，从而带来经济效益。

（3）计划工作有助于用最短的时间完成工作，减少迟滞和等待的时间，减少盲目性所造成的浪费，促进各项工作能够均衡稳定的发展。

（4）计划将组织活动在时空进行分解来对现有资源的使用进行合理的分配，通过规定组织的不同部门在不同时间应从事何种活动，告诉人们何地需要多少数量的何种资源，从而为组织资源筹集和供应提供依据，使组织的资源充分发挥作用，并降低成本，提高效益。

4. 计划是管理者进行控制的标准

计划工作包括建立目标和一些指标，这些目标和指标将被用来进行控制。计划是控制的基础，它为有效控制提供了标准和尺度。没有计划，控制工作也就不存在。

（1）组织的成功与否在于是否合理运用计划。如果一个组织将计划工作放在首位，那么工作将得到有效的协调且能够按时完成，员工的努力就会避免低效率重复，部门之间可以实现有效的合作与协调，员工的技能与潜力将会得到充分的运用，成本得到控制，最终提高工作质量。

（2）计划是连接现在与未来的桥梁。计划是一个运用智慧的过程，即拟订可供选择的方案并根据目标和事实做出决策。"三思而后行"就是这个道理。如果没有事先的科学计划，那么很难避免犯错误。

总的来说，计划就是预测未来，是未来行动的具体化，并决定未来的行动方案，以达到既定的目标。

三、影响计划有效性的因素

（一）组织层次

组织的管理层次与计划及决策类型之间有着密切的联系。在大多数情况下，基层管理者的计划活动主要是制定作业计划，当管理者在组织中的等级上升时，他的计划角色就更具有战略导向性。对于大型组织的最高管理者，他的计划任务基本上都是战略性的。而在小企业中，所有者兼管理者的计划角色兼有战略和作业两方面的性质。

（二）组织的生命周期

组织都要经历一个生命周期，开始是幼年期，然后是成长期、成熟期，最后是衰退期。在组织生命周期的各个阶段上，计划的类型并非都具有相同的性质，计划的时间长度和明确性应当在不同的阶段上有相应的调整。

1. 幼年期

在这个时期，管理者应当更多地依赖指导性计划，因为这一阶段要求组织具有很高的灵活性。在这个阶段上，目标是尝试性的，资源的获取具有不确定性，辨认目标顾客很难，而指导性计划使管理者可以随时按需要进行调整。

2. 成长期

在这个时期，管理者应当制定短期的、更具体的计划。随着目标更确定、资源更容易获取和顾客的忠诚度的提高，计划也更具有明确性。

3. 成熟期

在这个时期，管理者应当制定长期的具体计划。这一时期相对稳定，可预见性最大。

4. 衰退期

在这个时期，管理者应当制定短期的、更具指导性的计划。因为这时目标要重新考虑，资源要重新分析，计划也从具体性转入指导性。

（三）环境的不确定性程度

环境的不确定性越大，计划越应当是指导性的，计划期限也应越短。如果正在发生迅速和重要的技术、社会、经济、法律和其他变化，那么，精确规定的计划反而会成为组织取得绩效的障碍。此时，环境变化越大，计划就越不需要精确，管理就越应当具有灵活性。

总之，在不断变化的世界里，计划必须是灵活的。由于环境具有动态性和不确定性，因此人们不可能准确地预测未来。因此，一个管理良好的组织很少在非常详细的、定量化的计划上花费时间，而是开发面向未来的多种方案。

第二节　计划的分类

组织中的计划有各种各样，不同的时期、不同的管理层次存在不同的计划分类。各种计划的分类不是彼此割裂的，而是适用于不同条件下组成的一个计划体系。通常可以按照计划的期限、计划的层次、计划的明确性程度、计划的职能标准、计划的程序化程度等对计划进行分类（见表4-1）。

表 4-1　计划的分类

分类的标准	类型
按计划的期限划分	短期计划、中期计划和长期计划
按计划的层次划分	战略计划、战术计划和运营计划
按计划的明确性程度划分	指导性计划和指令性计划
按计划的职能标准划分	业务计划、财务计划和人事计划
按计划的程序化程度划分	程序性计划和非程序性计划

（一）按计划的期限划分

按计划的期限划分，可分为短期计划、中期计划和长期计划。

一般将一年及一年以内的计划称为短期计划，一年以上五年以内的计划称为中期计划，五年以上（含五年）的计划称为长期计划。当然，这个划分标准并非是绝对的，在某些情况下，它还受计划的其他方面的影响，比如对一些环境条件变化很快、节奏也很快的组织来说，一年计划就是长期计划，季度计划就是中期计划，而月计划就是短期计划。

这三种计划中，长期计划描述了组织在较长时期内的发展目标和方针，规定了组织的各个部门在较长时期内从事某种活动应达到的目标和要求，绘制了组织长期发展的蓝图，是企业长期发展的纲领性文件。中期计划是根据长期计划制定的，它比长期计划要详细具体，是考虑了组织内部和外部的条件与环境变化情况后制定的可执行计划。短期计划则比中期计划更详细具体，它是指导组织具体活动的行动计划，具体规定组织各部门在目前到未来的各个较短的时期阶段，特别是最近阶段中，应该从事何种活动及相应的要求，从而为组织成员在近期内的行动提供依据。它一般是中期计划的分解和落实。

在管理实践中，短期计划、中期计划和长期计划必须有机地衔接起来，长期计划要对中期计划、短期计划具有指导作用，而中期计划、短期计划的实施要有助于长期计划的实现。

（二）按计划的层次划分

按计划的层次划分，可分为战略计划、战术计划和运营计划。

在这三种计划中，战略计划是指由高层管理者制定的，是对组织全部活动所做的战略安排，为组织设立总体目标和寻求组织在所对应的环境中的地位，通常具有长远性、单值性和较大的弹性。战略计划需要全盘考虑各种确定性与不确定性的情况，谨慎制定指导组织的全面工作。

战术计划也叫管理计划，一般是由中层管理者制定的，属于一种局部性的、阶段性的计划，多用于指导组织内部某些部门的共同行动，以完成具体的任务，实现阶段性的目标。

运营计划是指由基层管理者制定的规定总体目标如何实现的细节计划。它是特定部门或个人的具体行动计划，通常具有个体性、可重复性和较大的刚性，一般情况下是必须执行的命令性计划。

战略计划、战术计划和运营计划强调的是组织纵向层次的指导和衔接，具体来说，战略计划是由高层管理人员制定，战术计划和运营计划是由中、基层管理人员甚至是具体运营人员负责，战略计划对战术计划、运营计划具有指导作用。

战略计划与运营计划在时间跨度上、范围上和是否包含已知的一套组织目标方面是不同的。运营计划趋向于覆盖较短的时间间隔，如月度计划、周计划、日计划就属于运营计划；战略计划趋向于包含持久的时间间隔，通常为5年或更长时间，它覆盖较广的领域。就确立目标而言，两者完全不同。设立目标是战略计划的一个重要任务，而运营计划是在目标已经确定的条件下制定的，它只是提供实现目标的方法。

★【链接4-2】

诸葛亮的战略和平津战役的战术

诸葛亮的战略：刘备和关羽、张飞"桃园三结义"时就发誓要"上投国家、下安黎庶"。他们作战英勇，斩黄巾、战吕布、救孔融、袭曹操，可总是"落魄不遇"，没有成绩。为什么？原因就是没有战略上的打算，一会儿去北平投靠公孙瓒，一会儿去徐州投靠陶谦，一会儿又去平原投靠袁绍，一会儿又去荆州投靠刘表，明天怎样，将来如何，心里没底。后来听说了诸葛亮，"诸葛孔明者，卧龙也。"于是三顾茅庐，去请诸葛亮。诸葛亮给刘备分析了天下大势，制定了一个战略计划："占据荆、益二州，安抚益州西部诸戎、南部夷越，整顿内政，外与孙权结好，等候北方又变故，荆州军就攻南阳、洛阳，而主力益州军划出兵秦一带，人心所向，天下可以渐定。"这就是历史上著名的"隆中对"。自此以后，刘备扭转了被动局面，三分天下有其一。

平津战役的战术：平津战役是我国解放战争时期三大战役之一。当时，辽沈战役刚刚结束,盘踞在北平(现北京)、天津一带的60多万国民党军队为人民解放军的胜利所震惊,其司令员傅作义准备收缩兵力,从海上南逃,或者西窜绥远。解放军为了歼灭他们而不是打跑他们,定了16条战术计划,对张家口、新保安是围而不打,对北平、天津、通州的宋敌是隔而不围……根据这个战术计划,截断了敌军南逃北窜的通路,先后按步骤攻克了新保安、张家口,解放了天津,迫使傅作义宣布和平起义,解放军于1949年1月31日顺利进入北平。在这一战役中,除塘沽宋敌5万余人由海上逃跑外,共歼灭和改编国民党军队52万余人,取得了辉煌的胜利。

(三)按计划的明确性程度划分

按计划的明确性程度划分,可分为指导性计划和指令性计划。

指导性计划只规定了一些重大方针,而不局限于明确的特定目标或特定的活动方案。这种计划可为组织指明方向、统一认识,但并不提供实际操作的指南。

指令性计划恰恰相反,要求必须具有明确的可衡量目标及一套可操作的行动方案。这种计划不存在模棱两可,不会存在引起误解的问题。

指导性计划具有内在的灵活性,而指令性计划便于及时有效地完成特定的程序、方案和各类活动目标。

(四)按计划的职能标准划分

按计划的职能标准划分,可分为业务计划、财务计划和人事计划。

业务计划是组织的主要计划。长期业务计划主要涉及业务方面的调整或业务规模的发展,短期业务计划则主要涉及业务活动的具体安排。

财务计划与人事计划是为业务计划服务的,也是围绕着业务计划而展开的。财务计划研究如何从资金的供给和利用上促进业务活动的有效进行,人事计划则分析如何为业务规模的维持或扩展提供人力资源的保证。

(五)按计划的程序化程度划分

按计划的程序化程度划分,可分为程序性计划和非程序性计划。

西蒙把组织活动分为两类:一类是例行活动,是指一些重复出现的工作,如报账、订货、材料的出入库等,有关这类活动的决策是经常反复的,而且具有一定的结构,因此,可以建立一定的决策程序。每当出现这类工作或问题时,就利用既定的程序来解决,而不需要重新研究,这类决策叫作程序化决策,与之对应的计划是程序性计划。另一类是非例行活动,是指不重复出现的工作。比如新产品的开发、生产规模的扩大、品种结构的调整、工资制度的改变等,处理这类问题没有一成不变的方法和程序,因为这类问题在过去尚未发生过,或因为其确切的性质和结构琢磨不定或极为复杂,或因为其十分重要而需用个别方法加以处理,解决这类问题的决策叫作非程序化决策,与之对应的计划是非程序性计划。

第三节　计划的原则与编制程序

一、计划的原则

计划工作是非常重要的,要做好计划也并非是件容易的事情,但在实际工作中还是有可以遵守的原则,这些原则是限定因素原则、许诺原则、灵活性原则和改变航道原则。

(一) 限定因素原则

所谓的限定因素,是指妨碍组织目标实现的因素。也就是说,在其他因素不变的情况下,仅仅改变这些因素,就会影响组织目标的实现程度。管理人员越是能够明确达到目标过程中的主要限制因素,在制定计划时便更有针对性,更有利于有效拟定各种行动方案。限定因素原则有时又被形象地称作"木桶原则",其含义是木桶能盛多少水,取决于桶壁上最短的那块木板条。限定因素原则表明在制定计划时,必须全力找出影响计划目标实现的主要限定因素或战略因素,有针对性地采取措施,规避风险。

(二) 许诺原则

所谓的许诺原则,是指计划的本质是决策者对完成各项工作所做出的许诺,所以,许诺越大,实现许诺的时间越长,实现许诺的可能性也就越小。这一原则关系到计划的期限问题。计划必须确定一个合理的期限,在确定的合理期限中就可以遵循许诺原则,即合理计划工作必须确定一个未来的时期,其长短取决于实现决策中所许诺的任务所必需的时间。例如,某公司投资 1 亿元建设一个新厂,经过分析论证,这项投资大约需要 5 年时间就能收回,那么这项计划应该以 5 年的业务计划为基础。

(三) 灵活性原则

在实施计划的过程中,常常会遇到"计划赶不上变化"的情况,对计划做出适当的修改是否就否定了计划的严肃性了呢? 当然不是,在计划中应该遵循灵活性原则。

一般情况下,制定正式计划往往和更高的利润、更好的绩效相联系,凡是有计划未能导致高绩效的情况,一般就是因为不确定的环境导致。所以,计划工作必须随机应变,因地制宜,而不能够僵化、教条。在某些情况下,具有明确性的具体计划可能更适宜,而在其他情况下也许正好相反,仅给行动施以宽松的指向性可能会比具体计划更为有效。计划工作本身与灵活性并不矛盾。

首先,计划并不是为了消灭变化,而是基于对未来所可能发生变化的预见来对组织活动做出安排。其次,管理者制定计划的目的和制定计划的方式,应该是预测变化并制定最有效的应变措施。最后,备选计划方案的制定,就是对灵活性的保证。所以,在计划中应该遵循灵活性原则,计划中体现的灵活性越大,因未来意外事件引起损失的风险就越小。

(四)改变航道原则

计划制定出来以后,计划工作者就要管理计划,促使计划得以实施,但在计划实施过程中不能被计划所"限制"和"束缚",必要时可以根据实际情况做必要的修改。这就像航海家一样,必须经常检查航线,一旦遇到障碍就可绕道而行。因此,在计划实施时应遵循改变航道原则,即计划的总体目标不变,但实现目标的过程可以因情况的变化而改变。

二、计划的编制程序

计划的本身也是一个过程。虽然计划的类型和表现形式各种各样,但科学地编制计划所遵循的步骤却具有普遍性。随着条件的改变、目标的更新及新方法的出现,计划是无限的过程。即使在编制简单计划的时候,计划编制过程中也必须采取科学的方法。完整的计划工作程序如图4-1所示。

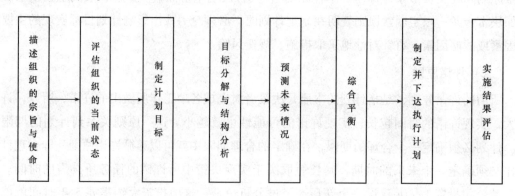

图 4-1 完整的计划工作程序

(一)描述组织的宗旨与使命

计划工作的过程源于组织的宗旨与使命。

1. 描述

这里存在两种情况:一是组织并不存在明确的宗旨与使命,界定并描述组织的宗旨与使命便成为计划工作的重要内容,一般新创办的组织和处于重大变革时期的组织都属于这种情况;二是存在明确的组织宗旨与使命,需要正确地理解组织的宗旨与使命,并将其贯彻到计划的制定与实施工作中。

2. 沟通

在正确理解组织的宗旨与使命的基础上,还要把组织的宗旨与使命传播给组织成员及各种各样的相关利益群体,让参与计划的制定与实施工作有关的人员了解并接受组织的宗旨与使命，这将十分有利于计划的快速实施。

（二）评估组织的当前状态

计划是连接人们所处的此岸和彼岸的一座桥梁。目标指明了人们要去的彼岸。制定计划的第二步就是要认清组织所处的此岸，即认清现在。

1. 认清现在的目标

认清现在的目标在于寻求合理、有效的通向彼岸的路径，即实现目标的途径。认清现在的目标不仅需要有开发的精神，将组织、部门置于更大的系统中，而且要有动态的精神，考察环境，组织自身随时间的变化与相互之间的动态反应。

2. 认清现在的分析法（SWOT）

当前状况的评估工作要对组织自身优势、劣势及来自外部环境的机会和危险进行分析，即 SWOT 分析法。

（1）SWOT 分析法的定义。SWOT 分析法又称道斯矩阵，是由美国哈佛商学院率先采用的一种经典方法。它综合考虑企业内部条件和外部环境的各种因素，是一种对外部环境的威胁（Threats）、机会（Opportunities）进行分析辨别，同时评估组织自身的特点优势（Strengths）与劣势（Weaknesses）做出系统评价，制定有效战略计划的方法。

（2）SWOT 分析法的内涵。

①企业外部的威胁是指环境中对企业不利的因素，如新竞争对手的出现、市场增长率缓慢、购买者和供应商的讨价还价能力增强、技术老化、过时等。这些是影响企业当前竞争地位或影响企业未来竞争地位的主要障碍。

②企业外部的机会是指现在或将来组织所面临的、比竞争对手更为有利的环境和条件。例如，政府支持，组织产品的市场需求上升，组织的新技术、新产品受到市场普遍欢迎等。

③企业内部的优势和劣势。这是相对于竞争对手而言的，一般表现在企业的流动资金、先进的技术设备、职工素质、产品研发、市场拓展能力、物流掌控能力等方面。判断企业内部的优势和劣势一般有两项标准：一是单项的优势和劣势。例如，企业资金雄厚，则在资金上占优势；市场占有率低则在市场上占劣势。二是综合的优势和劣势。例如，沃尔玛（Wal-Mart）的 SWOT 分析：沃尔玛是著名的零售业品牌。它以物美价廉、货物繁多和一站式购物而闻名。劣势：虽然沃尔玛拥有领先的 IT 技术，但是由于它的店铺布满全球，这种跨度会导致某些方面的控制力不够强。机会：果敢收购、合并或战略联盟的方式与其他国际零售商合作，专注于欧洲或大中华区等特定市场。威胁：所有竞争对手的赶超目标。

（三）制定计划目标

为整个企业及其所属的下级单位制定计划工作目标，包括长期目标和短期目标。目标设定预期结果，指明要达到的终点和重点。

（四）目标分解与结构分析

1. 目标或任务的分解

将决策确定的组织总目标分解落实到各个部门、各个活动环节，将长期目标分解为各个阶段的分目标。

2. 目标分解的目的

（1）通过分解，确定组织的各个部分在未来各个时期的具体任务及完成这些任务应达到的具体要求。

（2）通过分解形成组织的目标结构，包括目标的时间结构和空间结构。目标结构描述了组织的目标中较高层次的目标与较低层次的目标相互之间的指导与保证关系。

（3）目标结构的分析是研究较低层次的目标对较高层次目标的保证能否落实。进行时间结构的分析是指分析组织在各个时期的具体目标能否实现，从而能否保证长期目标的达成；进行空间结构的分析是指组织的各个部分的具体目标能否实现，从而能否保证整体目标的达成。如果较低层次的某个具体目标不能充分实现，则应考虑是否采取有关补救措施，否则就应调整较高层次的目标要求，有时甚至可能导致重要决策的重新修订。

（五）预测未来情况

预测是计划最重要的基本假设和前提。预测是指对不确定的或不知道的事情做出叙述。在大多数情况下，这些事件是未来事件。进行预测的主要目的是要弄清对当前决策至关重要的那些不确定事件的情况。预测未来的事件或多或少都带有风险，也就是说，未来发生的事件与预测的不会完全相同。预测工作的任务就是要尽量缩小这个差距，使预测接近未来发生的事件。

（六）综合平衡

1. 目标构成任务的时间平衡和空间平衡

综合平衡是分析由目标结构决定的或与目标结构对应的组织各部分在各时期的任务是否相互衔接和协调，包括任务的时间平衡和空间平衡。时间平衡是要分析组织在各时期的任务是否相互衔接，从而能否保证组织活动顺利地进行。空间平衡则要研究组织各个部分的任务是否保持相应的比例关系，从而能否保证组织的整体活动协调地进行。

2. 研究组织活动的进行与资源供应的关系

综合平衡是分析组织能否在适当的时间筹集到适当品种和数量的资源，从而能否保证组织活动的连续性。

3. 分析不同环节在不同时间的任务与能力之间是否平衡

综合平衡是研究组织的各个部分是否能够保证在任何时间都有足够的能力去完成规定的任务。由于组织的内、外环境和活动条件经常发生变化，从而可能导致任务的调整，因此在任务与能力平衡的同时还需留有一定的余地，以保证这种将会产生的调整在必要时有可能进行。

（七）制定并下达执行计划

在上述各阶段任务完成以后，接下来应制定具体的计划方案。

1. 计划方案的制定

计划方案类似于行动路线图，是指挥和协调组织活动的工作文件，要清楚地告诉人们：做什么、何时做、由谁做、何地做及如何做等问题。

2. 计划方案的内容

制定计划方案包括提出方案、比较方案、选择方案等工作，这与前面讲的决策方案的选择是一样的道理。

3. 计划方案的要求

（1）计划方案应有灵活性。计划是面向未来的管理活动，未来是不确定的，不管计划多么周密，在实施过程中可能因为内、外部环境的变化而无法顺利开展，在特殊的情况下甚至需要对预先制定的计划予以调整，僵化的计划有时比没有计划更糟。

（2）制定多套备选方案。在制定计划方案的同时，还应该制定应急计划，即事先估计实施过程中可能出现的问题，预先制定一套甚至几套备选方案，这样可以加大计划工作的弹性使之更好地适应未来环境。

（3）实施全面计划管理，确保计划目标的顺利实施。选择、确定出计划方案以后，计划工作并未完成。因为，如果计划不能转化为实际行动和业绩，再好的计划也没有用处。

因此，组织要实施全面计划管理，把实施计划包括在计划工作之内，组织中的计划部门应参与计划的实施过程，了解和检查计划的实施情况，与计划实施部门共同分析问题，采取对策确保计划目标的顺利实施。

（八）实施结果评估

计划工作的最后还有一个非常重要的内容，即实施结果评估。实际上，计划的每一个阶段，都应将实际产出结果与计划进行比较，组织通过这个过程不断发现问题并制定有效的后续程序，这些程序和控制机制能够纠正偏差，从而大大增强计划的有效性，使组织自身不断地得到发展。

第四节　计划的实施方法

计划的实施方法有很多，计划工作效率的高低和质量的好坏很大程度上取决于采用的计划方法。下面简要介绍三种常用的现代计划实施方法。

一、滚动计划法

滚动计划法是一种具有编制灵活、能够适应环境变化的长期计划方法。它是保证计划在执行过程中能够根据情况变化适时修正和调整的一种现代计划实施方法。它的编制方法是：在已编制出的计划的基础上每经过一段固定时期，如一年或一个季度等（这段时期称为滚动期），便根据组织内、外部的环境变化和计划的实际执行情况，从确保实现计划目标出发对原计划进行修改、调整，使计划不断延伸，滚动向前，即每次调整时，保持原计划期限不变，而将计划期限顺序向前推进一个滚动期，如图4-2所示。

图4-2 某企业滚动计划法示意图

由于长期计划的计划期较长，很难准确地预测到各种影响因素的变化，因而很难确保长期计划的成功实施。而采用滚动计划法则可以根据环境变化和实际完成情况，定期进行计划修订，使组织始终有一个切合实际的长期计划做指导，并使长期计划能够始终与短期计划紧密地衔接在一起。既能有详细的5W2H指导内容，又具备长期战略的方向指引，非常适合大企业、大集团在制定长期发展规划时使用。我国为确保国民经济和社会稳步健康地发展，不断制定五年的发展规划纲要，其中就充分利用了滚动计划法的原理，根据目标实现的具体情况及外部环境的变化及时调整、校正、修复，目前已进入"十三五"规划（2016—2020年），上一个五年计划是下一个五年计划的基础，下一个五年计划是上一个五年计划的延续，事实证明，该方法效果显著。

二、投入产出分析法

投入产出分析法是20世纪40年代美国经济学家列昂惕夫首先提出的，其原理是各部门经济活动的投入和产出之间的数量关系。投入指的是完成任务所需要的资源，即将人力、物力投入生产过程或转化过程，在其中被消耗；产出指的是生产（或转化）出的有形或无形的产品。

投入产出分析法是一种综合的计划方法。企业首先要根据某一年度的实际统计资料了解各部门之间的需求比例，编制投入产出表，然后计算各部门之间的直接消耗系数和间接消耗系数（两者合计即完成消耗系数），最后根据某些部门对最终产品的要求，计算出各部门应达到的状况,据此编制综合计划。

这种方法的主要特点有:

(1) 反映了各部门的技术经济结构,合理安排各种比例关系,是进行综合平衡的一种有效手段。

(2) 在编制过程中不仅要充分利用现有的统计资料,而且要建立各种统计指标之间的内在关系,使统计资料系统化,编制完成的投入产出表能比较全面地反映经济过程的数据,可以用来进行多种经济分析和预测,且一目了然。

(3) 通过表格形式反映经济现象,直观、易于理解,容易被计划工作者所接受。

三、网络计划法

网络计划法是 20 世纪 50 年代后期在美国产生和发展起来的。这种方法包括各种以网络为基础制定计划的方法,如关键路径法、计划评审技术、组合网络法等。

(一) 网络计划法的基本思路

网络计划法的基本思路是:运用网络图的形式表达一个计划项目中各种活动(作业、工序)之间的先后次序和相互关系。在此基础上进行网络分析,计算网络时间,确定关键活动和关键路线。然后利用时差,对网络计划进行工期、资源和成本的优化。在实施过程中,通过信息反馈进行监督和控制,以确定计划目标的实现。

(二) 网络图

网络图是网络计划法的基础。网络图的绘制如图 4-3 所示。

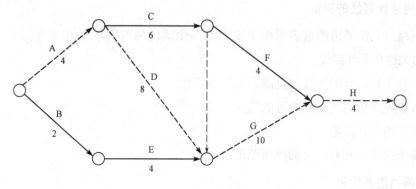

图 4-3 网络图

1. 网络图的构成

(1) 活动(作业或工序)。活动是一项需要消耗资源,经过一定时间才能完成的具体工作,网络图上用"→"表示。箭线前后的节点编号,分别表示活动开始和结束。活动名称或代号一般写在箭线上方,而活动所消耗的时间或其他资源一般置于箭线下方。相邻排列的活动,前活动是后活动的近前(紧前)活动。

(2) 事项(事件或节点)。表示两项活动的连接点,既不消耗资源,也不占用时间,只表示前一活动开始、后一活动结束的瞬间。

（3）路线。路线是网络图中由始点活动出发，沿箭线方向前进，连续不断地到达终点活动的一条通道，表示一个独立的工作流程。网络图中一般有多条路线，其中消耗时间最长的一条称为关键路线（用双箭线表示），它决定总工期。

2. 网络图绘制的规则

（1）箭线一般均指向右边，不允许出现反向箭头。

（2）任一箭线的箭尾节点编号必须小于箭头节点编号；整个网络图中的编号不能重复；编号可以不连续。

（3）两个节点之间只能有一条箭线，如果有两项平行活动，则应用虚箭线保证此规则不被破坏。

（4）箭线不可交叉。

（5）一个网络图应只有一个起点和一个终点。

3. 网络图的绘制步骤

（1）任务分解与分析。确定完成项目必须进行的每一项活动，并确定活动之间的逻辑关系。

（2）根据活动之间的关系绘制网络图（草图、美化图、节点编号）。

（3）估计和计算每项活动的完成时间。

（4）计算网络图的时间参数并确定关键路线。

（5）进行网络图优化。

（三）网络计划法的评价

（1）网络计划法能清晰地表明整个工程的各个活动的时间顺序和相互关系，并指出了完成任务的关键环节和路线。

（2）可对工程的时间进度与资源利用实施优化。

（3）可事先评价到达目标的可能性。

（4）便于组织和控制。

（5）易于操作，并有广泛的应用范围。

（四）网络图的优化

网络图的优化包括三方面，即时间优化、时间—成本优化、时间—资源优化。

1. 时间优化

时间优化是指在人力、物力、财力等基本条件有保证的前提下，满足最短工期要求——向关键工序要时间，向非关键工序要资源。可采取技术措施和管理措施达到时间优化的目的。可采取的技术措施有流程再造、优化、规范、增加高效率设备，原有设备采用新工艺，以及提高自动化程度等。可采取的管理措施是将非关键工序的部分人力、物力抽调到关键工序。

2. 时间—成本优化

时间—成本优化是指缩短整个工期后,使相对成本最低。关键在于缩短费用率最低的工序时间。

3. 时间—资源优化

时间—资源优化是指整个工期时间的分配。要想实现目标,就要使用各种资源,包括时间、资源、资金、人员、设备等,但资源总是有限的,而且资源是要占用成本的,因此如何合理地分配资源就成了计划工作的一件大事。这也是优化网络图的重要内容,在瞬息万变的当今社会,利用好了时间、资源,就可以抓住机会,有时甚至可以同田忌赛马一样化险为夷。

第五节 目标管理

计划实施的方法有很多,除了上述几种常用的方法外,本节重点介绍的是另一种方法——目标管理。目标管理是一种系统管理方法,它与计划和控制工作有很大的关系。目标管理是一种具有活力的管理方法,下级人员通过设置目标来承担自己的义务,目标管理实际上是一种许诺的管理方法。

目标管理的概念是由美国管理学家德鲁克提出来的,他认为为了充分发挥不同组织成员在计划执行中的作用,必须把组织任务转化为总目标,并分解为各个层次的分目标,组织的各级管理者根据分目标的要求对下级的工作进行指导和控制。

★【链接4-3】

同途殊归

有人做过一个试验:组织三组人,让他们分别向20公里外的一个村子步行。

第一组的人对村庄的名称和路程一无所知,他们只知道跟着向导走。刚走了四五公里就有人叫苦,走了一半时有人几乎愤怒了,他们抱怨为什么要走这么远,何时才能走到。又走了几公里,这时离终点只剩下三四公里时,有人坐在路边就不愿走了。坚持走到终点的只有一半人左右。

第二组的人知道村庄的名称和路程,但路边没有里程碑,他们只能凭借经验估计行程的时间和距离。走到一半时,大多数人就想知道他们已经走了多远,比较有经验的人说:"大概走了一半的路程。"于是大家又簇拥着向前走,当走到全程的3/4时,大家情绪低落,觉得疲惫不堪,而路程似乎还很长,当有人说"快到了"时对大家又振作起来加快了步伐。

第三组的人不仅知道村庄的名称和路程,而且沿路上每隔一公里就有一块里程碑,人们边走边看里程碑,路程每缩短一公里大家便有一小阵的快乐。行程中他们用歌声和笑声来消除疲劳,情绪一直高涨,所以很快就到达了目的地。

当人们的行动有明确的目标,并且把自己的行动与目标不断加以对照,清楚地知道自己的行进速度和与目标的距离时,行动的动机就会得到维持和加强,就会自觉地克服一切困难,努力达到目标。因此,对组织来说,应该有明确的目标,并尽可能科学地将目标量化成各种指标来衡量目标实现的进度,即对目标进行科学的管理。

一、目标的含义和作用

(一)目标的含义

目标是指根据组织宗旨(社会对组织的要求)而提出的组织在一定时期内通过努力要达到的理想状态或希望获得的成果。简而言之,目标就是关于组织未来的理想状态。目标是期望的成果。这些成果可能是个人的、部门的或整个组织的努力方向。而宗旨规定了组织生存的目的和使命,反映了社会对组织的要求。

企业目标是在分析企业外部环境和内部条件的基础上确定的企业各项经济活动的发展方向和奋斗目标,是企业经营思想的具体化。

彼得·德鲁克提出:企业目标唯一有效的定义就是创造顾客。因为强调利润会使经理人迷失方向,以至于危及企业的生存。

★ 小知识

国家目标——两个一百年目标
——建成社会主义现代化强国的战略规划

改革开放之后,党对我国社会主义现代化建设做出战略安排,提出"三步走"战略目标。2002年,党的十六大提出了到2020年全面建设小康社会的奋斗目标,并做出具体的战略部署。

党的十七大、十八大对全面建成小康社会提出了新的要求,做出了新的部署。这就是"两个一百年"的奋斗目标,即到建党100年时建成惠及十几亿人口的更高水平的小康社会;到新中国成立100年时基本实现现代化,建成社会主义现代化国家。

习近平总书记在党的十九大报告中提出,我们要全面建成小康社会、实现第一个一百年奋斗目标,向第二个一百年奋斗目标进军。

党的十九大将全面建设社会主义现代化国家的进程分两个阶段来安排。第一个阶段,从2020年到2035年,在全面建成小康社会的基础上,再奋斗15年,基本实现社会主义现代化。第二个阶段,从2035年到21世纪中叶,在基本实现现代化的基础上,再奋斗15年,把我国建成富强、民主、文明、和谐、美丽的社会主义现代化强国。

从全面建成小康社会到基本实现现代化,再到全面建成社会主义现代化强国,是新时代中国特色社会主义发展的战略安排。这一战略安排,是我们党适应我国发展实际做出的必然选择,对动员全党全国各族人民万众一心实现中华民族伟大复兴的中国梦具有重大意义。

(二) 目标的作用

1. 方向作用

(1) 目标指出和规定了组织的发展方向,指导有组织的行动。

(2) 管理的起点是制定和选择目标;管理的终点是实现目标。没有明确的目标,管理就是杂乱无章的。

2. 激励作用

(1) 对集体的激励作用。组织可以充分调动各种资源和全部力量,用最少的投入实现组织的目标。

(2) 对成员的激励作用。组织的总目标通过层层分解,使组织内每个成员都了解具体目标,并将自己的期望目标与组织目标相联系,两者达成一致时,就会使成员产生努力实现组织目标的巨大动力。

二、目标的特点

目标是组织经营思想的集中体现。它的特点主要有以下几个:

(1) 目标的多元性。不同的组织会有不同的目标,在同一个组织内部,不同的部门也会有不同性质的多个目标。

组织目标是多重的、多方面的。从目标的具体内容及其相互关系分析,可以把组织的目标分为总目标和中间目标两类。总目标是组织一切活动的立足点和出发点,决定着组织长期的发展方向、规模和速度。例如,某企业的总目标包括海外经营发展水平、国内市场占有率、销售额和利润增长幅度三大战略重点。总目标又分为若干个中间目标,中间目标是实现总目标的措施和手段,是为实现总目标服务的。如该企业为实现上述总目标,分别制定了质量升级目标、品种开发目标、市场营销目标、成本降低目标等。中间目标又进一步划分为若干个具体目标。如该公司为实现质量升级目标,具体规定了产品质量目标、工作质量目标、服务质量目标等;为实现成本降低目标,具体规定了产品成本降低率和降低额、原材料和燃料等物耗节约指标、劳动生产率提高指标、产量增长指标、节约开支压缩费用指标、废品率降低指标等。

(2) 目标的层次性。企业管理层次的差异决定了目标体系的垂直高度。这样,企业目标就成了一个有层次的体系和网络,即目标的层次性。

目标的层次性与组织的层次性密切相关。与目标的层次体系相对应,不同等级的管理人员关注不同的目标。董事会关注的是企业的宗旨、任务和总目标。中层干部主要负责确立关键成果领域的目标、分公司及部门目标。基层管理人员关心的是部门或小组的目标及工作人员的个人目标。组织是在一定环境中为达到整体目标而存在的有机整体,总目标的实现需要子目标的支持,这就是目标的层次性。

组织目标层次的分解有两种方式：一种是自上而下的方法，另一种是自下而上的方法。自上而下的方法是指由组织的高层管理者根据组织的宗旨确定总目标，然后为其下一级确定目标，当然这些目标就是组织总目标的分解。每一级在得知自己的目标后再为自己的下级确定具体的目标来保证自己这一层次目标的实现。自下而上的方法则是指先由每个组织成员根据总任务确定自己的目标，上报给自己的上级；上级归纳起来形成本层次或部门的目标，再上报给更高一级，这样层层上报，最后形成组织的总目标。这两种目标形成体系、形成的方法各有优缺点，从实践来看，自下而上的方法用得不多，但单独使用两者中的任何一种方法效果都不好（图4-4）。

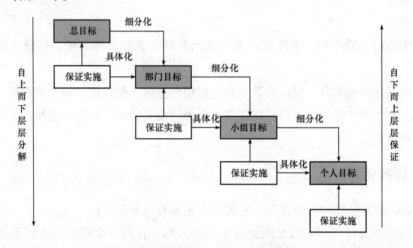

图4-4　目标管理法的目标体系示意图

（3）目标的网络性。目标的网络性是指为了保证组织目标实现，组织内部各部门、各单位的目标之间形成一个相互联系的网络。一个组织的总目标通常可以分解为许多分目标，这些分目标之间左右联系、上下贯通、彼此呼应，融汇成一个网络体系。

在这个网络中，各部门、各单位的目标要相互支持、相互协调，部门目标的制定与实现部门目标的措施以是否有利于总目标的实现作为判断的标准。

（4）目标的变动性。企业目标的内容和重点是随着外界环境、企业经营思想、自身优势的变化而变化的。

★【链接4-4】

登山还是救人？

一支登山队正在攀登中国的喜马拉雅山，登到一半的时候，发现了上一支登山队遗留下的一名奄奄一息的队员，这时这支登山队队长要做一个决策：登山队这十几人走到半山腰了，是把这个人抬下去，破坏登山队的计划，还是把这个人放在这儿？反正这个人又不是自己队的。

这个故事非常形象，一个企业往前冲的时候，必然要遇到一些道德和社会责任问题。作为一个经营者,你该做什么决策?你完全可以说我牺牲这个团队的目标来拯救这个队员,把他抬到山下,咱们从头再来。

这个故事在哈佛商学院是一个经典故事,每一届的学生在第一个学期要听这个故事,而且每个新生第一个星期要谈的也是这个故事。

★小知识

目标制定的方法——SMART 原则

S——代表具体（Specific），是指绩效考核要切中特定的工作指标,不能笼统；

M——代表可度量（Measurable），是指绩效指标是数量化或者行为化的,验证这些绩效指标的数据或者信息是可以获得的；

A——代表可实现（Attainable），是指绩效指标在付出努力的情况下可以实现,避免设立过高或过低的目标；

R——代表现实性（Realistic），是指绩效指标是实实在在的,可以证明和观察；

T——代表有时限（Time bound），注重完成绩效指标的特定期限。

人们在制定工作目标或者任务目标时,要考虑一下目标与计划是不是 SMART 化的。只有具备 SMART 化的计划才是具有良好可实施性的,才能保证计划得以实现。

三、目标制定的步骤

目标制定的步骤如下：

（1）进行内、外部环境与条件分析。

（2）明确组织自身的远景与价值观。明确管理者的价值观、人生观,组织成员的追求,以及组织群体的价值观,也就是要了解组织成员愿意做什么、愿意做到什么程度,这是进行目标设定的人的意识形态体现。

（3）提出总体目标方案。通过外部环境给予我们的"可以做什么",内部条件提供的"能够做什么"以及组织成员潜意识的"愿意做什么"来进行组织目标的逼近,将三者的选择集合起来,取其三者兼而有之的中间范围作为拟定的目标方案。

（4）评估各可行方案并确定一种满意方案。按照科学决策的过程进行多方案选择,并确定一种最满意方案作为最终目标的抉择。

（5）分解总目标,使其具体化。

四、目标管理

（一）目标管理的概念

目标管理（MBO）是一种综合的以工作为中心和以人为中心的系统管理方式。目标管理的概念可详细地表述为：组织的最高领导层根据组织所面临的形势和社会需要，制定出一定时期内组织经营活动所要达到的总目标，然后层层落实，要求下属各部门管理者及每个员工根据上级制定的目标制定自己的工作目标和相应的保证措施，形成一个目标体系，并把目标完成的情况作为各部门或个人工作绩效评定的依据。这也是常说的目标管理法。

（二）目标管理的产生和发展

目标管理是20世纪50年代中期出现于美国的以泰勒的科学管理和行为管理论为基础的一套管理制度。目标管理的概念是管理学家彼得·德鲁克在20世纪50年代中期首先在《管理实践》一书中提出的目标管理思想，他提出"目标管理与自我控制"的主张。他认为，并不是有了工作才有目标，而是相反，有了目标才能确定每个人的工作，所以"企业的使命和任务必须转化为目标"。1954年，美国通用电气公司提出了用具体的客观目标和对目标实施进程的客观计量来代替主观的评价和个人的监督。1957年，麦格雷戈在《哈佛商业评论》上批评传统的主观评价法，主张应该在目标的基础上进行客观的工作评价。

（三）目标管理的实质

1. 重视人的因素

目标管理是一种参与的、民主的、自我控制的管理制度，也是一种把个人需求与组织目标结合起来的管理制度。在这一制度下，上级与下级的关系是平等、尊重、依靠、支持，下级在承诺目标和被授权之后是自觉、自治和自主的。

2. 建立目标锁链与目标体系

目标管理通过专门设计的过程，将组织的整体目标逐级分解转换为各单位、各成员的分目标。从组织目标到经营单位目标，再到部门目标，最后到个人目标。在目标分解过程中，责、权、利三者已经明确，而且相互对称。这些目标方向一致，环环相扣，相互配合，形成协调统一的目标体系。只有每个人完成了自己的分目标，整个企业的总目标才有希望完成。

3. 重视成果

目标管理以制定目标为起点，以目标完成情况的考核为终点。工作成果是评定目标完成程度的标准，也是人事考核和奖评的依据，成为评价管理工作绩效的唯一标准。至于完成目标的具体过程、途径和方法，上级并不过多干预，所以在目标管理制度下，监督的成分很少，而控制目标实现的能力却很强。

4. 自我控制、自我评估观念的应用

在实施目标管理的过程中，对于目标的实施执行情况，可由自己对其实施业绩进行评估，并自我提出改进工作的意见。因此，可将目标管理称作是以绩效评估为中心的目标管理。

（四）目标管理的基本程序

目标管理的基本程序分为三个阶段，即目标设置阶段、目标实施阶段、总结和评估阶段。

（1）目标设置阶段。目标设置阶段是目标管理实施的第一个阶段，主要是指企业的目标制定、分解过程。

★ 【链接4-5】

制定目标体系的技巧

在实际工作中，建议采用如下技巧制定合理的目标体系：

（1）确保目标管理被全体员工所理解，并真正得到上级的全力支持。

（2）确保上、下级共同参与制定目标，并达成一致意见。下级的参与体现了目标管理的实质，有利于调动员工的主动性和积极性。

（3）确保目标的制定是一个动态反复的过程。目标的制定是相互作用的过程，在逐级拟定出可考核的目标体系时，起初的设想必定要根据逐步细化的目标而有所调整与修改，直至部门中每项工作都制定出合适的目标体系。

（4）确保最终形成的目标体系既有自上而下的目标分解体系，又有自下而上的目标保证体系，从而保证总目标的实现。

（2）目标实施阶段。目标实施阶段主要包括以下工作内容：对下级按照目标体系的要求进行授权，以保证每个部门和职工能独立地实现各自的目标；加强与下属的交流，进行必要的指导，最大限度地发挥下属的积极性和创造性，进行定期或不定期的检查；严格按照目标及保证措施的要求从事工作，进行定期或不定期的检查。

在目标管理过程中，必须要做到权责明确，要实行充分授权。若承担一定的任务，就必须拥有完成这一任务所需要的权力。

虽然权力交给下级成员使其具有独立性，但也必须讲求协调，即各部门、各单位为了整个组织目标的实现必须合作。

（3）总结和评估阶段。目标管理注重结果，因此必须对部门、个人的目标进行自我评定、群众评议、领导评审。在达到预定的期限之后，由下级提出书面报告，上、下级一起对目标的完成情况进行考核，决定奖惩。

★ 【链接4-6】

考核和评价阶段应该把握的关键点

严格兑现奖惩。根据考核结果，按照预先的规定给予一定的奖惩。对于完成好的，要给予充分的肯定，这样有利于调动员工的积极性。

考核的重点应放在总结经验教训上。如果目标没有完成，应分析原因总结教训，切忌相互指责，以保持相互信任的氛围。同时，坚持具体问题具体分析，对于非个人原因造成的问题，一般不要采用惩罚措施。

（五）目标管理的评价

目标管理最大的优点是将目标的制定和个人的激励联系起来，有利于调动个人的积极性、创造性和责任感，提高管理水平，加强组织的控制能力。但它也有一些缺点：目标的设置有一定的难度；目标一般为短期的；目标的确定比较费时；目标存在不灵活性；目标之间的逻辑关系强，联系紧密，若某一目标没有完成必然会影响后续任务的完成等。

五、目标管理理论的应用

最早应用目标管理理论的国家是日本。1956年以后，美国企业中目标管理迅速普及，目前，目标管理理论已成为一种广泛采用的管理制度。目标管理理论的应用有以下特点：

（1）目标管理理论的应用范围较广，除应用于工业、金融、商业等企业外，许多非营利性组织也引入了目标管理的制度。

（2）在许多大型企业，目标管理理论作为企业系统管理的形式加以应用，通过目标管理对企业各个管理层实施全面管理。在规模较小的企业中目标管理一般应用于生产作业方面。

（3）目标管理理论在目标量化比较容易的财务领域应用最为广泛，如成本、利润、投资收益率管理等。

本章小结

（1）许多管理者对计划的必要性缺乏认识，认为"计划赶不上变化"。一个好的计划不仅明确规定了组织所要追求的目标和所要实施的战略，还明确了由谁来实施这些战略并进而实现组织的目标。当管理者意识到他们对实现目标负有特定责任时，他们就有了尽力去确保目标实施的动力。

（2）计划有广义和狭义之分。狭义的计划又可分为动态和静态两层含义。从动态来看，它是在科学预测的基础上对未来某一项活动预先做出的安排；从静态来看，它是指规划好的行动方案或蓝图。通常指的是狭义的计划，即根据实际情况，通过科学的预测，权衡客观需要和主观条件，提出在未来一定时期内要达到的目标，以及实现目标的途径。计划是使组织中各种活动有条不紊地进行的保证。

（3）影响计划有效性的因素有组织层次、组织的生命周期、环境的不确定性程度。计划工作的任务是通过计划的内容来实现的。计划的内容可以概括为5W2H，即做什么（What to do），为什么做（Why to do），何时做（When to do），何地做（Where to do），谁去做（Who to do），如何做（How to do），需要多少成本（How much）。

（4）计划的特点有目标性、首要性、普遍性、时效性、动态性、创造性。按照不同的标准，可将计划分为不同的类型：按计划的期限划分，可分为短期计划、中期计划和长期计划；按计划的层次划分，可分为战略计划、战术计划和运营计划；按计划的明确性程度划分，可分为指导性计划和指令性计划；按计划的职能标准划分，可分为业务计划、财务计划和人事计划；按计划的程序化程度划分，可分为程序性计划和非程序性计划。

(5) 计划有不同的表现形式，确定计划形式对于发挥计划职能有着重要意义。计划工作中有通用的原则可以遵守这些原则是限定因素原则、许诺原则、灵活性原则和改变航道原则。

(6) 计划工作的程序有描述组织的宗旨与使命；评估组织的当前状态；制定计划目标；目标分解与结构分析；预测未来情况；综合平衡；制定并下达执行计划；实施结果评估。计划实施的方法有滚动计划法、投入产出分析法、网络计划法等。

(7) 目标管理的概念可详细地表述为组织的最高领导层根据组织所面临的形势和社会需要，制定出一定时期内组织经营活动所要达到的总目标，然后层层落实，要求下属各部门管理者及每个员工根据上级制定的目标制定自己的工作目标和相应的保证措施，形成一个目标体系，并把目标完成的情况作为各部门或个人工作绩效评定的依据。目标管理的基本程序分为三个阶段，即目标设置阶段、目标实施阶段、总结和评估阶段。

重要概念

计划　长期计划　短期计划　SWOT分析法　滚动计划法　网络计划法　目标管理

复习思考题

1. 简述计划的概念及特点。
2. 简述制定计划的意义。
3. 计划有哪些类型？
4. 制定计划一般应遵循哪些原则？
5. 简述计划的实施方法。
6. 简述目标制定的步骤。

案例分析

科宁公司的计划

科宁公司是美国一家创建最早的公司之一，主要经营玻璃品生产和加工。科宁公司成功制造了第一个电灯泡。公司一直由其创始人科宁家庭掌管，并一直以制造和加工玻璃为其重点。

然而，科宁公司的这种经营战略也给它带来了许多问题：它的骨干部门——灯泡生产在30年前曾占领1/3的美国灯泡市场，而今天却丧失了大部分市场；电视显像管的生产也因面临剧烈的竞争而陷入困境。这两条主要产品线都无法再为公司获取利润。面对这种情况，公司既希望开辟新的市场，又不愿意放弃其传统的玻璃品生产和加工。至此，公司最高层领导制定了一个新的战略计划。计划包括三个主要方面：第一，决定缩减类似灯泡和电视显像管这样低产的部门；第二，决定减少因市场周期性急剧变化而浮动的产品生产；第三，开辟具有挑战性又具有巨大潜在市场的产品。

第三方面又包括三个新的领域：第一个领域是开辟光波导器生产——用于电话和电缆电视方面的光波导器和网络系统以及高级而复杂的医疗设备等，希望这方面的年销售量能达到40亿美元。第二个领域是开辟生物工艺技术，这种技术在食品行业方面大有前途。第三个领域是利用原来的优势，继续制造医疗用玻璃杯和试管等，并开拓电子医疗诊断设备，希望在这方面能达到全国同行业中第一或第二的地位。

科宁公司还有下一级的目标。例如，目前这个公司正在搞一条较复杂的玻璃用具生产线，并想向不发达国家扩展业务。很明显，科宁公司在进行着一个雄心勃勃的发展计划。公司希望通过提高技术和效率，以获得更大的利润。

但是，在进行新的冒险计划中，科宁公司也遇到了许多问题。例如，如果科宁公司真要从光波导器和生物控制等方面获得成功的话，就必须扩大其经营领域。另一方面，科宁公司给人的印象是要保持其原来的风貌，而不是在于获取利润。

讨论题：
你能分别列出科宁公司的中期计划和短期计划吗？

实训项目

分析企业计划或政府发展规划实训项目

实训目的

在分析计划书或制定计划的过程中，理解计划的分类，将计划制定的方法与目标管理知识相联系，整理出支持该计划的目标。

实训内容

1. 与相关企业管理人员或政府相关人员沟通，获得一份计划。
2. 了解制定计划的相关背景及实施情况。
3. 与学生会、班委体育委员共同制定校（院）运动会开幕式的详细计划。

实训考核

每个小组上交一份讨论计划和一份计划方案，教师评定小组成绩，分优、良、中、及格、不及格五个等级。

第五章

组 织

★学习目标

了解组织设计的基本原则与步骤；

了解组织变革的原因、方式及实施的情况；

了解常见组织结构形式的特点与适用情况；

了解正式组织与非正式组织、集权与分权、直线与参谋、分工与协调的关系；

理解人员配备的任务和原则、管理人员的选聘、考评和培训；

掌握组织的概念、组织设计的概念及任务、影响组织设计的因素；

掌握管理幅度的影响因素、管理幅度与组织层次的关系、"扁平"型与"高耸"型结构的基本特点；

掌握组织文化的概念、特征及功能。

★案例导入

看阿里巴巴"六变"成就电商神话

随着网络信息技术的发展，传统的纵向一体化的组织结构已难以适应外界动荡复杂的环境变化，福特、洛克菲勒等商业神话破灭的噪声不绝于耳。然而，作为目前国际最大的网上贸易市场，阿里巴巴的人力资源团队深谙其道，一次又一次从容地完成组织结构变革，一步接一步实现组织战略目标，最终成为业界"领头羊"。

1999 年，刚成立的阿里巴巴内部组织结构简单、员工任务单一，在 150 m² 的房间里，面对面的交流方式为信息高速传递、问题及时解决提供了保障。然而，随着阿里巴巴的内部职能分工逐渐细化，原有的直线型组织结构的弊端逐渐暴露。

一、"一变"：由简入繁

组织内部高度集权化，导致时间的浪费、效率的低下，给企业带来了前所未有的挑战：各个产品或服务之间的决策、协调，容易顾此失彼；各个职能部门眼界狭窄，导致横向协调比较困难、适应性较差；商业模式日益繁杂，高管人才捉襟见肘等。组织结构严重滞后于企业战略目标，由此引发了阿里巴巴的第一次大规模组织结构调整，如图5-1所示。

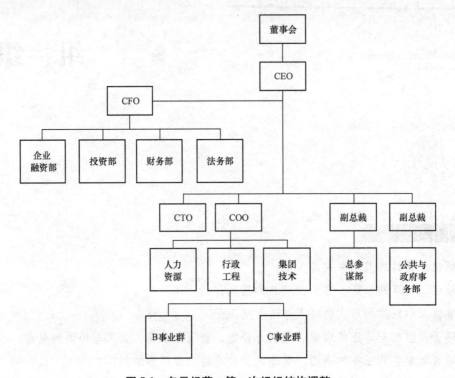

图 5-1 多元经营：第一次组织结构调整

2006年，阿里巴巴分别组建了以个人、企业用户为中心的两个事业群，重新梳理了组织架构，将原事业部拓展为子公司，而原事业部总经理提升为子公司总裁。

二、"二变"：删繁就简

在多元化经营环境下，原有的事业部型组织结构缺点也随着组织的壮大而逐渐暴露，如各事业部自主经营、独立核算，考虑问题往往从本部出发，忽视整个企业的利益，加深了产品线之间整合与标准化的困难。

2011年，陷入"诚信"危机和人才流失漩涡的阿里巴巴重整旗鼓，将淘宝网拆分为三家子公司：一淘网、淘宝网和淘宝商城（图5-2）。三家子公司采用总裁加董事长的机制运营。细分后的服务和定位更为精确，有利于深耕市场。

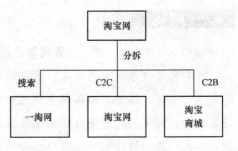

图 5-2 三国鼎立：第二次组织结构调整

三、"三变":以简驭繁

2012年,阿里巴巴制定战略目标:将旗下庞杂业务调整为"One Company"。于是,阿里巴巴将子公司的业务调整为七个事业群,建立了统一的数据、安全、风险防控以及技术底层,并以此为基础构建出阿里巴巴集团CBBS市场集群,"七剑"式组织结构华丽出炉,如图5-3所示。

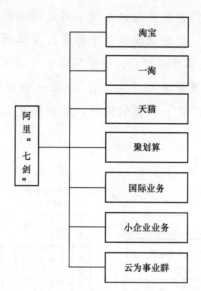

图5-3　"七剑"出鞘:第三次组织结构调整

四、"四变":排沙简金

2013年,阿里巴巴再次调整:成立了25个事业部。如今的25个事业部纵横交错,形成了矩阵型组织结构,分化了管理者的管理压力和风险,如图5-4所示。

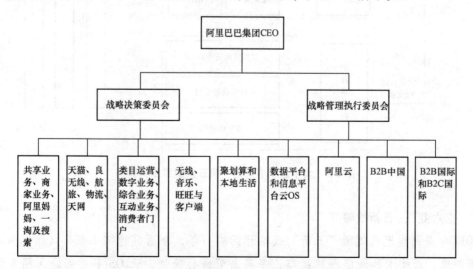

图5-4　25个事业部:第四次组织结构变革

在信息技术飞速发展的今天，技术、规模、生命周期、战略等因素催促着组织最大限度地适应变化的环境组织设计，以打破僵化和组织中间的隔断。将来，阿里巴巴可能被定义成 35 个、45 个、55 个甚至更多的事业部，或者小的业务元素，织就一张组织结构大网。

五、"五变"：大中台 + 小前台

2015 年，经过调整后的阿里巴巴组织架构不再是传统的树状结构，而变成了网状结构，采用"大中台 + 小前台"的运营模式，不再采用具体的业务模块下分设事业部的方式，而是将之前细分的 25 个事业部打乱，根据具体业务将其中一些能够为业务线提供基础技术、数据等支持的部门整合成为"大中台"，统一为业务线提供支持和帮助（图 5-5）。阿里巴巴"大中台 + 小前台"机制的提出，某种程度上是从传统的事业部制向准事业部制的转换。

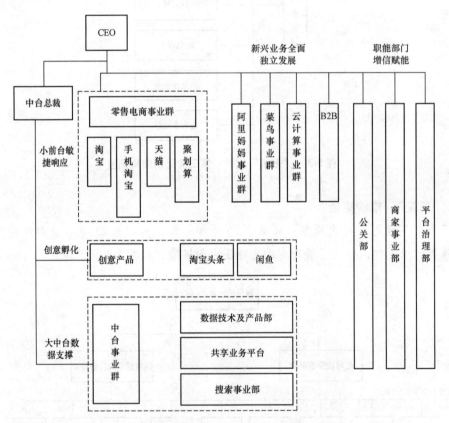

图 5-5 大中台 + 小前台：第五次组织结构调整

六、"六变"：五新战略

2017 年是阿里巴巴集团"五新"战略开始的一年，全面拥抱"五新"（新零售、新金融、新制造、新技术和新能源）战略，多名高管进行轮岗，云 OS 事业部进入阿里云事业群。2018 年 11 月，阿里巴巴集团进一步对组织结构进行调整和升级：

——阿里云事业群升级为阿里云智能事业群；
——整合B2B、淘宝、天猫等的技术力量成立新零售技术事业群；
——天猫将升级成为"大天猫"，形成天猫事业群、天猫超市事业群、天猫进出口事业部三大板块；
——菜鸟网络将相应调整阵型，成立超市物流团队和天猫进出口物流团队；
——阿里人工智能实验室进入集团创新业务事业群。

在数字经济时代，阿里巴巴将围绕人才、组织、未来三个关键词持续自我升级，从拥抱变化到创造变化，不断创造出创新、灵活的组织结构和组织模式，以不断升级的高效组织推动商业界进一步革新和演进。其作为国内成功的民营企业，顺应了习近平总书记对新时代民营企业发展的新期望，拓展国际视野，增强创新能力，成为具有全球竞争力的世界一流企业。

第一节 组织概述

一、组织的概念

组织的概念可以从不同角度去理解，古今中外的管理学家也对此做出了各种不同的解释。管理学家、社会系统学派的创始人切斯特·巴纳德认为，组织是两个或两个以上的人有意识的协作系统，即当人们集合在一起并且为了达到共同的目的而一致努力时，组织就产生了。组织是指根据组织目标，执行计划的各种要素及其相互关系而进行配置、协调、组合，形成一个有机的组织结构，使整个组织协调地运转，保证计划任务以全面落实的过程。组织一词可以从静态和动态两个方面去理解。

（一）静态概念

从静态的角度看，组织代表一个实体，是指人们按照一定的目的、任务和形式编制起来的有一定结构和功能的社会团体，是为了达到一定目标而有意识地建立起来的人群体系。静态的组织一般具有以下三个特征：

（1）既定目标，即组织成员一致努力以求达到的共同目标。

（2）既定分工，即组织成员通过分工而专门从事某项职能工作。

（3）既定秩序，即通过有关的规则设定所形成的成员之间的正式关系。

（二）动态概念

从动态的角度看，组织是一个过程，又称为组织工作，动态的组织工作主要是指人们为了达到目标而创造组织结构，为适应环境的变化而维持和变革组织结构，并使组织结构发挥作用的过程。其主要内容包括以下几个方面：

（1）组织机构的设计。当组织目标确定以后，管理者首先要对为实现组织目标的各种活动内容进行区分和归类，把性质相近或联系紧密的工作进行归类，成立相应的职能部门进行专业化管理，并根据适度的管理幅度来确定组织的管理层次，包括组织内横向管理部门的设置和纵向管理层次的划分。无论是纵向还是横向的职权关系，都是使组织能够促进各部门的活动并给组织带来协调一致的因素。

（2）适度分权和正确授权。在确定了组织机构的形式后，要进行适度的分权和正确的授权。分权是组织内管理的权力由高层管理者委派给各层次和各部门的过程。适度分权、正确授权，则会有利于组织内各层次、各部门为实现目标而协同工作，同时也使得各级管理人员产生满足感。

（3）人员配备。人是组织的主体，人群中存在着复杂的人际关系。组织活动包括人员的选择和配备、训练和考核、奖励和处罚制度，以及对人的行为的激励措施等。

（4）组织文化建设。组织活动包括为创造良好的组织气氛而进行团体精神的培养和组织文化的建设。大量事实证明，组织文化建设是否良好，对于一个组织能否发挥有效的作用至关重要。

综上所述，组织既是一种结构，又是一种实现组织目标的工具和载体；它既是一个合作的系统，又是一个资源配置的过程。

二、组织的分类

（一）按组织的规模分类

按照组织的规模大小，组织可以分为微型、小型、中型和大型组织。企业是常见的一种组织，同样可以分为微型、小型、中型和大型企业，但是在不同的行业，划分的标准是不一样的（见表5-1）。

表5-1　大、中、小微企业划分标准

行业名称	指标名称	计量单位	大型	中型	小型	微型
农、林、牧、渔业	营业收入（Y）	万元	$Y \geq 20\,000$	$500 \leq Y < 20\,000$	$50 \leq Y < 500$	$Y < 50$
工业*	从业人员（X）	人	$X \geq 1\,000$	$300 \leq X < 1\,000$	$20 \leq X < 300$	$X < 20$
	营业收入（Y）	万元	$Y \geq 40\,000$	$2\,000 \leq Y < 40\,000$	$300 \leq Y < 2\,000$	$Y < 300$
建筑业	营业收入（Y）	万元	$Y \geq 80\,000$	$6\,000 \leq Y < 80\,000$	$300 \leq Y < 6\,000$	$Y < 300$
	资产总额（Z）	万元	$Z \geq 80\,000$	$5\,000 \leq Z < 80\,000$	$300 \leq Z < 5\,000$	$Z < 300$
批发业	从业人员（X）	人	$X \geq 200$	$20 \leq X < 200$	$5 \leq X < 20$	$X < 5$
	营业收入（Y）	万元	$Y \geq 40\,000$	$5\,000 \leq Y < 40\,000$	$1\,000 \leq Y < 5\,000$	$Y < 1\,000$
零售业	从业人员（X）	人	$X \geq 300$	$50 \leq X < 300$	$10 \leq X < 50$	$X < 10$
	营业收入（Y）	万元	$Y \geq 20\,000$	$500 \leq Y < 20\,000$	$100 \leq Y < 500$	$Y < 100$
交通运输业*	从业人员（X）	人	$X \geq 1\,000$	$300 \leq X < 1\,000$	$20 \leq X < 300$	$X < 20$
	营业收入（Y）	万元	$Y \geq 30\,000$	$3\,000 \leq Y < 30\,000$	$200 \leq Y < 3\,000$	$Y < 200$

续表

行业名称	指标名称	计量单位	大型	中型	小型	微型
仓储业*	从业人员（X）	人	X≥200	100≤X<200	20≤X<100	X<20
	营业收入（Y）	万元	Y≥30 000	1 000≤Y<30 000	100≤Y<1 000	Y<100
邮政业	从业人员（X）	人	X≥1 000	300≤X<1 000	20≤X<300	X<20
	营业收入（Y）	万元	Y≥30 000	2 000≤Y<30 000	100≤Y<2 000	Y<100
住宿业	从业人员（X）	人	X≥300	100≤X<300	10≤X<100	X<10
	营业收入（Y）	万元	Y≥10 000	2 000≤Y<10 000	100≤Y<2 000	Y<100
餐饮业	从业人员（X）	人	X≥300	100≤X<300	10≤X<100	X<10
	营业收入（Y）	万元	Y≥10 000	2 000≤Y<10 000	100≤Y<2 000	Y<100
信息传输业*	从业人员（X）	人	X≥2 000	100≤X<2 000	10≤X<100	X<10
	营业收入（Y）	万元	Y≥100 000	1 000≤Y<100 000	100≤Y<1 000	Y<100
软件和信息技术服务业	从业人员（X）	人	X≥300	100≤X<300	10≤X<100	X<10
	营业收入（Y）	万元	Y≥10 000	1 000≤Y<10 000	50≤Y<1 000	Y<50
房地产开发经营	营业收入（Y）	万元	Y≥200 000	1 000≤Y<200 000	100≤Y<1 000	Y<100
	资产总额（Z）	万元	Z≥10 000	5 000≤Z<10 000	2 000≤Z<5 000	Z<2 000
物业管理	从业人员（X）	人	X≥1 000	300≤X<1 000	100≤X<300	X<100
	营业收入（Y）	万元	Y≥5 000	1 000≤Y<5 000	500≤Y<1 000	Y<500
租赁和商务服务业	从业人员（X）	人	X≥300	100≤X<300	10≤X<100	X<10
	资产总额（Z）	万元	Z≥120 000	8 000≤Z<120 000	100≤Z<8 000	Z<100
其他未列明行业*	从业人员（X）	人	X≥300	100≤X<300	10≤X<100	X<10

资料来源：《关于印发统计上大中小微型企业划分办法的通知（2017）》（国统字〔2011〕75号）。

（二）按组织的形成方式分类

按照组织的形成方式不同，组织可以分为正式组织和非正式组织。

（1）正式组织。正式组织是指明文规定的、组织结构确定的、职务分配明确的群体，具有正规性、目的性和稳定性。

（2）非正式组织。非正式组织是指人们在共同工作和活动中，由于具有共同的兴趣和爱好，以共同的利益和需要为基础而自发形成的群体，具有自发性、内聚性和不稳定性。

（三）按组织的社会性质分类

按照组织的社会性质不同，组织可以分为经济组织、政治组织、文化组织、教育组织、科研组织、群众组织、宗教组织等多种类型。

以上是常见的组织类型划分方式，但是，组织类型的划分是相对的，人们可以根据研究和分析的需要，选择恰当的分类标准。

三、组织的作用

(一) 组织是实现管理目标的重要保证

作为管理的基本职能,组织在管理中具有相当重要的作用。组织职能是以计划中所确定的管理目标为依据,建立组织结构,协调部门之间的关系,并不断地调整组织结构以适应变化的环境。由此可见,组织是实现管理目标的重要保证。

(二) 组织是提高经济效益的根本

组织把分散的个体汇集成一个集体,完成了许多单纯由个人的力量难以完成的任务,这是组织力量的汇聚作用。同时,组织力量不仅仅只是个人力量的简单叠加,优秀的组织还能使这种力量得到放大,使组织实现产出远远大于投入的经济效益。因此,组织是提高经济效益的根本。

(三) 组织是实现有效领导的重要前提

组织存在的基础是社会分工,借助组织实体内部在合理分工的基础上形成的权责分配关系,组织成员之间可以进行信息沟通。而领导与员工若能进行稳定、良好的信息沟通与情感交流,那么就可以实现有效领导。所以,组织是实现有效领导的重要前提。

第二节 组织设计

一、组织设计的概念及任务

(一) 组织设计的概念

组织设计是指以组织结构安排为核心的组织系统的整体设计工作。它是一项操作性很强的工作,是在组织理论的指导下进行的。它着眼于建立一种有效的组织结构框架,对组织成员在实现组织目标中的分工协作关系做出正式、规范的安排。组织设计的目的,就是要形成实现组织目标所需要的正式组织。

组织结构的设计必须根据组织的目标和任务、规律及组织内、外部环境因素的变化来规划或再构造组织机构,只有这样,组织机构的功能和协调才能达到最优化。否则,组织内的各级机构就无法有效地运转,也就无法保证组织任务和目标的有效实现和完成。

组织设计一般包括以下三种情况。

(1) 新建的组织需要进行组织结构的设计。

(2) 原有组织结构出现较大的问题或组织的目标发生变化,需要重新进行设计。

(3) 组织结构需要进行局部的调整和完善。

（二）组织设计的任务

组织设计的结构是执行组织职能的基础工作，其任务主要是提供组织结构图和编制职务说明书。

1. 组织结构图

组织结构图是表示组织中纵向领导层次和横向职能部门分工与协作关系的基本框架图。它能反映组织内部主要职能之间的职权关系。

2. 职务说明书

职务说明书是对每个职务应当做些什么工作及任职者的雇佣规范的规定。职务说明书要求能简单而明确地指出该管理职务的工作内容、职责与权力、与组织中其他部门和职务的关系，要求担任该职务者所必须具备的基本素质、技术知识、工作经验、处理问题的能力等。

二、影响组织设计的因素

每个组织内外的各种变化因素，都会对其内部的组织结构设计产生重大的影响，这些因素主要包括组织战略、组织环境、组织规模、技术等。权变理论强调，组织结构必须配合上述各种影响因素，若配合得当，组织可以发挥优势，提高效率。因此，管理者必须明确这些因素与不同组织结构之间的关系，从而合理地设计组织结构。

（一）组织战略对组织结构设计的影响

在影响组织结构设计的诸多因素中，组织战略是一个重要的因素。一个组织为了在竞争中取胜，争取独特的优势，就要选择一个与自己条件相适应的战略。同时，需要在组织结构设计上有所配合，才能使组织战略更有效地执行。

1. 发展战略对组织结构设计的影响

企业从开始时的单一产品战略发展到后来的多元化经营战略时，其组织结构也在发生着变化。单一产品战略要求与之相适应的、有效的组织结构应该是简单而高度集权的，规范程度和复杂程度都比较低。随着企业从单一产品战略发展到多元化经营战略时，必然会产生横向组织结构的设立。如果企业为自身发展而采取纵向一体化战略时，就必须对其纵向的组织结构进行调整。否则，企业就会因组织结构的不适应而无法提高其效率。

2. 产品与市场战略对组织结构设计的影响

组织的战略不仅仅是指发展战略，还包括产品与市场战略。一般来说，产品与市场战略分为三种类型，即防守型战略、进攻型战略和分析型战略。

（1）防守型战略对组织结构设计的影响。采用防守型战略的组织在某一狭小的细分市场内通过经营有限的系列产品，寻求经营的稳定性，通过高度的专业分工和标准化的经营活动来稳定自己的市场，通过有限的产品开发、有竞争力的产品价格或高品质的产品使自己得到稳定发展。这类组织在组织结构设计时就应该形成高度水平差异化、高度规范化、高度集权和严密控制，以及具有复杂的正式沟通层次的组织结构。

(2) 进攻型战略对组织结构设计的影响。采用进攻型战略的组织正好与防守型战略的组织相反,他们的重点是寻求和探索新产品和新市场的机会,希望在动荡变化的环境中开拓机会。因此,灵活性对进攻型战略的组织至关重要,没有灵活性就不可能快速地更新产品,捕捉进入新市场的机会。与之相适应的组织结构应具有柔性、分权性和低规范性,以避免过多地束缚人们的手脚。

(3) 分析型战略对组织结构设计的影响。采用分析型战略的组织试图取防守型战略和进攻型战略两者之优点,寻求最小的风险和最大的市场机会。他们快速全面进攻其他企业已经进入了市场的新产品,再进行模仿并进入市场。分析型战略组织一方面要有能力对进攻型企业的创新做出快速的反应,另一方面又要保持在他们稳定的产品和市场领域中高效地运作。为实现此目标,这类组织就形成了两部分组织结构:一部分实行高度标准化、规范化、机械化和自动化,以获得高效益;另一部分则具有高适应性和灵活性,实行分权性和低规范性。

美国管理学家雷蒙德·迈尔斯和查尔斯·斯诺于1978年出版的《组织的战略、结构和程序》一书中,提出关于战略影响组织结构设计的观点(见表5-2)。

表 5-2 战略对组织结构设计的影响

战略类型	战略目标	面临环境	组织结构特征
防守型战略	追求稳定和效率	稳定的	严格控制,专业化分工程度高,规范化程度高,规章制度多,集权程度高
进攻型战略	追求快速、灵活反应	动荡的	松散型结构,劳动分工程度低,规范化程度低,规章制度少,分权化
分析型战略	追求稳定性和灵活性相结合	动荡而复杂的	适度集权控制,对现有的活动实行严格控制,组织结构采用一部分有机式,一部分机械式

(二) 组织环境对组织结构设计的影响

1. 组织外部环境对组织结构设计的影响

汤姆·伯恩斯和斯托克两人首先提出了组织结构与外部环境的密切关系。系统理论和权变理论认为,一切人类社会组织都是开放系统,它的生存与发展都直接受到其所处环境的影响,对于组织来说,环境中存在着不确定因素是必然的,组织对于环境的变化只能去设法适应。因此,组织结构要随着外部环境的变化来进行设计和调整。

一般而言,多变的外部环境要求组织结构灵活,各部门的权责关系和工作内容需要经常进行适应性的调整,组织设计中强调的是部门间的横向沟通;而稳定的外部环境则要求管理部门与人员的职责界限分明,工作内容和程序规定详细具体,各部门的权责关系固定。

2. 组织内部环境对组织结构设计的影响

组织内部环境主要是指组织文化对组织结构也会产生一定的影响。例如,当组织强调对外应变的"适应文化"时,组织便需要一个密切配合而具有弹性的结构,降低规范程度及集权程度；相反，若组织采用一个重视内部稳定的"贯彻文化"时，则组织结构趋向严谨，以较高的规范化及内部集权来加强内部控制，以保证内部的稳定状况。

（三）组织规模对组织结构设计的影响

组织规模对组织结构设计的影响是很容易理解的。例如，对于一个只有几个人或几十个人的小企业来说，就不需要复杂的组织结构、严密的规章制度和分权决策。而对于一个数万人的大集团公司而言，如果没有一个高度复杂的组织结构来组织数万人的活动，难以想象企业将会是什么样子。

早在20世纪60年代初期，英国女管理学家琼·伍德沃德等人就对英国南部的100多个公司进行了深入的调查研究。他们发现，一个组织的结构设计与其本身规模大体上有以下关系：

（1）组织规模越大，工作就越专业化。
（2）组织规模越大，标准操作化程度和制度就越健全。
（3）组织规模越大，分权的程度就越高。

（四）技术对组织结构设计的影响

一个组织的技术因素不仅是机器设备和自动装配线，还包括其情报信息系统和教育培训方式等。

琼·伍德沃德首先对技术与组织设计的关系进行了调查与研究。按照组织的"工艺技术连续性"的程度，她把生产技术分为三种类型：单一和小批量的生产技术、大批量和大量的生产技术、管理连续性的流水作业生产技术。她对这三种技术类型的组织及其组织结构进行了比较和考察，并对管理的层次、管理人员的管理幅度，以及生产工人与管理人员的比例进行了分析比较（见表5-3）。

表5-3 伍德沃德的研究

生产技术	单一和小批量生产	大批量和大量生产	管理连续性生产
结构特征	低度的纵向分化	中度的纵向分化	高度的纵向分化
	低度的横向分化	高度的横向分化	低度的横向分化
	低度的正规化	高度的正规化	低度的正规化
最有效的组织结构	有机式	机械式	有机式

（五）权力控制因素对组织结构设计的影响

斯蒂芬·罗宾斯在长期研究的基础上得出了一个结论："组织的规模、战略、环境、技术等因素组合起来，对组织结构会产生较大的影响。但即使组合起来，也只能对组织结构产生50%的影响作用。而对组织结构产生决定性影响作用的是权力控制。"斯蒂芬在1987年出版的《组织理论》中明确提出了以下观点：

（1）组织的权力控制者在选择组织的规模、组织的战略、组织的技术和如何对环境做出反应方面有最终的决策权,因而对组织结构的模型选择也有最后的决策权。

(2) 任何组织都由各种利益的代表团体所组成,权力控制集团中各成员都在不同程度的代表着某一利益的集团。一个组织的结构必然反映出利益集团的利益,或是多个利益集团之间利益的妥协。

(3) 权力控制者总是不愿意轻易放弃自己的权力,他们总是追求权力控制,即使是分权也以不失去控制为最低限度。

(4) 权力控制者会采用合理的方式,寻找组织利益与个人或自己代表的利益集团的利益的结合点,既公私兼顾,又合理合法。

三、组织结构设计的基本原则

随着经济社会和管理的发展,组织结构设计的理论在不断发展,组织结构的形式多种多样,但无论是何种结构,设计者在进行组织结构设计时,都应注意遵循一些最基本的原则。这些原则是在大量实践的基础上总结出来的,它凝聚着前人在组织结构设计方面的经验。

(一) 任务与目标原则

任何一个组织,都有其特定的任务与目标,组织设计者的根本目的是保证组织的任务与目标的实现,组织设计者的每一项工作都应以是否对实现目标有利为衡量标准。因此,在进行组织结构设计时,首先,要明确组织确立的任务与目标是什么;然后,认真分析为了完成组织的任务与实现组织的目标,必须做的事情是什么,设立什么机构、什么职务、选什么人来做才能做好这些事情。

(二) 分工与协作原则

分工与协作是社会化生产的客观要求。随着社会生产力的发展、科学与技术的进步,分工越来越细化,但是随之而来的,就是协调工作越来越重要。只有分工,没有协作,分工也就失去了意义。因此,在进行组织设计时,要同时考虑分工与协作的问题。

(三) 命令统一原则

命令统一是组织设计中的一条重要原则。组织内部的分工越细化,命令统一原则对于保证组织目标实现的作用就越重要。命令统一原则的实质,就是在管理工作中实行统一领导,建立起严格的责任制,消除"多头领导""政出多门"的现象,保证全部活动的有效领导和有序开展。命令统一原则对组织结构的设计提出了以下要求:

(1) 在确定管理层次时,使上、下级的职责之间从最高层到最底层形成一条连续不间断的等级链,明确上、下级的职责、权力和联系。

(2) 任何一级组织只能有一个人负责,实行领导负责制,减少甚至不设副职,以防止副职"篡权""越权",干扰正职工作。

(3) 下级组织只能接受一个上级组织的命令和指挥,防止出现"多头领导"现象。

(4) 下级只能直接向上级请示工作,不能越级请示工作。下级对上级的命令和指挥必须服从，如有不同意见，可以越级反映情况。

（5）上级不能越级指挥下级，以维护下级组织的领导权威，但可以越级检查工作。

（6）职能部门一般只能作为同级直线领导的参谋，无权对其下级直线领导发号施令。

如图 5-6 所示，在正常情况下，D 和 E 只接受 B 的领导，F 和 G 只服从 C 的命令，B 和 C 都不应闯入对方的领地。但是，如果 B 也向 F 下达指令，要求他在某时某刻去完成某项工作，而 F 也因其具有与自己的直系上司相同层次的职务而服从这个命令，则出现了"多头领导"的现象。这种在理论上不应出现的现象，在实践中经常会遇到。

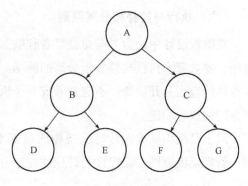

图 5-6 等级链关系

同理，在正常情况下，A 只能对 B 和 C 直接下达命令，但如果出于效率和速度的考虑，为了纠正某个错误或为了及时停止某项作业，A 就可以不通过 B 或 C，而直接向 D 和 E 或 F、G 下达命令，而这些下属的员工对自己上司的上级的命令在通常情况下是会积极执行的。

（四）责权利对等原则

有了明显合理的分工，也就明确了每个岗位的职责，即承担某一岗位职务的管理者必须对该岗位所规定的工作完全负责。但要做到对工作完全负责就必须授予管理者相应的权力，因为组织中任何一项工作都需要利用一定的人、财、物等资源，所以在组织设计中，规定一个岗位的任务和责任的同时，还必须规定相应取得人力、物力和财力的权力。当然，权责对等也意味着赋予某职位权力时不能超过其应负的职责，否则会导致不负责任地滥用职权，甚至会危及整个组织系统的运行。

完全负责也就意味着要承担全部风险，而要求管理者承担风险，就必须给其与风险相对应的利益作为补偿，否则，责任者就不会愿意承担这种风险。职责、权力和利益之间存在着一种如图 5-7 所示的等边三角形的关系，三者如同三角形的三个边，它们应是对等的。

图 5-7 职责、权力和利益三者关系

（五）集权与分权相结合原则

这一原则要求根据组织的实际需要来决定集权与分权的程度。集权与分权是相对的，既没有绝对的集权，也没有绝对的分权，只是程度的不同。一个组织是采用集权还是分权受到各种因素的影响。例如，工作的性质与重要程度、组织历史与经营规模、管理者的数量与控制能力、组织外部环境的变化情况等。

一个组织集权到什么程度，应以不妨碍基层人员的积极性发挥为限；分权到什么程度，应以上级不失去对下级的有效控制为限。另外,集权与分权不是一成不变的,应根据不同的情况和需要加以调整。

(六) 执行与监督相分离原则

在组织设计中,为了避免监督者和被监督者利益上趋于一体化,使监督职能失去有效的作用,要求遵循执行与监督相分离的原则。按照这一原则的要求,组织中的执行性机构同监督性机构应当分开设置,不应合并成一个机构。监督机构在执行监督职能时,要加强对被监督部门的服务职能。

以上是组织结构设计时应遵循的最基本原则。除此之外,还包括效益原则、专业化原则、管理幅度原则、稳定性与适应性相结合原则等。

★【链接5-1】

组织设计的艺术

1. "整分合"的设计艺术

组织是一个有机联系的统一整体,而领导和管理又必须有分工。统与分,是组织设计中的一个最基本的矛盾。没有分工的整体,只能是一种"混沌"状态,而分工若不科学,有可能变成"分割",破坏组织的整体性。解决这对矛盾的有效方法是"整分合"的设计艺术。

(1) 在设计组织机构时,首先要把握组织的整体目标和基本任务。这就是"整"的意思。

(2) 在此基础上,按照实现组织整体目标和任务的要求,将组织的任务科学地分解为一个个组成部分、基本环节和要素,据此建立起各种承担这些具体任务的组织机构,并进行人员分工和资源配置。这就是"分"的意思。

(3) 在分工的基础上再进行总体协调与综合,使各个分工部门相互配合、通力协作,保证整体目标和任务的实现与完成。这就是"合"的意思。

归纳起来就是:把握整体、科学分工、组织综合。整体是前提,分工是关键,综合是归宿。

2. "封闭"的设计艺术

要使组织结构趋于完善,组织结构的封闭问题是一个至关重要的问题。任何一个组织系统,它不仅要与外部保持必要的联系即输出与输入,而且在组织系统内部也要形成一个封闭的回路;只有构成回路封闭的关系,方能形成相互制约、相互作用的力量,从而保证各个分工机构按照科学的轨道行动,才能达到有效管理的目的。

任何一个组织,无论其具体的分工机构形成如何,均必须有四类基本的职能机构,否则,这个组织的机构是不健全或不完整的。以企业组织为例,其基本职能机构为:①决策机构(如企业的总经理办公室、生产管理部门);②执行机构(如各职能部门和科室);③监督机构(如质量检验科、审计科);④反馈机构(统计科)。

3. 富有"弹性"的设计艺术

组织是一个整体,牵一发而动全身,建立或撤销一个组织机构,都会在整个组织引起一定的震动,要耗费相当多的精力和时间才能使各个机构相互适应,重新获得机构的平衡。组织机构缺乏可调节的弹性,这是相当一部分组织的一个通病,也是组织机构低效的一个根源。

事实上,组织外部环境的变化是经常的、多种多样的,组织对外部环境是否适应,要看它的组织机构是否留有伸缩的余地。在进行组织设计时,就需要富有弹性的设计艺术。

(1) 不是立即分解出新的组织机构来适应环境的变化,而是在原有的组织机构中发生职能扩张,用弹性变化来适应环境的变化。比如,近年来随着管理工作的发展,需要加强标准化等基础工作的管理,如果设立专门标准化部门,其所管辖的工作面较窄,业务也容易同其他部门重叠,这种情况倒不如由综合部门的管理办公室统一管理起来为好。

(2) 对组织环境的变化,特别是那些间断的、不连续的变化,如果依靠成立新的组织机构来适应,结果往往是新的组织机构才成立不久,就时过境迁,这个新设组织机构反而成了累赘。因此,面对不断变化的环境,组织机构应有一定的弹性。

(3) 不能以一个永恒不变的组织机构来应付一切外部环境的变化,特别是在组织环境发生重大变化时,如目标变化、策略变化和组织的战略发生转移时,单靠原来的组织机构已经不适应了,在这种情况下,对原有的组织机构就要做出相应的调整,分解出新的组织机构。

四、组织设计的步骤

(一) 确定目标,策划活动

严格来说,确定组织的目标和实现目标所必需的活动,都属于组织工作的内容,组织工作通常是从确定实现目标所必需的活动开始的。

以企业组织为例,可以通过回答如下两个问题来确定实现组织目标需要开展哪些活动:为了达到企业的目标,必须在哪些领域有出色的表现;哪些领域的表现不佳将会影响企业的成绩,甚至影响到企业的生存。

例如,国际商业机器公司(IBM)在电子计算机发展的早期,认为产品销售和市场推广是企业的关键活动,为此配备了规模庞大的销售服务队伍;进入20世纪80年代后,面对计算机行业市场环境的日益复杂多变,产品开发尤其是软件开发就格外重要。为此,IBM公司在加强对研究开发投入的同时,也加强了销售部门与开发部门之间的联系。可见,企业关键活动领域的确定,将决定这一企业是单纯生产型的企业,还是经营型企业或是科工贸一体化的企业。

关系企业生存发展的关键性活动,应该成为组织设计工作关注的焦点。其他各种将要进行的活动应该围绕关键活动来配置,以达到将要进行的活动服务,确保企业目标的实现。

(二) 划分部门,组合活动

根据组织资源和环境条件,对实现目标所必需的活动进行分组。所谓分组,指的是组织单位的划分和组合。对活动进行分组,就是要考虑企业中哪些活动应该合并在一起,哪些活动应该分开。

1. 分组的原则

(1) 总的原则是"贡献相似性"原则,即贡献相同或相似的活动应该归并在一起,由一个单位或部门来承担。例如,产品销售和市场营销活动可以合并在一个单位内,库存控制和采购职能,以及质量检验和质量管理工作,都可以结合在一起。

(2) 与此同时,还应考虑"关系相近性"原则,即在进行部门分合时还应该考虑尽可能地使一项活动对其他活动的联系距离保持最短。例如,企业中的各项计划工作通常是归并在计划部门中进行的,但其中的生产计划工作却可能例外,它不是放在计划部门中,而是归入到制造部门。前者的组合考虑了"贡献相似性"原则,后者则是为了使生产的计划同生产的组织和控制活动距离更近些,将生产计划置于接近制造现场处有利于减少不必要的跨系统联系,可以将这种追求跨系统联系尽可能少的原则称为"关系相近性"原则。

2. 分组的方法

不论按照什么原则进行活动的分组,都可以采取以下两种方法。

(1) 由小而大的组合法,即先将实现企业目标所必需的活动细分为各项工作,然后将若干个工作项目归类形成各种工作岗位或职位,再按一定的方式将某些工作岗位或职位组合成相对独立的部门,并根据管理幅度的要求设置各个管理层次。

(2) 由大而小的划分法,即先确定管理的各个层次,再确定每个层次上应设置哪些部门,然后将每个部门所承担的工作任务分解为各个职位的工作。

以上两种方法在实际中通常是结合起来使用的。

(三) 配备人员,授予职权

根据工作和人员相称的原则,为各职位配备合适的人员,并通过决策任务的分析确定每个职务所拥有的职责和权限。工作和人员相匹配,职位和能力相适应,即"人与事相结合",这是组织设计和人员配备工作中必须考虑的一个重要原则。只有做到这一点,才能确保配备的人员切实地承担起为该职位或职务所规定的工作任务。

1. 配备人员必须充分考虑人员的素质、能力和发展空间

配备人员必须考虑其现有或经过培训后可能具备的素质、能力是否适合所设定职务的要求,以使人员得到最为妥当的配置;同时,在职务设计时必须保持工作适当的广度和深度,以便满足人的内在需要和发挥人的潜在能力。

2. 组织设计必须设法使职权与职责权限保持一致

分派某人去承担某项工作,必须明确赋予他完成该工作任务的职责,同时相应地授予他履行该项职务的职权。

决策任务的分析是确定各管理层次、各管理部门的职责和职权的重要依据。其基本的原则是,决策权限应该下放到尽可能低的组织层次并尽可能使其接近于活动现场,同时应注意使所有受到影响的活动和目标都得到充分考虑。

（四）部门整合，工作协调

如果说组织设计的前几个步骤的重点在于把整个企业的活动分解为各个组成部分，那么这个步骤就是要把各个组成部分连接成一个整体，以使整个组织能够协调一致地实现企业的总体目标。分化与整合，或者说分工与协调，这是组织工作的两个核心内容。组织分化达到什么样的程度，相应的整合手段也应该达到同等程度的协调功能。

第三节 组织结构的基本形式

一、直线型组织结构

直线型组织结构，又称单线型或军队式组织结构，它只建立上下垂直部门，是最早、最简单的一种组织结构形式。直线型组织结构的特点、优（缺）点及适用组织见表5-4，直线型组织结构如图5-8所示。

表5-4 直线型组织结构的特点、优（缺）点及适用组织

特点	优点	缺点	适用组织
1. 组织中的各种职务按垂直系统直线排列，各级主管人员对所属下级拥有直线的一切职权，每一个人只能向直接上级报告； 2. 不设专门的职能机构，至少有几名"助手"协助最高管理者工作	结构简单，权力集中，责任分明，命令统一，联系简捷，决策迅速，办事效率高，比较容易维持秩序	1. 高层管理者要通晓多种知识和技能，要亲自处理各种业务，当组织规模较大时，由于个人的知识、能力、精力有限而难以深入、细致、周到地考虑所有管理问题，因此管理就比较粗放，易产生失误； 2. 组织中的成员只注意上情下达，每个部门只关心本部门的工作，因而部门之间的横向联系与协调比较差； 3. 难以在组织内部培养出全能型、熟悉组织情况的管理者	适用于没有必要按职能实行专业化管理的小型组织或现场作业管理

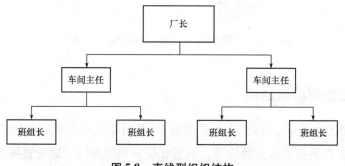

图5-8 直线型组织结构

二、职能型组织结构

职能型组织结构,又称多线型组织结构,它是按管理职能专业化的要求建立不同的机构,同时对下级进行管理的一种组织结构形式。职能型组织结构的特点、优(缺)点及适用组织见表5-5,职能型组织结构如图5-9所示。

表5-5 职能型组织结构的特点、优(缺)点及适用组织

特点	优点	缺点	适用组织
1. 采用专业分工的管理者,代替直线型组织结构中全能型管理者; 2. 组织内除直线主管外,还相应地设立了一些组织结构,分担了某些职能管理的业务,这些职能机构有权在自己的业务范围内向下级单位下达命令和指示; 3. 下级直线主管除了接受上级直线主管的领导外,还必须接受上级各职能机构在其专业领域的领导和指示	1. 专业分工较细,各职能部门都有专人负责,能够提高企业管理的专业化程度; 2. 能够发挥职能机构的专业管理作用,减轻上层主管人员的负担	1. 妨碍了组织中必要的集中领导和统一指挥,形成了多头领导; 2. 各部门容易过分强调本部门的重要性而忽略与其他部门的配合、忽视组织的整体目标; 3. 不利于明确划分直线人员和职能科室的职责权限,容易造成管理的混乱; 4. 加重了最高主管监督协调整个组织的工作负担	适用于社会管理组织任务和生产技术复杂、各项管理需要具有专门知识的企业管理组织

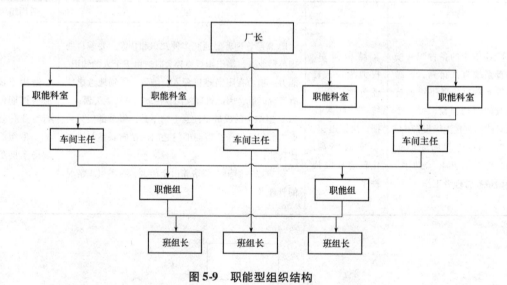

图5-9 职能型组织结构

三、直线职能型组织结构

直线职能型组织结构,又称"直线参谋制",是对职能型组织结构的改进,是以直线型组织结构为基础,在各级直线主管之下,设置相应的职能部门,即设置两套系统:一套是按统一原则组织的指挥系统,另一套是按专业化原则组织的管理职能系统。直线职能型组织结

构的特点、优（缺）点及适用组织见表 5-6，直线职能型组织结构如图 5-10 所示。

表 5-6 直线职能型组织结构的特点、优（缺）点及适用组织

特点	优点	缺点	适用组织
1. 直线部门和人员在自己的职责范围内有决定权，可对其所属下级的工作进行指挥和命令，并负全部责任； 2. 职能部门和人员仅是直线主管的参谋，只能对下级机构提供建议和业务指导，没有指挥和命令的权力	1. 综合了直线型组织结构和职能型组织结构的优点，既保证了统一指挥，又能发挥各种专家管理的作用； 2. 职能高度集中、职责清楚、秩序井然、工作效率较高，整个组织有较高的稳定性	1. 下级部门主动性和积极性的发挥受到限制； 2. 各部门自成体系，不重视信息的横向沟通，工作容易重复； 3. 当职能参谋部门和直线部门之间目标不一致时，容易产生矛盾，致使上层主管的协调工作量增大； 4. 整个组织系统的适应性较差，缺乏弹性，对新情况不能及时做出反应； 5. 管理费用较高； 6. 如果授予职能部门权力过大，容易干扰直线指挥命令系统	对中、小、型组织比较适用，但对于规模较大，决策时需要考虑较多因素的组织则不太适用。在目前仍被我国大多数企业所采用

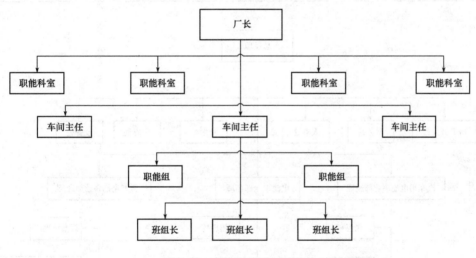

图 5-10 直线职能型组织结构

四、事业部型组织结构

事业部型组织结构首创于 20 世纪 20 年代，最初是由美国通用汽车公司副总经理斯隆创立，又被称为"斯隆模型"，由于它是分权制组织形式，也被称为"联邦分权制"。它是由总部负责制定统一政策，各事业部负责运营的一种组织结构形式。它是在产品部门化基础上建立起来的，是一种在组织最高层领导下设立多个事业部，各事业部有各自独立的产品市场、责任和利益，以及实行独立核算的分权管理组织结构。同时，事关大政方针、长远目标，以及一些全局性问题的重大决策集中在总部，以保证企业的统一性。事业部型组织结构

的特点、优（缺）点及适用组织见表 5-7，事业部型组织结构如图 5-11 所示。

表 5-7 事业部型组织结构的特点、优（缺）点及适用组织

特点	优点	缺点	适用组织
1. "集中决策，分散经营"，即组织最高层集中决策，事业部独立经营； 2. 它是组织领导方式上由集权制向分权制转化的一种改革	1. 组织最高层摆脱了具体的日常事务管理，有利于集中精力做好战略决策和长远规划； 2. 由于组织最高层与事业部的责、权、利划分比较明确，能较好地调动经营管理人员的积极性，提高了管理的灵活性和适应性； 3. 有利于培养综合型管理人才	1. 对事业部经理的素质要求较高，同时，由于机构重复，造成了管理人员的浪费和费用增加； 2. 由于各个事业部独立经营，各事业部之间要进行人员互换就比较困难，相互支援较差； 3. 各事业部主管人员考虑问题往往从本部门出发，各事业部之间独立的经济利益会引起相互之间激烈的不良竞争； 4. 由于分权，易造成忽视整个组织的利益，协调比较困难的情况，也可能出现架空领导的现象，从而减弱对事业部的控制	多适用于规模较大的公司组织

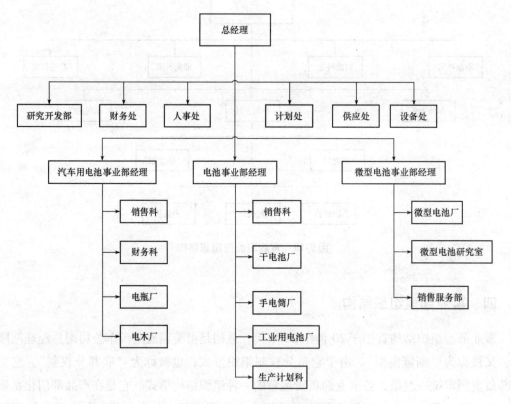

图 5-11 事业部型组织结构

经验说明，采用事业部型组织结构应当具备以下一些基本条件：

(1) 具备按专业化原则划分事业部的条件，并能确保事业部在生产、技术、经营活动方面具有充分的独立性，以便能承担起责任。

(2) 事业部之间应当相互依存，而不是互不关联地硬拼凑在一个公司中，这种依存性可以表现为产品结构、工艺、功能类似或互补，或销售渠道相近，或运用同类资源和设备，或具有相同的科学技术理论基础等。这样，各事业部之间才能互相促进，相辅相成，保证组织的繁荣发达。

(3) 要保持、控制事业部之间的适度竞争，以使其相互促进，过度竞争可能会使公司遭受不必要的损失。

(4) 公司要有管理各事业部门的经济机制，尽量避免单纯使用行政手段。

(5) 具有良好的外部环境，当世界经济景气、国内和行业经济呈增长态势时，企业采用事业部型组织结构，有利于主动创造新局面，开拓新领域，有助于公司的蓬勃发展；若国内外经济形势均不景气时，公司应当适当收缩，集中力量渡过难关，此时如过于强调事业部型组织结构，就会分散力量，不利于企业的整体利益与发展。

五、矩阵型组织结构

矩阵型组织结构，又称规划矩阵结构或规划目标结构，它是把按职能划分的部门和按任务特点（产品或项目）划分的部门结合起来组成一个矩阵，是同一个员工既同原职能部门保持组织与业务上的联系，又参加产品或项目小组工作的一种结构。

为了保证完成一定的管理目标，每个项目小组都设有负责人，在组织最高主管直接领导下进行工作。矩阵型组织结构的特点、优（缺）点及适用组织见表5-8，矩阵型组织结构如图5-12所示。

表5-8 矩阵型组织结构的特点、优（缺）点及适用组织

特点	优点	缺点	适用组织
1. 打破了传统的一个员工只有一个上司的统一原则，使一个员工属于两个甚至两个以上的部门； 2. 矩阵型组织结构也可以称为"非常期固定组织"，它是为完成某一项目，由各职能部门抽调人员组成项目经理部，该项目经理部包括项目所必需的各类专业人员。当项目完成后，各类人员另派工作，此项目经理部即不复存在	1. 加强了部门的横向联系，能克服职能部门相互脱节、各自为政的现象； 2. 专业人员和专用设备能够得到充分利用； 3. 具有较大的灵活性和适应性，任务完成即解散，各自回到原来的部门； 4. 各专业人员为了一个目标在一个组织内共同工作可以互相启发、相互帮助、相得益彰，有利于人才的培养，更好地发挥专业人员的潜力，推动项目的完成； 5. 实现了集权和分权优势的结合	1. 由于这种组织形式实行纵向、横向联合双重领导，如处理不当，会由于意见分歧而在工作中造成冲突和相互推诿； 2. 组织关系较复杂，对项目负责人的要求较高； 3. 组织结构稳定性较差，容易产生临时观念，不易树立责任心	一般适用于外部环境变化剧烈、组织需要处理大量信息、分享组织资源要求特别迫切的情况，尤其是设计、开发、研究、基建等组织

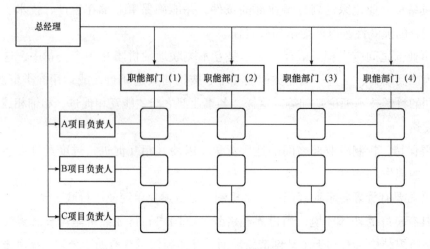

图 5-12 矩阵型组织结构

六、网络型组织结构

网络型组织是利用现代信息技术手段而建立和发展起来的一种新型组织结构。现代信息技术使企业与外界的联系加强了，利用这一有利条件，企业可以重新考虑自身机构的边界，不断缩小内部生产经营活动的范围，相应地扩大与外部单位之间的分工协作。这就产生了一种基于契约关系的新型组织结构形式，即网络型组织结构。

采用网络型组织结构的单位，所要做的就是创设一个"关系"的网络，与独立的制造商、销售代理商及其他机构达成长期协作协议，使它们按照契约要求执行相应的生产经营功能。例如，卡西欧是世界著名的制造手表和袖珍型计算器的公司，却一直只是一家设计、营销和装配公司，在生产设施和销售渠道方面投资较少。20世纪80年代初，IBM公司在不到一年的时间内成功开发PC机，依靠的是微软公司为其提供软件，英特尔公司为其提供芯片。网络型组织结构的特点、优（缺）点及适用组织见表 5-9，网络型组织结构如图 5-13 所示。

表 5-9 网络型组织结构的特点、优（缺）点及适用组织

特点	优点	缺点	适用组织
1. 以契约关系等建立和维持为基础，依靠外部机构进行制造、销售或其他主要业务经营活动； 2. 组织实施的大部分活动都是外包、外协的，公司管理机构只有一个精干的经理班子，负责监管公司内部开展的活动，同时协调和控制与外部协作机构之间的关系	1. 网络型组织结构具有较大的灵活性和柔性，网络中的各个价值链部分可以根据市场需求的变动情况增加、调整或撤并； 2. 组织结构简单、精炼，并且可以进一步扁平化，有利于工作效率的提高； 3. 可以充分利用社会上现有的资源使企业快速发展壮大	1. 可控性较差，这种组织的有效性存在道德风险和逆向选择性，一旦组织所依存的外部资源出现问题，组织将陷入非常被动的境地； 2. 外部合作组织都是临时性的，组织缺乏凝聚力，组织员工忠诚度较低	多适用于小型组织，但是大型企业在连接集团松散层单位时通常也采用

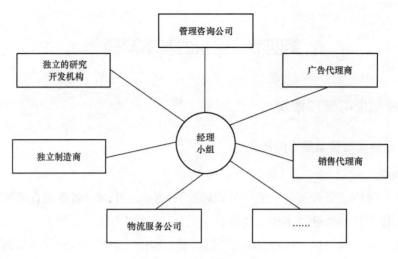

图 5-13　网络型组织结构

七、其他组织结构形式

（一）战略联盟

战略联盟是两家或多家公司为了生产或销售某种产品而交换或共享资源的一种正式协定。联盟的公司具有类似利益并且相信彼此能够在合作中获得双赢，联盟可以实现资源互补和避免过度竞争，降低经营风险。战略联盟主要集中于投资规模大、进入壁垒高、技术变化速度快等资金密集型行业。例如，丰田公司、本田公司就与其零部件供应商结成战略联盟，既保证了产品质量，也降低了生产成本。

（二）团队型组织

所谓工作团队，就是指一种为了实现某一目标而由相互协作的个体组成的正式群体。当管理人员动用团队作为协调组织活动的主要方式时，其组织结构即为团队型组织，这种组织结构的主要特点是打破部门界限，可以快速地组合、重组、解散，促进员工之间的合作，提高决策速度和工作绩效，使管理层有时间进行战略性的思考。

在小型组织中，可以把团队型组织作为整个组织形式。例如，有一家30人的市场销售公司，要全按团队来组织工作，团队对日常的大多数操作性问题和顾客服务问题负全部责任。

在大型组织中，团队型组织一般作为典型的职能结构的补充，这样组织既能得到职能结构标准化的好处，提高运行效率，又能因团队的存在而增强组织的灵活性。例如，为提高基层员工的生产率，像摩托罗拉公司、惠普公司、施乐公司这样的大型组织，都广泛采用自我管理的团队型组织结构。

第四节　组织的基本问题

一、管理幅度与管理层次

（一）管理幅度与管理层次的概念

1. 管理幅度

管理幅度，又称"管理宽度"或"管理跨度"，是指一个领导者所能直接而有效地管理和指挥下属工作人员的数量（多少人共同向一个上司汇报工作）。

由于任何一个人的知识、经验、能力、精力是有限的，能够有效地、直接地领导下级人数也是有限的，超过一定的限度，就会降低管理的效率。

2. 管理层次

与管理幅度有关的一个概念是管理层次。所谓管理层次，是指在组织中所形成的不中断的等级系列的环节数。在组织规模一定的条件下，管理幅度越大，则组织的管理层次就会越少，形成"扁平"型的组织结构；反之，组织的管理层次就会越多，形成"高耸"型的组织结构。

（二）影响管理幅度的因素

对于管理者的有效管理幅度，并没有一个统一的标准。由于各个管理者的具体情况不同，所以有些管理者的管理幅度较大，有些管理者的管理幅度较小。但是，有效的管理幅度设计应考虑以下诸多因素的影响。

1. 管理者与其下属双方的素质与能力

管理者的综合能力、理解能力、表达能力强，可以迅速把握问题的关键，对下属的请示提出恰当的指导建议，并使下属明确地理解，从而可以减少与每一位下属接触所占用的时间，管辖较多的人员而不会感到过分紧张，管理幅度可放大。

同样，如果下属具备符合要求的能力，受过良好的系统训练，可以根据自己要求的主见解决很多问题，不必事事都向上级请示汇报，这样就可以减少与其管理者接触的时间和次数，从而增大管理幅度。

2. 管理者所处的管理层次

管理者的主要工作在于决策和用人。处在管理系统中的不同层次，决策与用人所用的时间比重各不相同。越接近组织高层，管理者用于决策的时间越多，用于指导、协调下属的时间越少。所以，越接近组织的高层，其管理幅度就越小。

3. 管理工作的内容和性质

管理工作内容越多，上下左右之间的联系就越多，需要花费的工作时间也就越多；管理工作越是复杂多变,管理者需要耗费的时间和精力就越多,组织就越是需要缩小管理幅度。另外,下属人员工作的相似性越大,管理者的指挥和监督工作就越容易,扩大管理幅度就越有可能。

4. 信息沟通技术的先进性

使用先进、高效的信息沟通技术,可以更快、更全面地了解下属的工作情况并能及时向下属传达指示,就可以扩大管理幅度。

5. 下属人员的空间分布状况

如果下属人员在空间上的分布比较分散,就会增大下属与管理者及下属与下属之间的沟通难度,从而每个管理者所能管理的下属数量就会减少。

6. 组织环境的稳定性

组织环境是否稳定,会在很大程度上影响组织活动内容和政策的调整频率与幅度。环境变化越快,变化程度越大,组织中遇到的新问题就越多,下属向上级的请示就越有必要、越频繁,而此时上级因为必须花费更多的时间去关注环境的变化、考虑应变的措施,能用于指导下属工作的时间和精力就越来越少。因此,组织环境越不稳定,各层次管理者的管理幅度就越受限制。

7. 授权的程度

如果管理者善于把权限充分地授予下属,让下级有充分的自主权,则管理者本人需要亲自处理的问题就可相对减少,管理幅度就可增大;如果不能授权,或不愿授权,则管理幅度就应相应减小。

除以上主要因素外,还包括计划的完善程度、管理者的领导作风、助手的配备情况等。

（三）**管理幅度与组织层次的关系**

管理幅度与组织层次的关系如下:

(1) 在管理幅度给定的条件下,组织层次与组织的规模大小呈正比例关系。组织规模越大,包括的成员数目越多,组织工作越复杂,则所需要的组织层次就越多;反之,组织层次就越少。

(2) 在组织规模已确定的条件下,组织层次与管理幅度呈反比例关系。即上级直接领导的下属越多,组织层次也就越少,反之则越多。

管理幅度与组织层次对组织活动的影响是:较宽的管理幅度意味着管理者工作繁忙,结果是组织成员得到较少的指导和控制;与此相反,过窄的管理幅度意味着中基层管理人员权力有限而难以充分发挥工作的能动性。如果组织层次过多,将延缓决策速度,这在环境变化迅速的今天是一个致命的弱点。

（四）**"高耸"型组织结构与"扁平"型组织结构的比较**

管理幅度与组织层次的互动关系决定了两种基本的组织结构:一种是"高耸"型组织结构;另一种是"扁平"型组织结构。

一个组织选择"高耸"型组织结构还是"扁平"型组织结构，主要看哪一种组织结构对其更为有效。由表 5-10 可以看出两种组织结构的优（缺）点，认识这些可以帮助人们在组织设计中做出正确的选择。

表5-10 "高耸"型组织结构与"扁平"型组织结构的优（缺）点

结构	"高耸"型组织结构	"扁平"型组织结构
优点	1. 组织结构十分严谨、周密，便于经理人员对下属实施严密的监督、控制和管理； 2. 有高度的权威性和统一性； 3. 组织成员职责分明，分工明确； 4. 管理层次多，下级提升的机会也多； 5. 组织稳定性程度很高，纪律严明	1. 层次少，缩短上下级距离，密切上下级关系，灵活而有弹性； 2. 纵向管理层次少，沟通迅速准确，高层领导可以较容易了解基层情况，有利于提高决策的民主化程度； 3. 由于管理幅度较大，被管理人员有较大的自主性、积极性、满足感； 4. 能充分发挥下属人员的才干，有利于基层管理人员的成长； 5. 管理人员少，管理费用少
缺点	1. 由于管理层次多，指令和信息沟通渠道就长，信息失真的可能性就大，沟通和协调就比较困难； 2. 由于管理严密，影响下级人员的主动性和创造性，缺乏灵活性和适应性，整个组织的决策民主化程度不够； 3. 管理工作的效率会降低，所需管理人员多，管理费用大； 4. 层次和部门之间的协调任务重	1. 不便有效地监督和控制下级； 2. 上下级协调较差； 3. 同级之间相互沟通联络负担重、困难大； 4. 容易突出下属的特权和部门的利益； 5. 管理层次少，下级受提升的机会就会减少； 6. 各级管理人员的工作负荷重，精力分散； 7. 对各级管理人员的素质要求相对较高

随着经济的发展和技术的进步，组织逐渐趋于扁平化，组织通过增大管理幅度、减少层次来提高组织信息收集、传递和组织决策的效率，最终发挥组织内在潜力和创新能力，从而提高组织的整体绩效，完成组织的战略目标。

以一家具有 4 096 名作业人员的企业为例，如果按管理幅度分别为 4、8 和 16 对其进行设计，那么其相应的管理层次依次为 6、4 和 3，所需的管理人员数量分别为 1 365、585 和 273 名，如图 5-14 所示。

将前两种管理幅度进行比较：管理幅度为 8 时较之管理幅度为 4 时可以减少 2 个管理层次，大约精减了 800 名管理人员。假如每个管理人员的工资为 5 万元，管理幅度为 8 时比为 4 时每年可节省 4 000 万元。

由此可知，"扁平"型组织结构在效率上是有优势的，因而它成为当今各国普遍采用的一种组织结构形式。

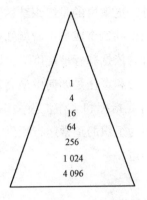 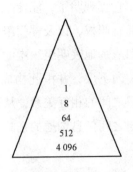 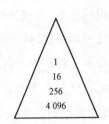

图 5-14　管理幅度与管理层次

★【链接 5-2】

虚拟扁平化

虚拟扁平化在传统金字塔组织结构的基础上，应用现代信息处理手段达到扁平化的基本目的，即在传统层级结构的基础上，通过计算机实现信息共享，不必通过管理层次逐级传递，从而增强组织对环境变化的感应能力和快速反应能力；通过计算机快速和"集群式"的方式传递指令，达到快速、准确发布指令的目的，避免失真现象。

虚拟扁平化最典型的案例是微软的"数字神经系统"。微软的日常工作都在"数字神经系统"中实现，数字可以告诉你许多故事，帮助你决策。它的一个最大的好处是能让坏消息快速传播，公司机体的任何地方出现问题会被立即发现，而不会是逐级汇报、等问题大到无法解决时才被决策者发现。

二、正式组织与非正式组织

（一）正式组织的特征及表现方式

正式组织是组织设计工作的结果，它是通过组织结构图和职务说明书等文件加以规范和筹划的组织形式，其具有以下三个特征。

（1）目的性。正式组织是为实现组织目标而有意识建立的形式。为了更好地实现组织的目标，正式组织往往需要随着内外环境条件的变化而做出相应的调整。

（2）正规性。正式组织中成员的职责范围和相互关系通常由书面文件加以明确，以便确保成员行为的合法性、精确性、纪律性和可靠性。

（3）稳定性。正式组织一经建立，通常都会维持一段较长的时间，以充分发挥组织的效能。频繁的变动不仅在正式组织是不可能的（因为组织运行的惯性及各种人为阻力都会抑制这种变动），而且也不利于提高工作效率。如何做到稳定性与适应性相结合，以达到持续性与变动性的平衡，这是正式组织面临的一大问题。

反映正式组织中各方面关系的文件除了职务说明书外,更重要的是组织结构图。组织结构图是参照树的形状绘制出来的,它直观明了,能使组织中的每个成员一看就知道自己所处的位置、向谁汇报工作、谁对他拥有职权,以及部门组合的依据和管理幅度等,因此人们常将它称为组织的蓝图。组织结构图清楚地表明组织中的权力和责任是如何由最高管理层沿着一条明确而又不间断的路线逐级传向下层,并由此构成直线指挥和工作汇报关系的指挥链。组织结构图界定了各职位、各部门之间的相互关系,从而为组织的正常运行提供了一种井然有序的方式,并指明了纵向、横向之间信息沟通的正式渠道。

(二) 非正式组织的产生

在正式组织中,可能存在着若干个非正式组织。非正式组织是伴随着正式组织的运转而形成的。在正式组织中,某些成员由于工作性质相近、社会地位相当,对一些具体问题的认识基本一致、观点基本相同,或者由于性格、业余爱好和情感比较相投,在平时相处中会形成一些被小群体成员所共同接受并遵守的行为规则,从而使原来松散、随机形成的群体渐渐成为趋向固定的非正式组织。

任何组织,不论规模多大,都可能有非正式组织存在。非正式组织与正式组织相互交错同时并存于一个单位、机构或组织之中,这是组织生活的一个现实。

(三) 非正式组织与正式组织的对比

正式组织是组织设计工作的结果,是经由管理者通过正式的筹划,并借助组织结构图和职务说明书等文件予以明确规定的。正式组织有明确的目标、任务、结构、职能以及由此形成的成员之间的责权关系,因此对成员行为具有相当程度的强制力。与之对比,非正式组织是未经正式筹划而由人们在交往中自发形成的一种个人关系和社会关系的网络。在非正式组织中,成员之间的关系是一种自然的人际关系,他们不是经由刻意的安排,而是由于日常接触、情感交融、情趣相投或价值取向相近而发生联系。与正式组织的特征相对应,非正式组织的基本特征如下:

(1) 自发性。非正式组织中共同的个人行动虽然有时也能达成某种共同的结果,但人们并不是本着有意识的共同目的参与活动的。他们只是由于自然的人际交往而自发地产生交往行为,由此形成一种未经刻意安排的组织状态。

(2) 内聚性。非正式组织虽然没有严格的规章制度来约束其成员的行为,但它通过成员的团体意识、团体固有的规范,以及非正式领导者的说明和影响而将人们团结在一起,并产生很强的内在凝聚力。

(3) 不稳定性。由于非正式组织是自发产生、自由结合而成的,因此呈现出不稳定性。它可以随着人员的变动或新的人际关系的出现而发生改变,从而使其结构表现出动态的特征。

正式组织的活动以成本和效率为主要标准,要求组织成员为了提高活动效率和降低成本而确保形式上的合作,并通过对他们在活动过程中的表现予以正式的物质与精神的奖励或惩罚来引导他们的行为。而非正式组织则主要以情感和融洽的关系为标准。它要求其成员遵守共同的、不成文的行为规则。不论这些行为规则是如何形成的，非正式组织都有能力迫使其成员自觉地遵守。对于那些自觉遵守和维护规则的成员，非正式组织会予以赞许、欢迎和鼓励。

（四）非正式组织的作用

非正式组织的存在及其活动，既可对正式组织目标的实现起到积极促进的作用，也可能产生消极的作用。

1. 非正式组织的积极作用

（1）满足职工的需要。非正式组织是自愿性质的，其成员甚至是无意识地加入进来。他们之所以愿意成为非正式组织的成员，是因为这类组织可以给他们带来某些需求的满足。比如工作中的频繁接触及在此基础上产生了友谊，可以帮助他们消除孤独的感觉，满足他们"被爱"以及"施爱之心于他人"的需求；基于共同的认识或兴趣，对一些共同关心的问题进行谈论甚至争论，可以帮助他们满足"自我表现"的需求；从属于某个非正式群体这个事实本身，可以满足他们"归属""安全"的需求等。组织成员的许多心理需求是在非正式组织中得到满足的。

（2）加强合作的精神。非正式组织中存在着一种不同于正式组织的合作精神，这种非正式的协作关系和精神如能带到正式组织中来，则无疑有利于促进正式组织的活动协调地进行。

（3）促进正式组织中的工作开展。对于那些工作中的困难者、技术不熟练者，非正式组织中的伙伴往往会自觉地给予指导和帮助。同伴的这种自觉、善意的帮助，可以促进他们技术水平的提高，从而可以帮助正式组织起到一定的培训作用。

（4）维护正式组织的秩序。非正式组织为了群体的利益和在正式组织中树立良好的形象，往往会自觉或自发地帮助正式组织维护正常的活动秩序。虽然有时也会出现非正式组织的成员犯了错误互相掩饰的情况，但为了不使整个群体在公众中留下不受欢迎的现象，非正式组织对那些违反正式组织纪律者，通常会根据自己的规范，利用自己特殊的形式予以惩罚。

2. 非正式组织的消极作用

（1）非正式组织的目标如果与正式组织冲突，则可能对正式组织的工作产生极为不利的影响。比如，正式组织力图利用职工之间的竞赛以达到调动积极性、提高产量与效益的目标，而非正式组织则可能认为竞赛会导致竞争，造成非正式组织成员的不和，从而设法阻碍和破坏竞赛的展开，其结果必然是影响企业竞赛的气氛。

（2）非正式组织要求成员一致性的压力，往往会束缚成员的个人发展。有些人虽然有过人的才华和能力，但非正式组织一致性的要求可能不允许他冒尖，从而使个人的才能不能得到充分发挥，对组织的贡献不能增加，这样便会影响整个组织工作效率的提高。

（3）非正式组织的压力还会影响正式组织的变革，形成组织的惰性。这并不是因为所有非正式组织的成员都不希望变革,而是因为其中大部分人害怕变革会改变非正式组织赖以生存的正式组织的结构,从而威胁非正式组织的存在。

(五)对待非正式组织的策略

由于非正式组织的存在是一个客观的、自然的现象,也由于非正式组织对正式组织具有正负两方面的作用,所以,管理者不能采取简单的禁止或取缔态度,而应该对它加以妥善地管理。也就是要因势利导,善于最大限度地发挥非正式组织的积极作用,克服其消极的作用。

一方面,管理者必须认识到正式组织目标的实现,要求有效地利用和发挥非正式组织的积极作用。为此,管理者必须正视非正式组织存在的客观必然性和必要性,允许非正式组织的存在,为非正式组织的形成提供条件,并努力使之与正式组织拥有共同目标。

另一方面,考虑到非正式组织可能造成的不利影响,管理者需要通过建立、宣传正确的组织文化来影响和改变非正式组织的行为规范,从而更好地引导非正式组织做出积极的贡献。

三、集权与分权

集权与分权是组织层级化设计中的两种相反的权力分配方式。集权是指决策指挥权在组织层级系统中较高层次上的集中,也就是说下级部门和机构只能依据上级的决定、命令和指示办事,一切行动必须服从上级指挥。组织管理的实践表明,组织目标的一致性必然要求组织行动的统一性,所以,组织实行一定程度的集中是十分必要的。分权是指决策指挥权在组织层级系统中较低管理层次上的分散,组织高层将其一部分决策指挥权分配给下级组织机构和部门的负责人,可以使他们充分行使这些权力,支配组织的某些资源,并在其工作职责范围内自主地解决某些问题。一个组织内部要实行专业化分工,就必须分权,否则,组织便无法运转。可见,要顺利地完成组织的目标,必须进行合理的集权与分权。

(一)权力的含义与构成

分析一个组织的职权关系是集权还是分权,首先要对权力的含义进行界定。

1. 权力的含义

"权力"通常被描述为组织中人与人之间的一种关系,是指处在某一管理岗位上的个人对组织或所管辖的单位与他人的一种影响力,简称管理者影响别人的能力。

职权和权力两个概念经常被混淆。职权是指组织内部授予管理者指导下属活动及其行为的决定权,这些决定一旦下达,下属必须服从。职权跟组织层级化设计中的职位紧密相关,跟个人特质无关。与之对应的,权力则是指一个人影响决策的能力。职权是更广泛的权力概念的一部分。换句话说,与一个人在组织中所居职位相联系的正式的权力,只不过是这个人影响决策过程的一种手段而已。

2. 权力的构成

作为"影响力"的权力主要包括个人权力和制度权力,如图 5-15 所示。

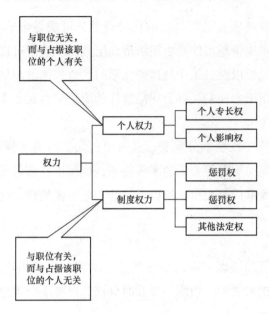

图 5-15 权力的构成

（1）个人权力。个人权力包括个人专长权和个人影响权。个人专长权是指管理者因具备某种专门知识或技能而产生的影响能力；个人影响权是指因个人的品质、社会背景等因素而赢得别人的尊重与服从的能力。

（2）制度权力。制度权力与管理职务有关，是指由管理者在组织中的地位所决定的影响力。作为赋予管理系统中某一职位的权力，制度权力的实质是决策的权力，即决定干什么的权力，决定如何干的权力，以及决定何时干的权力。制度权力的这三个方面从本质上来说是不可分割的，只有决定干什么的权力，而不去决定行动的内容和方式，则会影响决策者对目标实现的可行性研究，从而可能导致决策的盲目性；相反，如果只有决定如何干、何时去干的权力，而无权确定行动的方向，则会影响决策的积极性，降低决策的动力。

（二）集权与分权的相对性

在组织中，集权与分权是一对相对的概念，不存在绝对的集权或绝对的分权。绝对的集权意味着组织中的全部权力集中在一个主管手中，组织活动的所有决策均由主管做出，主管直接面对所有的命令执行者，中间没有任何管理人员，也没有任何中层管理机构。这在现代社会的经济组织中几乎是不可能的，也是做不到的。而绝对的分权则意味着将全部权力分散下放到各个管理部门中去，甚至分散至各个执行层和操作层，这时，主管的职位就是多余的，一个统一的组织也不复存在。

因此，集权与分权是相对的，将集权和分权有效地结合起来是组织存在的基本条件，也是组织既保持目标统一性又具有柔性和灵活性的基本要求。

(三）影响集权与分权程度的因素

1. 决策的代价

一般来说，决定采取一项行动所付出的代价高低，可能是影响权力分散程度的主要因素。决策的代价越高，则决策越可能是由组织最高层做出。代价可以直接用金钱来衡量，也可用企业的信誉、竞争地位以及员工士气这些无形的代价来衡量。例如，一家公司购买重大设备的决策会在最高层做出，而购买办公用品这样的决策则会在企业的中层或基层做出。

2. 政策一致性的愿望

有些企业认为政策的一致性十分重要，且高于一切，因为这样可以保证其客户受到质量、价格、信用、交货期、服务等方面的平等待遇，也便于比较各部门的效益和成本，便于同供应商、客户、政府等部门打交道。所以，这些企业主张集权，这是达到一致性的最容易的方法。

3. 组织的规模

组织规模增大，管理的层级和部门的数量就会增多，信息的传递速度和准确性就会降低，因此，当组织规模扩大之后，组织需要及时分权，以减缓决策层的工作压力，使其能够集中精力于最重要的事务。

4. 领导人的个性

最高层管理者的性格及他们信奉的管理哲学对职权的集中和分散起着重大的影响。

组织中个性较强和自信的领导者往往是专制的，不能容忍任何人触犯他们小心戒备的权力，往往习惯所辖部门完全按照自己的意志来运行，以集中控制权力来创造比较好的工作业绩，并以此提高自己在组织中的地位。

开明的管理者往往认识到，职权的分散是使组织有活力的有效方法，因为它迎合了人们天生的创造欲、自由欲和地位欲。在这样的企业中，通常会出现适度分权的倾向。

5. 管理人员的合格性

管理人员是否缺乏是影响权力集中和分散的因素之一，因为上级要分权就必须有合格的管理人员。一些高层领导人常常以缺乏良好的管理人员为借口实施集权制。

企业实行分权管理的关键，是对下属管理人员进行充分的培训，而培训管理人员最有效的手段是在实践中获得实际经验。因此，实行分权又成了培训下属管理人员的关键，两者互为因果关系。许多大公司的规模决定了分散权力的必要性，出于培训管理人员的目的，在公司内执行决策权下放是一种明智之举。但是随着这种政策的推行，也带来了新手犯错误的机会，所以良好的做法是根据决策的重要程度适度下放权力。

6. 分散性

随着企业集团化和国际化的发展，许多企业在地理上的分散性越来越大。这种地理上的分散性影响和决定着职权的分散。同时，分散在各地区的单位往往表现出强烈的自治欲望，这种欲望如果不能得到一定程度的满足，则可能降低组织成员工作的积极性。

7. 控制技术

权力的下放并非责任的下放，上层管理者要对下层的错误负责任，因此在没有某种方法可以知道下放的权力是否会得到恰当地运用的情况下，就不能分权。在控制技术发展的今天，上级能够较容易地了解到下级管理人员任务完成的情况是否与计划一致，这有助于管理职能的分散。

综上分析，面对变幻莫测的环境，一方面，企业最高层管理者不得不做出很大一部分的决策，需要权力的相对集中；另一方面，过分的权力集中又会限制下属积极性的发挥，下级管理者就不能使用他们的酌情处理之权来驾驭他们面临的不断变化的环境。因此，哪些决策权应集中在最高层，哪些决策权应下放给组织结构的下层，需要谨慎选择。

（四）实现分权的途径

1. 实行制度分权

实行制度分权是指在组织设计中进行权力分配。根据组织规模和组织活动的特征，在工作分析和职务、部门设计的基础上，依据各管理岗位的工作任务和要求规定必要的职责和权限。

2. 管理者在工作中的授权

管理者在工作中的授权是指担任一定管理职务的领导，在实际工作中，为充分利用专门人才的知识和技能，或在出现新增业务的情况下，将部分解决问题和处理新增业务的权力委任给某些下属。

3. 制度分权与授权的区别

（1）制度分权是在详细分析、认真论证的基础上进行的，因此具有一定的必然性；而工作中的授权则往往与管理者个人的能力和精力、拥有的下属的特长、业务发展情况相联系，因此具有很大的随机性。

（2）制度分权是将权力分配给某个职位，因此，权力的性质、应用范围和程度的确定，需根据整个组织结构的要求；而授权是将权力委任给某个下属，因此，委任何种权力、委任后做何种控制，不仅要考虑授权的要求，而且要依据下属的工作能力而定。

（3）分配给某个管理职位的权力如果调整的话，不仅会影响该职位或部门，而且会影响与组织其他部门的关系。因此，制度分权是相对稳定的。除非整个组织结构重新调整，否则制度分权不会收回。相反，由于授权是某个主管将自己担任的职务所拥有的权限因某项具体工作的需要而委任给某个下属，这种委任可以是长期的，也可以是临时的。

（4）制度分权主要是一条组织工作的原则，以及在此原则指导下的组织设计中的纵向分工；而授权则主要是领导者在管理工作中的一种领导艺术，一种调动下属积极性、充分发挥下属作用的方法。

制度分权与授权是相互补充的，组织设计中难以详细规定每一项职权的运用，难以预料每个岗位上工作人员的能力，同时也难以预测每个管理部门可能出现的新问题，因此需要各层次领导者在工作中的授权来补充。

四、直线与参谋

直线与参谋的概念可以泛指部门的设置，也可以专指职权关系。

（一）直线部门与参谋部门

1. 直线部门

直线部门通常被认为是对实现组织目标直接做出贡献的单位。例如，大工业企业中的生产系统、销售系统都被列为直线部门。

2. 参谋部门

参谋部门则通常被认为是协助直线部门对实现组织目标间接做出贡献的单位。例如，采购、会计、人事、设备维修、质量管理等都被列为参谋部门。

3. 直线职权

直线职权是指循着组织等级链发生的一种职权关系。例如，在企业生产系统中，总裁—负责生产制造的副总裁—制造分部总经理—分厂经理—车间主任—工段长—工人，从上级到下级构成了严密的指挥关系。组织工作中的指挥链原则（也称等级链原则）就要求指挥命令和汇报请示都必须沿着一条明确而又不间断的路线逐级传递，上级不能越级发号施令（但可越级检查），下级也不能越级汇报请示（但可越级建议），这样才能保证指挥统一。

从关系上来看，无论是在生产系统、销售系统内部，还是在辅助性的参谋单位内部，只要存在上、下级关系，就必定有直线职权的发生。

4. 参谋职权

跨系统发生的非直线关系，以及参谋部门对直线部门提供的辅助关系，统称为参谋职权（或参谋关系）。例如，生产系统和销售系统同是直线部门，但它们是两条线上的直线关系。如果销售部门主管跨系统对生产部门人员提出如何包装产品的要求，这就不是直线关系，而是非直线关系了。

（二）使用参谋的优缺点

1. 使用参谋的优点

（1）有利于科学决策。随着企业的不断发展，组织的业务领域不断扩大，业务变得异常复杂。现代企业的管理者面临着需要具备经济、技术、政治、法律、社会等领域的专业化知识才能进行科学决策的局面。因此，聘用掌握各方面专业技术的人员担任参谋，对经营管理工作提出建议是至关重要的。另外，在许多需要高度专业化知识的情况下，给专家们一些职能权力，让其协助直线领导进行管理是十分必要的。

（2）有利于减轻直线领导负担。聘用参谋的另一个优点是，当上级忙于管理业务而没有时间去考虑问题时，专家们可以收集资料进行分析，为上级的决策提供建议。所以，参谋不仅能协助直线经理提高效率，而且当问题较为复杂时，参谋的分析和建议就成为迫切的需要。

2. 使用参谋的缺点

从理论上来说，设置参谋作为直线经理的助手不仅可以保证直线的统一指挥，而且能够适应管理复杂活动需要多种专业化知识的要求。但由于参谋职权的性质和对它理解的困难，在实践中产生了一些问题，这往往成为组织缺乏效率的原因之一。

（1）削弱直线职权的危险。部门经理时常以怀疑的态度看待参谋人员。总裁在聘请高级参谋人员的同时委任一定的权力，并且命令其他经理与他合作，在总裁的压力下，部门经理在埋怨的情绪下接受参谋的建议，这种做法实际上削弱了部门经理的职权。如果这种情况继续发展下去，可能会造成部门经理离心离德，甚至摧垮经营部门。

（2）参谋责任的缺乏。参谋人员只提出计划建议，而其他部门必须做出决定以采纳该计划并付诸执行，这就可能造成相互指责和推诿责任。参谋可能会声称，计划是好的，它的失败是由于经营经理没有能力或没有按计划执行，而执行该项计划的经理又会宣称，这是个无经验和脱离实际的理论家想出来的计划。

（3）产生空想的可能。具有专门知识的参谋人员不如直线经理了解实际情况，他们的地位又决定了他们只是提出建议而不负责执行这些建议，这就造成了他们凭空想象的可能。这种现象的出现，往往导致摩擦、士气低落，甚至消极怠工。

（4）出现多头管理问题。一般情况下，参谋的加入很可能会产生职能权力关系复杂的问题，因此在指挥上往往会出现不统一，这种多头领导的出现，可能是灾难性的。此外，参谋活动过多也可能造成直线经理管理工作的复杂性。公司的总裁可能忙于处理许多参谋提出的建议和纠正被搞乱了的直线职权问题，而没有时间和精力放在经营部门的问题上。

（三）正确发挥参谋的作用

参谋的作用发挥得不够充分，就会影响直线人员，从而影响整个组织活动的效率。要正确发挥参谋的作用，应明确直线与参谋的关系，授予参谋机构适当的职能权力，并向参谋人员提供必要的信息。

1. 明确职权关系

设置参谋职务，利用参谋人员的专业化知识是管理现代化组织的复杂活动所需要的。直线经理与参谋人员的职责、权限以及工作的目的是不同的：直线经理需要做出决策，安排所辖部门的活动，并对活动的结果负责；而参谋人员则是在直线经理的决策过程中，进行分析研究、提供建议、指明不同的方案可能得到的结果，以供直线经理在运用决策权力中参考。

对于直线经理来说，只有了解了参谋工作，才有可能自觉地发挥参谋的作用，利用参谋的知识，认真对待参谋的建议，合理地采纳建议，而不是在出现问题后一味地指责参谋人员。对于参谋人员来说，只有明确了自己工作的特点，认识到参谋存在的价值在于协助和改善直线工作，而不是去削弱他们的职权，才能在工作中不越权、不争权，努力提供好的建议，并要善于说明直线经理接受自己建议的原因，以便实施自己的方案。

总之，直线经理与参谋人员越是明确各自的工作性质、了解职权关系，就越有可能重视对方的价值，从而自觉地尊重对方，处理好相互之间的关系。

2. 授予必要的职能权力

为了确保参谋人员作用的合理发挥，必须授予他们必要的职能权力，特别是在专业化知识要求很高的领域里。参谋的职权可分为以下几种：

（1）建议权。参谋人员的权限仅限于提供建议、提案或协助，其意见可能会得到有关人员的欢迎和采纳，也可能会被置之不理。

（2）强制协商权。此时参谋人员的影响力在一定程度上有所提高，即有关人员在做出决定之前必须先询问和听取参谋人员的意见。处理这种关系的关键在于，要具体地规定在什么情况下参谋人员的意见应得到应有的重视，而又不限制直线主管人员的自主决定权。

（3）共同决定权。这时参谋人员的权限提高到了足以影响有关人员自主决定权的程度。换句话来说，有关人员不仅要在做出决定前认真地听取参谋人员的意见，而且在命令采取行动时还需得到参谋人员的同意和许可。

这种权力常在企业必须确保某项决策得到专家评定的情况下采用。例如，有些企业可能规定任何合同都需经过法律顾问复审，任何人事决定都需通过人事部门检查等。

（4）职能职权。这是对下属直线主管人员行使决策和指挥权限的最高程度的限制，组织中的高层管理者通常采用授予职能权力的方式来发挥参谋部门和参谋人员的作用。

职能权力是指直线主管把部分属于自己的指挥和命令下属的权力授予给有关的参谋部门或参谋人员行使，从而使这些参谋部门或参谋人员不仅具有研究、咨询和服务的责任，而且在某种职能范围内具有一定的决策、监督和控制权。

职能职权通常是参谋人员的专业化知识和技能在开展某项工作的重要条件下采用的。例如，化工厂的安全技师可能被授予强令停止安全没保障的生产作业，确保隐患得到彻底根除；一些强调"技师彻底优先"的企业，质量管理人员也需要拥有职能职权。与这种职权的扩大相对称，职能部门的职责除了要搞好服务、参谋外，还包括组织实施、专业协调、监督检查等。

但参谋部门职能权力的增加，也带来了多头领导的危险。因此，高层直线经理要谨慎授予职能权力。首先，要认真分析授予职能权力的必要性，只有在必要的领域使用它，以避免削弱直线经理的地位；其次，要明确职能权力的地位，限制职能权力的使用范围，要使参谋人员明确，职能权力主要用来指导下层直线经理怎么干，而不是决定他们干什么。

为了避免命令多重性，组织中较高层次的直线管理者还应注意，在授权以后，应放手让参谋人员开展工作，而不能频繁地使用已授出的权力。

3. 向参谋人员提供必要的信息

虽然直线经理与参谋人员的矛盾往往主要是由于参谋人员的过度热心所造成的，因此解决此矛盾首先要求参谋人员经常提醒自己"不要越权""不要篡权"，但同时直线经理也应认识到，参谋人员具有的专业化知识正是自己所缺乏的，因此必须自觉地利用他们的工作。

要发挥参谋人员的作用，必须首先帮助参谋人员工作，向参谋人员提供必要的信息，使他们能及时了解直线部门的活动进展情况，从而能提出有用的建议。埋怨参谋部门不了解情况瞎指挥，同时又不愿意提供必要的信息，这显然是直线经理们应该注意避免的态度。

五、分工与协调

（一）分工的概念及作用

分工是指劳动分工，即各种社会劳动的划分和专业化。具体而言，分工就是按照提高管理专业化程度和工作效率的要求，把组织的目标分成各级、各部门及各个人的目标和任务，使组织的各个层次、各部门、每个人都了解自己在实现组织目标中应承担的工作职责和职权。

专业化分工是组织前进和发展的必要手段，对促进组织的发展、提高劳动效率、降低劳动成本等具有极其重要的作用，具体表现在以下几个方面：

（1）专业化分工可增强劳动熟练程度，提高劳动效率。专业化分工减少了个体活动的种类，降低了工作转换次数，因而提高了个体所从事活动的频率，反复操作，使个体精于某项技能，加快知识积累，增强劳动熟练程度，由此而产生的结果是产出量的增加和劳动效率的提高。

（2）专业化分工可节约劳动转换时间，节省培训费用。由一种工作转换到另一种工作，通常要浪费不少时间，同时，还必须支付相应的岗位培训费用。专业化分工可以防止因劳动者经常转换工作岗位而造成的工时浪费，而且，专业化分工使人专于一行，可避免反复支出培训费用。

（3）专业化分工可减少劳动监督成本。专业化分工程度较高时，个人责任清楚，工作内容简单，易监督，监督成本相应较低；反之，专业化分工程度较低时，个人从事劳动内容复杂，监督难度加大，监督成本也将相应上升。

（二）协调的概念及作用

协调，从表面上看就是协商、调和之意，其本质在于解决各方面的矛盾，使整个组织和谐一致，使每一个部门、单位和组织成员的工作与既定的组织目标一致。

作为一个领导者，通过采取一定的措施，使其所领导的组织同环境、组织内外成员等协同一致，相互配合，可以高效率地完成工作任务，实现其领导目标。由此可见，协调对组织发展具有极其重要的作用，具体作用如下：

（1）可以减少内耗、增加效益。有效协调可以使组织活动的各种相关因素相互补充、相互配合、相互促进，从而减少人力、物力、财力、时间的浪费，达到提高组织的整体效率目的。

（2）有利于增强组织凝聚力。要使组织内部人员团结，齐心协力，需要领导者以极大的精力和高超的技艺加以有效协调。只有人们心理上、权力上、利益上的各种关系协调了，才能团结统一，相互支持，齐心协力地实现共同的目标。

（3）有利于调动员工的积极性。协调的好坏直接关系到组织目标的实现和整个领导活动的效能，协调工作搞好了，组织内部各成员能够团结合作，充分发挥出每个人的聪明才智，才能使组织工作充满生机和活力。

（三）正确处理分工与协调的关系

对分工与协调关系的处理，是组织设计中的一个重要问题。传统组织设计强调工作的专业化分工，不仅业务活动要进行分工，管理活动也要实行分工，通过分工提高各方面工作的质量和效率。但是随着生产力水平的提高，过分强调分工可能会带来本位主义，造成工作的单调乏味，影响员工的工作热情和创造思维，因此，分工应该有个合适的"度"。

基于对过细分工所产生问题的认识，现代组织设计中出现了机构职能综合化和业务流程整合化的改革趋势。以事业部制取代职能型结构，标志着由过去强调专业职能分工转变为增强单位内部的协调性。参谋职能机构设置中将职能相似程度高、相互关联较强的工作合并在一起，由"综合部"负责多项职能管理工作，这样也有利于实现相关业务的归口统一管理。

由此可见，组织目标的完成，离不开企业内部的专业化分工和相互协调，因为现代企业的管理工作量大、专业性强，分别设置不同的专业部门，有利于提高管理工作的效率；同时，在合理分工的基础上，各专业部门必须加强协作和配合，才能保证各项专业管理工作顺利展开，以达到组织的整体目标。

因此，组织在设置组织结构时，必须正确处理分工与协调的关系，既要有分工又要有协作，既要保持组织精干又要使组织高效，具体应注意以下几个问题：

（1）要注意分工的合理性，即分工要符合精干的原则。

（2）要注意发挥纵向协调和横向协作的作用。

（3）要加强管理职能之间的相互制约关系。

六、人员配备

（一）人员配备的任务和原则

1. 人员配备的任务

人员配备是指为每个工作岗位配备适当的人，也就是说，首先要满足组织的需要，同时，人员配备也是为每个人安排适当的工作，因此要考虑满足组织成员个人的特点、爱好和需要。所以，可以从组织和个人这两个不同的角度去考察人员配备的任务：一方面，从组织需要的角度来看，人员配备必须保证组织机构的每个职位都有合适的人选；另一方面，从员工个人的角度来看，人员配备应力求使每个人的知识和能力都得到公正的评价、承认和运用，使每个人的知识、能力和素质在工作中都得到不断的发展和提高。

2. 人员配备的原则

（1）因事择人的原则。所谓因事择人，是指以所设职位和工作的实际需要为标准来选拔符合要求的各类人员。选人的目的在于使其担当一定的职务，要求其从事与该职务相应的工作。要使工作卓有成效地完成，就必须要求工作者具备相应的知识和能力。

(2) 因材器使的原则。所谓因材器使，是指根据人的能力和素质的不同，去安排不同要求的工作。不同的工作要求不同的人去完成，而不同的人也具有不同的能力和素质，能够从事不同的工作。从人的角度来考虑，只有根据人的特点来安排工作，才能使人的潜能得到充分的发挥，使人的工作热情得到最大限度的激发。

(3) 人事动态平衡的原则。处在动态环境中的组织是在不断发展的，工作中人的能力和知识是在不断提高和丰富的，同时，组织对其成员的素质认识也是不断全面、完善的。因此，人与事的配合需要进行不断的调整，使能力发展并得到充分证实的人去从事更高层次、更多责任的工作，使能力不及、不符合职务需要的人有机会进行力所能及的工作，力求使每一个人都能得到最合理的使用，实现人与工作的动态平衡。

（二）管理人员的选聘

1. 管理人员的来源

（1）外部招聘。外部招聘是指根据一定的标准和程序，从组织外部的众多候选人中选拔符合空缺工作要求的管理人员。

外部招聘具有以下优点：

①被聘人员具有"外来优势"。所谓"外来优势"主要是指被聘者没有"历史包袱"，组织内部成员只知其目前的工作能力和成绩，而对其历史的失败记录知之甚少。因此，如果他确有工作能力，那么便可迅速地打开局面。相反，如果从内部提升，部下可能对新上司在成长过程中的失败教训有着非常深刻的印象，从而可能影响后者大胆地放手工作。

②有利于平息和缓和内部竞争者之间的紧张关系。组织中空缺的管理职位可能有好几个内部竞争者希望得到。每个人都希望有晋升的机会，如果员工发现自己的同事，特别是原来与自己处于同一层次具有同等能力的同事提升而自己未晋升时，就可能产生不满情绪，懈怠工作，不听管理。从外部招聘可能使这些竞争者得到某种心理上的平衡，从而缓和他们之间的紧张关系。

③能够为组织带来"新鲜血液"。来自外部招聘的人员可以为组织带来新的管理方法与经验。他们没有太多的框架程序束缚，工作起来可以放开手脚，从而给组织带来较多的创新机会。此外，由于他们新近加入组织，没有与上级或下属历史上的个人恩怨关系，从而在工作中可以很少顾忌复杂的人情网络。

外部招聘存在以下局限性：

①外聘者对组织缺乏深入了解。外聘者不熟悉组织的内部情况，同时也缺乏一定的人事基础，因此需要一段时期的适应才能进行有效的工作。

②组织对外聘者缺乏深入了解。虽然选聘时可借鉴一定的测试、评估方法，但一个人的能力是很难通过几次短暂的会面、书面测试而得到正确反映的。被聘者的实际工作能力与选聘时的评估能力可能存在很大差距，因此组织可能会聘用一些不符合要求的管理干部。这种错误的选聘可能会给组织造成极大的危害。

③外部招聘的最大局限性莫过于对内部员工的打击。大多数员工都希望在组织中有不断

发展的机会，都希望能够担任越来越重要的工作。如果组织经常从外部招聘管理人员，且形成制度和习惯，则会阻碍内部员工的升迁之路，从而会挫伤他们的工作积极性，影响他们的士气。同时，有才华、有发展潜力的外部人才在了解到这种情况后也不敢应聘，因为一旦应聘，虽然在组织中工作的起点很高，但今后提升的希望却很小。

由于这些局限性，许多成功的企业强调不应轻易地外聘管理人员，而主张采用内部培养和提升的方法。

(2) 内部晋升。内部晋升是指组织成员在能力增强并得到充分的证实后，被授予更大责任的更高职务。

内部晋升具有以下优点：

①有利于鼓舞士气，提高工作热情，调动组织成员的积极性。内部晋升给每个人带来希望，每个组织成员都知道，只要在工作中不断提高能力、丰富知识，就有可能被分配担任更重要的工作，这种职业生涯中的发展对每个人都是非常重要的。职务晋升的前提是要有空缺的管理岗位，而空缺的管理岗位的产生主要取决于组织的发展，只有组织发展了，个人才可能有更多的晋升机会。因此，内部晋升能更好地维持成员对组织的忠诚度，使那些有发展潜力的员工能更自觉地、积极地工作，以促进组织的发展，从而为自己创造更多的职务晋升的机会。

②有利于吸引外部人才。内部晋升表面上是排斥外部人才，不利于吸收外部优秀的管理人员，其实不然。真正有发展潜力的管理者知道，加入这种组织中，担任管理职务的起点虽然比较低，有时甚至需要一切从头做起，但是凭借自己的知识和能力，花费较少的时间便可熟悉基层的业务，从而能迅速地提升到较高的管理层次。

③有利于保证选聘工作的正确性。已经在组织中工作若干时间的内部候选人，组织对其了解程度必然要高于外聘者。候选人在组织中工作的经历越长，组织越有可能对其做全面深入的考察和评估，从而保证选聘工作的正确程度越高。

④有利于被聘者迅速展开工作。管理人员能力的发展要受到他们对组织文化、组织结构及其运行特点的了解。在内部晋升的管理人员，由于熟悉组织中错综复杂的机构和人事关系，了解组织运行的特点，所以可以迅速地适应新的管理工作，工作起来要比外聘者更加得心应手，从而能迅速打开局面。

内部晋升存在以下局限性：

①引起同事的不满。在若干个内部候选人中提升一个管理人员，可能会使落选者产生不满情绪，从而不利于被提拔者展开工作。避免这种现象的一个有效方法是不断改进干部考核制度和方法，正确地评价、分析、比较每一个内部候选人的条件，努力使组织得到最优秀的管理人员，并使每一个内部候选人都能体会到组织的选择是正确的和公正的。

②可能造成"近亲繁殖"的现象。从内部提升的管理人员往往喜欢模仿上级的管理方法，这虽然可使老一辈管理人员的优秀经验得到继承，但也有可能使不良作风得以发展，从而不利于组织的管理创新和管理水平的提高。要克服这种现象，必须加强对管理队伍的教育

和培训，特别是要不断组织他们学习新知识。在评估候选人的管理能力时，也必须注意对他们创新能力的考察。

2. 管理人员的选聘程序与方法

（1）当组织中出现需要填补的管理职位时，根据职位所在的管理层次，建立相应的选聘工作委员会或小组。工作小组既可以是组织中现有的人事部门，也可以是代表所有者利益的董事会，或由各方面利益代表组成的专门或临时性机构。选聘工作机构要以相应的方式，通过适当的媒介，公布待聘职务的数量、性质以及对候选人的要求等信息，向企业内外公开"招聘"，鼓励那些自认为符合条件的候选人参加。

（2）初选应聘者的数量可能很多，选聘小组不可能对每一个人进行详细的研究和认识，否则所花费用过高，这时，需要进行初步筛选。内部候选人的初步筛选可以比较容易地根据组织以往的人事考核来进行。对外部应聘者则需通过简短的初步会面、谈话，尽可能多地了解每个应聘者的情况，观察他们的兴趣、观点、见解、独创性等，淘汰那些不能达到这些方面基本要求的应聘者。

（3）在初选之后，对初选合格者进行知识和能力的考核，考核的内容主要为应聘者的能力、个性特征、心理素质、实际技能等。由于这些个人品质难以通过简单的方法进行评定，因此必须采用特定的考核方法，主要有智力与知识测验、心理测试、竞聘演讲与答辩、案例分析等方法。

（4）管理工作的效果是否理想不仅取决于管理人员自己努力与否，而且受到被管理人员接受程度的影响。因此，在选配管理人员时，特别是在选配组织中较高管理层次的管理人员时，还应注意征询所在部门，甚至是组织所有成员的意见，进行民意测验，以判断组织成员对他的接受程度。

（5）选定管理人员在上述各项工作的基础上，利用加权的方法，计算出每个候选人知识和能力的综合得分，考虑到民意测验反映的受群众拥护的程度，并根据招聘职务的性质选择聘用既有工作能力，又被同事广泛接受的管理人员。

（三）**管理人员的考评**

管理人员考评是指对管理人员工作绩效的考核。具体而言，就是对照工作岗位职责说明书和工作任务的要求，对管理人员的业务能力、工作表现及工作态度等进行评价的过程。管理人员绩效考评是人事工作的一项重要内容，通过绩效考评，一方面有助于了解管理者是否胜任岗位工作，从而为人事调整提供依据；另一方面为管理人员的培训和工作报酬的确定提供依据。

1. 管理人员考评的内容

（1）贡献考评。贡献考评是指考核管理人员在一定时期内担任某个职务的过程中对实现组织目标的贡献程度，即评价和对比组织要求某个管理职务及其所辖部门提供的贡献与该部门的实际贡献。贡献往往是努力程度和能力强度的函数，因此，贡献考评可以成为决定管理人员报酬的主要依据。

(2) 能力考评。能力考评是指通过考察管理人员在一定时间内的管理工作，评估他们的现实能力和发展潜力，即分析他们是否符合现有职务的要求，任现职后的素质和能力是否有所提高，能否担任更重要的工作。

由于管理人员的能力要通过日常的具体工作来表现，而日常工作中表现出来的技术与方法又很难与那些描述管理者素质特征或能力水平的概念相对应。而且，管理人员的"决策能力""用人能力""沟通能力""创新精神""正派的作风"等都是一些抽象的概念，因此，能力考评中要切忌根据自己的主观判断给被考评对象任意打分。

2. 管理人员考评的工作程序与方法

(1) 确定考评内容。管理职务不同，工作要求也就不同，管理人员应具备的能力和提供的贡献也不同。所以考评管理人员，首先要根据不同岗位的工作性质，设计合理的考评表，以合理的方式提出问题，通过考评者对这些问题的填写得到考评的原始资料。

(2) 选择考评者。考评工作往往被视为人事管理部门的任务。实际上，人事部门的主要职责是组织考评工作，真正的考评应该是由被考评者的上级、与其有联系的关系部门及其下属来参加和完成的。

(3) 分析考评的结果，辨识误差。为了得到正确的考评结果，要分析考评的可靠性，剔除那些明显不符合要求的随意乱填的考评表。在此基础上综合各考评表的打分，得出考评结果，并对考评结果的主要内容进行对照分析，检验考评结果的可信赖程度。

(4) 反馈考评结果。考评结果应及时反馈给有关当事人。反馈的形式可以是上级主管与被考评对象的直接单独面谈，也可以是书面形式通知。有效的方法应把这两种结合起来使用：主管与被考评对象会面之前，已让被考评对象了解考评的结果，知道组织对自己能力的评价和贡献的承认程度，以及组织所认为自己的缺陷，从而要求改进的方向，以使得被考评对象有时间认真考虑这些结论。如果认为考评有失公正或不全面，则可认真准备，在会面时有充分申辩或补充的机会。

(5) 根据考评结果，建立组织的人事档案。有规律地定期考评管理人员，可以使组织了解管理人员的成长过程和特点，以及建立起人事档案，可以帮助组织根据不同的标准将管理人员进行分类管理，从而为组织制定人事政策，为组织管理人员的培训和发展提供依据。

(四) 管理人员的培训

1. 管理人员培训的目标

(1) 传递信息。这是培训管理干部的基本要求。通过培训，要使管理人员了解组织在一定时期内的生产特点、产品性能、工艺流程、营销政策、市场状况等方面的情况，熟悉公司的生产经营业务。

(2) 改变态度。每个组织都有自己的文化、价值观念、行动的基本准则，管理人员只有了解并接受了这种文化，才能有效地工作。因此，要通过管理人员，特别是对新聘管理人员的培训，使他们逐步了解组织文化，接受组织的价值观念，按照组织中普遍的行动准则来从事管理工作。

(3) 更新知识。现代企业在生产过程中广泛地运用了先进的科学技术，管理者必须掌握与组织生产经营有关的科技知识。这些知识既可以在工作前的学校教育中获取，又应该在工作中不断地补充和更新，因为随着科学技术进步速度的加快，人们原先拥有的知识结构在迅速地陈旧和老化。为了使企业的活动跟上技术进步的步伐，也为了使管理人员能有效地管理具有专业化知识的生产技术人员的劳动，就必须通过培训，及时补充和更新他们的科学文化和技术知识。

(4) 发展能力。管理是一种职业，有效地从事这种职业，必须具备职业要求的基本能力并在职业活动中不断提高。管理人员培训的一个主要目的，便是根据管理工作的要求，努力提高他们在决策、用人、激励、沟通、创新等方面的管理能力。

2. 管理人员的培训方法

(1) 工作轮换。工作轮换包括管理工作轮换与非管理工作轮换。其中，管理工作轮换是指在提拔某个管理人员担任较高层次的职务之前，让他先在一些较低层次的部门工作，以积累不同部门的管理经验，了解各管理部门在整个公司中的地位、作用及其相互关系。

(2) 设置助理职务。在一些较高的管理层次设置助理职务，不仅可以减轻主要负责人的负担，使他从繁忙的日常管理中解脱出来，专心致力于重要问题的考虑和处理，而且具有培训待提拔管理人员的好处。比如，可以使助理开始接触较高层次的管理工作的内容与要求；可以使助理很好地观察主管的工作，学习主管处理问题的方法，吸收他的优秀管理经验，从而促进助理的成长；此外，还可使培训组织者更好地了解受训人的管理能力，通过让他单独主持某项重要工作来观察他的组织能力和领导能力，从而决定是否有必要继续培养或是否予以提升。

(3) 设置临时代理职务。当组织中某个主管由于出差、生病或度假等原因而使某个职务在一定时期内空缺时（当然组织也可有意识地安排这种空缺），则可考虑让受训者临时担任这项工作。安排临时性的代理工作具有和设置助理相类似的好处，可以使受训者进一步体验相应的管理工作，并在代理期内充分展示其具有的管理能力，或迅速弥补他所缺乏的管理能力。

设置代理职务不仅是一种培训管理人员的方法，而且可以帮助组织进行正确的提升，防止"彼得现象"。英国幽默大师劳伦斯·彼得曾经发现："在实行等级制度的组织里，每个人都崇尚爬到能力所不及的层次。"他把自己的这个发现写成了著名的《彼得原理》一书。组织中有些管理人员在提升后不能保持原先的成绩，因此可能给组织带来效益的大滑坡。

如何才能防止"彼得现象"的产生呢？从理论上来说，组织总是可以及时撤换不称职的管理干部。但在实际工作中，"表现平平"的管理人员被降职的可能性极小，对"政绩较差"的干部，组织往往是比较宽容的。为了对他们本人"负责"，组织往往需要给他们提供一个改善的机会。而当他们的能力被再度证明不符合职务要求，从而组织下定决心撤换时，他们所在部门的工作已对组织目标的实现产生了一些不利的影响。

积极的方法应通过分析"彼得现象"产生的原因去寻找。这种现象能够产生的一个重要原因是：组织提拔管理人员往往主要根据他们过去的工作成绩和能力。在较低层次上表现突出、能力较强的管理者能否胜任较高层次的管理工作,答案是不肯定的。只有当这些人担任高层次管理工作的能力得到某种程度的证实以后,组织才应考虑晋升问题。检验某个管理人员是否具备担任较高职务的条件的一种可行方法,就是安排他担任某个临时性的代理职务。如果在代理以前,该管理人员表现突出,部门内的人际关系很好,在执行工作中也表现出一定的创新精神,而在代理过程中,遇事不敢做主,甚至惊慌失措,那么,将"代理"转化为"正式"显然是不恰当的。由于"代理"只是一个临时性的职务,因此,取消"代理"使其从事原来的工作,对代理者本人也不会造成任何打击,但这样可以帮助组织避免一次错误的提拔。

第五节 组织文化

一、组织文化的概念、特征及功能

(一)组织文化的概念

组织文化有广义和狭义之分,广义的组织文化是指企业在建设和发展中形成的物质文明和精神文明的总和,包括组织管理中的硬件和软件、外显文化和内隐文化;狭义的组织文化是指组织在长期的生存和发展中所形成的、为组织所特有的、且为组织多数成员共同遵循的价值标准、工作作风、基本信念、行为规范等的总和。通常指的是狭义的组织文化。

组织文化一般可分为三个层次,即物质层、制度层和精神层,如图 5-16 所示。

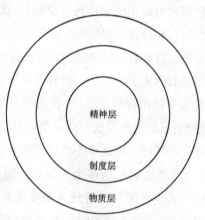

图 5-16 组织文化的层次结构

1. 物质层(外显层次)

物质层是组织文化的表层部分,是指凝聚着组织文化抽象内容的物质体的外在显现。它既包括了组织整个物质和精神的活动过程、组织行为、组织体产出等外在表现形式,也包括了组织实体性的文化设备、设施等,如带有本组织文化色彩的生产环境、生产经营技巧、图书馆、俱乐部、公园等。物质层是组织文化中最直观的部分,是人们最易于感知的部分,是形成组织文化精神层和制度层的条件和载体。

2. 制度层(中间层次)

制度层是组织文化的中间层次,是指体现某个具体组织的文化特色的各种规章制度、道德规范和员工行为准则的总和,包括厂纪、厂规、行为准则等。它是组织文化的第二层或称中间层次,它构成了各个组织在管理上的文化个性特征。

3. 精神层(内隐层次)

精神层即组织的精神文化,它是组织在长期实践中所形成的员工群体心理定式和价值取向,是组织的道德观、人本主义的价值观、管理哲学等的总和。它反映了全体员工的共同追求和共同认识。组织精神文化是组织文化的核心和主体,是组织优良传统的结晶,是维系组织生存发展的精神支柱。

(二)组织文化的特征

1. 独特性

每个组织都具有自己的历史、类型、性质、规模、发展背景、人员素质等因素,这些内在因素各不相同,因此,在组织经营管理的发展过程中,必然会形成具有本组织特色的价值观、经营准则、经营作风、道德规范、发展目标等。

2. 相对稳定性

组织文化是组织在长期的发展中逐渐积累而成的,具有较强的稳定性,不会因为组织结构的改变、战略的转移或产品与服务的调整而变化。一个组织中,精神文化又比物质文化具有更强的稳定性。

3. 融合继承性

每个组织都是在特定的文化背景下形成的,必然会接受和继承这个国家和民族的文化传统和价值体系。同时,组织文化在发展过程中,必须吸收其他组织的优秀文化,融合世界上最新的文明成果,不断地充实和发展自我。也正是这种融合继承性使得组织文化能够更加适应时代的要求,并且形成历史性和时代性相统一的组织文化。

4. 可塑性

组织文化并不是生来具有的,而是组织在长期的生存和发展过程中逐渐总结、培育和积累而形成的。组织文化是可以通过人为的后天努力加以培育和塑造的,而对于已形成的组织文化也并非一成不变,是会随着历史的积累、社会的进步、环境的变迁及组织变革逐步调整和发展的。

(三)组织文化的功能

组织文化在组织经营管理中发挥着重要功能,主要表现在以下几个方面。

1. 导向功能

组织文化的导向功能，是指组织文化能对组织整体和组织每个成员的价值取向及行为取向起到引导作用，使之符合组织所确定的目标。组织文化只是一种软性的理智约束，通过组织的共同价值观不断地向个人价值观渗透和内化，使组织自动生成一套自我调控机制，以一种适应性文化引导着组织的行为和活动。

2. 约束功能

组织文化的约束功能，是指组织文化对每个组织员工的思想、心理和行为具有约束和规范的作用。组织文化的约束不是制度式的硬约束，而是一种软约束，这种软约束相当于组织中弥漫的组织文化氛围、群体行为准则和道德规范。

3. 凝聚功能

组织文化的凝聚功能，是指当一种价值观被该组织员工共同认可之后，它就会成为一种黏合剂，从各个方面把其成员团结起来，产生一种巨大的向心力和凝聚力，而这正是组织获得成功的主要原因。"人心齐，泰山移"，凝聚在一起的员工有共同的目标和愿景，推动组织不断前进和发展。

4. 激励功能

组织文化的激励功能，是指组织文化具有使组织成员从内心产生一种高昂情绪和发奋进取精神的效应。它能够最大限度地激发员工的积极性和首创精神。组织文化强调以人为中心的管理方法，它对人的激励不是一种外在的推动而是一种内在的引导，它不是被动消极地满足人们对实现自身价值的心理需求，而是通过组织文化的塑造，使每个组织员工从内心深处产生为组织拼搏的献身意识。

5. 辐射功能

组织文化的辐射功能，是指组织文化一旦形成较为固定的模式，不仅会在组织内发挥作用，对本组织员工产生影响，而且也会通过各种渠道对社会产生影响。组织文化向社会辐射的渠道是很多的，但主要可分为利用各种宣传手段和个人交往两大类。一方面，组织文化的传播对树立组织在公众中的形象有帮助；另一方面，组织文化对社会文化的发展有很大的影响。

6. 调适功能

组织文化的调适功能，是指组织文化可以帮助新员工尽快适应组织，使自己的价值观和组织相匹配。在组织变革的时候，组织文化也可以帮助组织成员尽快适应变革后的局面，减少因为变革带来的压力和不适应性。

★【链接5-3】

华为公司的"狼性文化"

华为公司非常崇尚"狼"，认为狼是企业学习的榜样，要向狼学习"狼性"，狼性永远不会过时。作为最重要的团队精神之一，华为的"狼性文化"可以用这样几个词语来概括：学习、创新、获益、团结。用狼性文化来说，学习和创新代表敏锐的嗅觉，获益代表进攻精神，而团结就代表群体奋斗精神。

华为公司总裁任正非创建了生生不息的华为文化，以企业文化为先导来经营企业，是任正非的基本理念，通过他的一些讲话可以帮助人们理解华为文化的内涵。任正非认为资源是会枯竭的，唯有文化才能生生不息。他说："人类所占有的物质资源是有限的，总有一天石油、煤炭、森林、铁矿会开采光，而唯有知识会越来越多。以色列这个国家是我们学习的榜样。一个离散了两个世纪的犹太民族，在重返家园后，他们在资源严重贫乏，尤其严重缺水的荒漠上，创造了令人难以相信的奇迹。他们的资源就是用聪明的脑袋，是靠精神和文化的力量，创造了世界奇迹。"

华为公司弥漫着战争文化的色彩，这主要得益于任正非在军队中对毛泽东、克劳塞维茨等军事家著作的研读。"农村包围城市""压强战术""以价格战狙击对手"等战术，都是"战争状态"下的自然产物。

自中共十三大提出"以经济建设为中心"以后，一方面，国家的基础弱，底子薄，财力有限；另一方面，又要求加快国民经济的发展速度，国家不得已采取了"市场换技术"的开放政策。这样做的结果就是，我国的企业一出生就面对一个被外资垄断的市场。

华为在1987年创立的时候，身处的正是这样的环境。另外，还有一个因素强化了华为等国内电信设备商的生死意识，那就是电信设备与大众消费品的区别，后者的市场过广，外资不可能一下子占完，而前者的市场空间本来就非常有限，加上县级邮电局，也不过几千个。这几千个客户，用的都是进口设备。在这种情况下，生存就意味着逼对手退让，发展就意味着削弱对手。削弱就是把对手的市场当作"骨头"啃下来，当作"炮楼"端下来。企业之间甚至员工之间的敌对状态是必然的。

为了增强员工的生存意识和生存能力，华为不停灌输各种概念："活下去是硬道理""为了市场销售增长所做的一切都不是可耻的""企业就是要发展一批狼""胜者举杯相庆，败者拼死相救""狭路相逢勇者胜"等。这些鼓动性很强的概念，经过任正非富有煽动力的讲话，使一线年轻员工很容易进入大无畏的精神状态，以令对手头晕的气势展开肉搏。随手一翻华为领导的内部讲话和宣传材料，感觉像重新回到战争年代。字里行间充斥着激情、鼓舞、煽动、号令和诱惑，任正非卓越的口才被公认为是这种传统的源泉。华为的"狼性文化"体现出以下几个特点。

一、远大的追求，求实的作风

一个企业的成功，根源于企业家的胆识和追求，在于企业家的价值观和胸怀，企业家依据自己的追求和价值准则建立公正的价值体系和价值分配制度，并凭借这一体系和制度吸引和积聚优秀人才，建立严密的、有高度活力的组织，形成有高度凝聚力和高度文明的企业文化。企业的生命周期是由企业的内部特征决定的。如果企业只卖产品，而产品又受到生命周期的这一客观规律制约，因而不能逃脱夭折的厄运，它们注定是短暂的。另一种企业是既卖产品又卖文化，因为文化的生生不息导致产品的柳暗花明，所以它们注定是长久的。而且，文化鲜明的民族特征能给一个企业带来持续推动力，企业文化必须是能体现一个民族远大追求的文化。以华为公司为例，其远大追求主要表现在三个方面：

（1）实现顾客的梦想，成为世界级领先企业。

（2）在开放合作的基础上独立自主和创造性地发展世界领先的核心技术和产品。

（3）以产业报国、振兴民族通信工业为己任。

一方面，强大的国家是强大企业的沃土，企业必须依靠国家作为后盾。另一方面，国家没有强大的、在国际上领先的企业群，经济就没有基础，从而政治上就没有地位。任何一个强大的企业，不管其所有制性质，都是国家经济实力的创造者，都是国家增强综合国力的源泉。企业要在经营活动中处处表现出爱祖国、爱人民、爱事业、爱生活的价值观念。

爱祖国不是空洞的口号，要成长为世界级公司，只能独立自主、自力更生地发展领先的核心技术体系和产品系列。华为公司的企业家和员工是有血有肉的凡人，他们既爱祖国、爱人民，又爱事业、爱生活、爱自己和家人。这样，就把远大的追求与员工的切身利益有机地结合，把"造势与做实"紧密地结合。

二、尊重个性，集体奋斗

坚实企业不搞偶像崇拜，不推崇个人主义，强调集体奋斗，也给个人以充分发挥才能的平台。高技术企业的生命力在于创新，而突破性的创新和创造力实质上是一种个性行为。这就是要求尊重人才、尊重知识、尊重个性。但高技术企业又要求高度的团结合作，今天的时代已经不是爱迪生的时代，技术和产品的复杂性必须依靠团队协作才能攻克。

华为公司是以高技术为起点，着眼于大市场、大系统、大结构的高科技企业。它需要所有的员工必须坚持合作，走集体奋斗之路。一个专业能力不足的人跨不进华为公司的大门，但融不进华为文化，也就等于丧失了在华为公司发展的机会。

坚实企业应该在组织上，特别是科研和营销组织上采取团队方式运作；在工作态度考评上强调集体奋斗、奉献精神；在工资和奖金分配上实行能力主义工资制，强调能力和绩效；在知识产权上，要保护个人的创造发明；在股权分配上强调个人的能力和潜力。

三、结成利益共同体

企业是一种功利组织，但为谁谋利益的问题必须解决，否则企业不可能会有长远发展。企业应该奉行利益共同体原则，使顾客、员工与合作者都满意，这里合作者的含义是广泛的，是与公司利害相关的供应商、外协厂家、研究机构、金融机构、人才培养机构、各类媒介和媒体、政府机构、社区机构，甚至目前的一些竞争对手都是公司的合作者。

华为公司正是依靠利益共同体和利益驱动机制，不断地激活了整个组织。

四、公平竞争，合理分配

价值评价体系和价值分配制度是华为公司之所以成功的关键，也是华为公司管理中最具特点之处。华为公司本着实事求是的原则，从自身的实践中认识到：知识、企业家的管理和风险与劳动共同创造了公司的全部价值，公司是用转化为资本的方式使劳动、知识、企业家的管理和风险的积累贡献得到合理的体现和报偿。职工只要为企业做出了长期贡献,他的资本就有积累;另外,不但创业者的资本有积累,新加入者只要为企业做出特殊贡献,他们的利益也通过转化为资本的方式得到了体现和报偿,使劳动、知识、管理成为一体,使分配更加合理。华为公司从以下四个方面力图使价值分配制度尽量合理:

(1) 遵循价值规律,按外部人才市场的竞争规律决定公司的价值分配政策。

(2) 引入内部公平竞争机制,确保机会均等,而在分配上充分拉开差距。

(3) 树立共同的价值观,使员工认同公司的价值评价标准。

(4) 以公司的成就和员工的贡献作为衡量价值分配合理性的最终标准。

在对待报酬的态度上,华为人的传统是不打听别人的报酬是多少,不要与别人比,想要得到高回报,把注意力集中在搞好自己的工作上,如果觉得不公平,不闹不吵、好合好散,到外单位折腾一段,觉得还是华为好,再回来,欢迎!从这一点上来看华为公司的文化,它是一种实事求是的文化,是一种建立在尊重价值规律和自然规律基础上的文化,是一种精神文明与物质文明互相结合、互相促进的文化。

正是由于华为公司的"狼性文化",受其熏陶的每个华为人都具备着华为精神:

(1) 吃苦耐劳精神。几乎每个华为人都备有一张床垫,卷放在各自的储存铁柜的底层或办公桌、计算机台的底下,外人从整齐的办公环境中很难发现这个细节。午休的时候,席地而卧,方便而适用。晚上加班,夜深人静,灯火阑珊,很多人却不回宿舍,就这一张床垫,累了睡,醒了再爬起来干,黑白相继,没日没夜。可以说,一张床垫半个家,华为人是携着这样一张张床垫走过8年创业的艰辛与卓越。颜色各异、新旧杂陈的一张张床垫,承载着华为人共同的梦想。床垫文化的意味也从早期华为人身体上的艰苦奋斗发展到现在思想上的艰苦奋斗,构成华为文化一道独特的风景。

(2) 敬业精神。什么人能做好工作?就是要有强烈的敬业精神,有献身精神的人,华为努力去发现这样的人。不具备华为文化,又不努力去学习华为文化,就不会成为这样的人。

(3) 艰苦奋斗精神。华为公司提倡思想上艰苦奋斗。思想上如何去艰苦奋斗呢?提高思想,提高认识,不断地学习,思想不断进步,这应该是艰苦奋斗吧,然而细想一下,这似乎还不够,还只是一般性的思想进步。怎样才算是艰苦奋斗呢?艰苦奋斗还应有一个目标,这应该是不断地超越自我。在体育比赛中,冠军的获得不会是因为他跳得很高,跑得很快,而应是在所有人中跳得最高,跑得最快。然而这个纪录如果他自己不去创新,那么过不了多久,就会被别人刷新。思想上的艰苦奋斗除了横向的比较外,还应该与自己纵向比较。你的思想不提高,别人的思想就会超过你,只有不断地超越自我,思想进步最快,这才算是思想上的艰苦奋斗。

因此可以说华为公司的"狼性文化"是华为凝聚力的源泉,也是华为公司不断前进的内在支撑。

二、组织文化的建设

(一) 组织文化建设的内容

组织文化建设的主要内容包括价值观建设、人本管理理念建设、管理制度与行为规范建设、组织良好形象建设等。

1. 价值观建设

价值观建设就是指组织内部管理层和全体员工对组织的生产、经营、服务等活动以及指导这些活动的一般看法或基本观点。每个组织的价值观都会有不同的层次和内容,成功的组织总是会不断地创造和更新组织的信念,不断地追求新的、更高的目标。在进行组织文化建设的过程中,要培育具有优良取向的价值观,塑造杰出的组织精神。

2. 人本管理理念建设

以人为本,全面提高员工素质是现代管理发展的重要趋势,人在组织文化建设中具有双重身份:既是文化建设的主体,又是文化建设的客体。在进行组织文化建设的过程中,要激励员工,发挥其积极性和能动性,最终实现个人目标与组织目标的一致性。

3. 管理制度与行为规范建设

组织文化的建设首先就是一种管理思想、管理模式、管理制度的建设,先进的管理制度与行为规范的建设是组织文化建设的基础,并在此基础上形成组织内部成员共同遵守的道德规范。

4. 组织良好形象建设

改善物质环境是塑造组织良好形象的途径,通过组织标志、产品包装、厂容厂貌、传播网络及纪念建筑等物质文化表达出企业的经营思想、经营管理哲学、工作作风等,形成自己的特色,树立良好的企业形象。

以上四个方面的组织文化建设构成了整个文化体系,集中体现了精神层、制度层和物质层之间相互依存、相互影响的关系,使其形成一个和谐统一的整体。

(二) 组织文化建设的程序

组织文化的建设是一个长期的过程,同时也是组织发展过程中的一项艰巨、细致的系统工程,具体需要经过以下几个步骤。

1. 选择合适的组织价值观标准

组织价值观是整个组织文化建设的核心,选择正确的组织价值观是建立良好组织文化的首要战略问题。选择组织价值观要立足于本组织的具体特点,根据自己的目的、环境要求、组成方式等特点选择适合自身发展的组织文化模式;要把握组织价值观与组织文化各要素之间的相互协调,因为各要素只有经过科学的组合与匹配才能实现系统整体优化。在此基础上,选择正确的组织价值观标准要注意以下四点。

(1) 组织价值观标准要正确、明晰、科学,具有鲜明的特点。

(2) 组织价值观和组织文化要体现组织的宗旨、管理战略和发展方向。

(3) 要切实调查本组织员工的认可程度和接纳程度，使之与本组织员工的基本素质相和谐，过高或过低的价值观标准都很难奏效。

(4) 选择组织价值观标准要发挥员工的创造精神，认真听取员工的意见，并经过自上而下和自下而上的多次反复，审慎地筛选出既符合本组织特点又反映员工心态的组织价值观标准和组织文化模式。

2. 强化员工的认同感

在选择并确定了组织价值观标准和组织文化模式之后，就应该把基本认可的方案通过一定的强化灌输方式使其深入人心，具体做法如下：

(1) 利用一切宣传工具和手段宣传组织文化的内容，使之家喻户晓，以营造浓厚的环境氛围。

(2) 培养和树立典型人物。榜样和英雄人物是组织精神和组织文化的人格化身与形象缩影，能够以其特有的感召力和影响力为组织成员提供可以仿效的具体榜样。

(3) 加强相关培训教育。有目的的培训与教育，能够使组织成员系统地接受组织的价值观并强化员工的认同感。

3. 提炼定格

组织的价值观和文化模式经过群众的初步认同，还需要进一步的分析、归纳和提炼方能定格，具体步骤与要求如下：

(1) 精心分析。在经过群众的初步认同实践之后，应当将反馈回来的意见加以剖析，详细分析和比较实践结果与规划方案的差距，必要时可听取有关专家和员工的合理意见。

(2) 全面归纳。在系统分析的基础上，进行综合化的整理、归纳、总结和反思，去除那些落后或不适宜的内容和形式，保留积极进步的形式和内容。

(3) 提炼定格。把经过科学论证的和实践检验的组织精神、组织价值观、组织伦理和行为规范予以条理化、完善化、格式化，再经过必要的理论加工和文字处理，用精练的语言表达出来。

4. 巩固落实

要巩固落实已提炼定格的组织文化，至少需要以下两个方面的保障：

(1) 必要的制度保障。在组织文化演变为全体员工的习惯行为之前，要想使每一位成员都能自觉主动地按照组织文化和组织精神的标准去行事，几乎是不可能的。即使在组织文化已成熟的组织中，个别成员背离组织宗旨的行为也是经常发生的。因此，建立某种奖优罚劣的规章制度是十分必要的。

(2) 领导的率先示范作用。组织领导者在塑造组织文化的过程中起着决定性的作用。他的看法和观点会影响员工，他的行为更是一种无声的号召和导向，对广大员工会产生强大的示范作用。任何一个组织如果没有组织领导者的以身作则，要培育和巩固优秀的组织文化是非常困难的，因此领导者肩负着带领组织成员塑造优秀组织文化的历史重任。

5. 不断丰富和完善

任何一种组织文化都是特定历史的产物。当组织的内外条件发生变化时，组织必须不失时机地丰富、完善和发展组织文化。这既是一个不断淘汰旧文化和不断生成新文化的过程，也是一个认识与实践不断深化的过程。组织文化由此经过不断的循环往复以达到更高的层次。

三、组织文化的传播

没有传播就没有文化。人类的文化现实和文化遗产，是由于传播的存在才得以实现的，文化的共创和共享借助于传播才得以完成。离开传播，文化不可能形成，更谈不上文化的发展。如果不能有效地利用各种传播媒介，遵循传播沟通的基本原则，就不可能完成创立组织文化这项工程。组织文化常用的传播媒介为印刷媒介、电子媒介和其他媒介。

（一）印刷媒介

组织文化传播的印刷媒介包括组织报刊、社会报刊、文件与简报、组织简介小册子、商标和产品包装、组织函电、组织档案等，这些印刷媒介中有些可以直接看到组织经营理念、共同愿景、核心价值观等文化要素。组织在设计出版这些印刷媒介时，应该注意与组织文化的一致性，千万不要与组织文化相抵触、相冲突。

1. 组织报刊

组织报刊是指组织报纸和组织定期或不定期（以月、季、年为时间单位）出版的刊物，包括组织的季度总结、年鉴等在内。组织报纸可以说是组织文化媒介中适应性最强、最有活力的印刷媒介。组织报刊的最大特点是信息量大，能够进行阶段性的文化评估和总结，全方位地涉及文化的各个层面。不足之处在于时效性差，对文化的动态反应不敏捷等。

2. 社会报刊

利用社会大众传播媒介，是组织需要给予特殊关注的。公共媒介对组织的报道是有选择的，不是见事就报。是否有新闻价值是公共媒介选择新闻事实的标准。

3. 文件与简报

文件与简报是由上层传达到下层的，有时在组织中层就中止了，文件与简报的区别在于文件主要是为组织文化服务，简报往往服从于组织经营发展的需要。它们都是不定期公布发行的，比较灵活机动。由于出自高层领导，它们还具有行政约束力。文件与简报对组织变动和经营状况的反应具有连续性，为组织文化和经营文化的发展提供了准确和详尽的资料。

4. 组织简介小册子

组织简介小册子有对内、对外两种功能。对内它可以让组织人了解组织的过去、现在和未来的发展；对外是它的主要职能，它向社会宣传组织的发展规划，让人们了解组织的实力，为经济合作提供参考。组织简介小册子要印刷精美、图文并茂，有时还需有主要产品的图片和规格说明。在大组织中，产品小册子是单独发行的，并不与组织简介小册子放在一起介绍。

5. 商标和产品包装

商标和产品包装直接反映企业的视觉识别设计（AI），随同产品一同进入社会，反映企业文化。商标是品牌标签，是质量、形式的反映。企业创品牌，消费者看商标，通过商标认识品牌。尽管品牌有名气，没有商品味、艺术化的商标体现，两者不相称，那么也会削弱品牌的魅力。因此在重视产品商标的同时，也要注重产品包装。

6. 组织函电

组织的函电往来是很多的，形式也繁多，如邀请信、慰问信、慰问电、祝贺电、感谢信、致谢信、道歉信、征求意见书、讣告、唁电等。如果说有相当多的组织在函电中格式不准确、措辞失当，并不是夸大事实。组织函电也是组织文化的重要体现。

7. 组织档案

组织档案从内容上分，可以分为组织成员档案和组织发展档案。组织成员档案为组织文化建设提供最初的人才信息资料。组织发展档案是组织经营状况的信息储存，它是最全面反映发展的宝贵资料。创立组织文化的第一步程序——调查分析阶段，最初的工作就是从整理组织档案信息开始的。组织档案是组织的历史，组织档案的散失意味着割断了组织过去与今天的联系。它提供的经验与教训，可以使我们的组织文化创立工作少走许多弯路。

（二）电子媒介

组织文化传播的电子媒介包括组织电台、组织电视台、电子显示屏以及组织网站。

1. 组织电台

在组织报纸、电台、电视台这三种媒介之间比较，组织电台的普及率是最高的，这与它价格低廉、安装简便有关。组织文化的倡导者如果觉得有必要，而且紧急的话，可以在5分钟之内把信息传播到听众那里。从传播信息的速度来说，广播是最快的，从传播频次上看，也是最多的，早、中、晚都可进行广播。

2. 组织电视台

组织电视台是最受重视的传播媒介，每年在这里投入的资金也是最多的。其图文并茂、生动形象等方面的传播优势也为组织所认可。不要将组织电视台当成一个卫星电视转播站，或者建成一个录像放映点，而是应多从组织文化建设的角度利用电视台。电视台可以举行知识竞赛、辩论赛、组织典型和劳模宣传、组织普通员工上屏幕谈对组织的看法等，还可以利用电视台培训员工。形式可以多样化一些，这样才能充分发挥电视台作为创立组织文化传播媒介的功能。

3. 电子显示屏

电子显示屏在组织中作为传播媒介，商业组织的普及率远远大于生产组织。在一些大商场，我们能看到悬挂在醒目位置的电子显示屏，它们频繁地显示出在什么地方可以购买到某类商品，以及组织精神、价值观、广告等。比较一下大商场之间的电子显示屏，可以看出在使用手法上就有高低之分。如果仅仅告诉顾客可以买到什么，那么电子显示屏仅起到导购的功能。一家商业集团提出"联退联换"的口号，并在报刊、广播、电台广泛向社会宣传，在电子显示屏上也说"不满意就退货"。假如说在社会大众媒介的口号是一种宣传的话,那么在电子显示屏上对顾客显示就无疑是当面的承诺。大众媒体面对的是潜在顾客,而电子显示屏面对的是具体真实的顾客。前者是组织借助于某种媒介说话,与顾客有一定距离;后者则是面对顾客直接发言。因此,利用电子显示屏宣传组织文化时,最重要的是宣传顾客权益,其次才是商场如何对待顾客。

4. 组织网站

网站是组织宣传自己、加强组织内外部沟通的重要手段,也是组织文化传播的重要媒介。组织不仅可以在网站的重要位置设专栏进行组织文化宣传,宣传介绍组织的文化,介绍文化组织的英模事迹;而且应该在组织网站的风格设计、结构设计等方面体现组织文化的要求。

(三) 其他媒介

组织文化传播的其他媒介包括会议、宣传栏、板报、赞助以及培训。

1. 会议

从传播的角度来看待会议,会议是非常好的传播媒介。它主要有三个优点:第一,直接面对面传播,信息传播一次到位,减少传播的噪声干扰频次和信息误差;第二,传播者与受传者容易沟通,情感表达更充分,信息反馈最快;第三,灵活机动性强。

2. 宣传栏

组织宣传栏一般建立在人群集中的地方。它的主要功能是宣传教育,有时也用来通知某项信息。表彰与批评是宣传栏的主要工作。树立典型,以典型对员工进行精神激励;批评错误,对员工进行反面教育。在一些组织,读报栏与宣传栏并在一起,让员工在了解组织信息的同时了解社会信息。

3. 板报(包括黑板、白板、打印塑料展板、电子屏)

板报是组织各部门常用的媒介之一,它的影响范围局限在部门内部,对组织总体影响很小。但板报是部门最好、最方便的媒介。通知某些活动,对某些工作进行安排,板报是非常有效的。

4. 赞助

提起赞助,组织可能会感到困扰,面对社会各种名义的赞助,组织领导者看到的是各种社会关系,没有能力或不愿赞助,而又不能说"不",组织领导者有时不得不"失踪"回避。这种状况,有待于通过社会机制的调整与改革及组织经营机制的完善来改变,但由于被赞助者会通过某种途径宣传组织,组织赞助还是有一定宣传作用的。

5. 培训

组织培训工作也是组织文化传播的重要媒介。很多组织在新员工培训时首先要做的就是组织文化培训。组织在文化创建阶段以及重大的文化转型阶段,也需要进行大规模的全员的文化宣传培训工作。最后,在员工的技能培训、管理培训工作中也要体现出组织的文化要求。

第六节　组织变革

组织在发展过程中会面对不断改变的外部环境和内部条件，这一变化往往使得原有的组织不能适应新的环境，组织的效率开始下降。这时，组织为了适应外部环境和内部条件的变化，必须对原有组织进行较大范围的改变和革新，同时运用有效的组织发展技巧来改进组织的效率，这就是组织变革与发展问题。

一、组织变革的原因及方式

（一）组织变革的原因

一个组织要能够自下而上、发展壮大，并不断地趋于成熟，不断取得成就，就必须依据外部环境及内部条件的变化而适时调整其目标与结构，不能一成不变。组织为适应外部环境及内部条件的变化，需要对组织的目标、结构及组成要素等适时而有效地进行各种调整和修正，即实行组织变革。

1. 组织外部环境的变化

组织是从属于社会大环境系统中的一个子系统，因此，它无力控制外部环境，而只能主动适应外部环境。适者则生存、发展，违者则衰败、灭亡，这就是市场竞争的法则与必然结果。在组织外部环境的变化中，有以下几个方面会导致组织的变革：

（1）科学技术的进步。
（2）国家有关法律、法规的颁布与修订。
（3）国家宏观经济调控手段的改变。
（4）国家产业政策的调整与产业结构的优化。
（5）国际、国内经济形势的变化。
（6）国内政治形势及政治制度的变化。
（7）国际外交形势及本国外交政策的变化。
（8）国际、国内市场需求的变化及市场竞争激烈程度的加剧。

2. 组织内部条件的变化

组织内部条件的变化有以下几个方面：

（1）管理技术条件的改变。
（2）管理人员的调整与管理水平的提高。
（3）组织运行政策与目标的改变。
（4）组织规模的扩张与业务的迅速发展。
（5）组织内部运行机制的优化。
（6）组织成员对工作的期望与个人价值观念的变化等。

以上这些都会影响到组织目标、结构及权力系统等的调整和修正，从而引起组织的变革，而且有些变革是全面而深刻的。比如，当汽车制造厂的产品单一且规模较小时，它往往实行的是集权型的直线职能制的组织结构，而当产品品种增多，市场变化加快，且生产批量急剧扩大时，直线职能制的组织结构显然不能够适应，这时必须建立分权型的事业部制，这是组织结构的一种质的改变。

当组织的管理水平提高后，就有可能会减少管理层次，大幅度地精简管理机构和管理人员，重新设置组织机构，重新划分职责范围，重新进行分工，并且同时会对管理人员的素质提出更高的要求，很显然，这是一场极其深刻的、全方位的、多层次的、意义深远的组织变革。

当一个组织的业务技术变得更加复杂时，它的专业化与协作水平要求就更高，整个管理工作就变得更加复杂。此时，组织机构就相应的复杂起来，主要表现在特别重视职能部门的建设，专业化的职能管理部门增多，而且对人员的素质要求是精而专。此外，横向协调机构和综合性的管理部门需要整合和集中。这是现代组织在科技进步的推动之下，在组织与管理方面所表现出来的一种新趋势和新特点。

★【链接5-4】

重组 IBM

即便是管理良好的公司也需要经常调整组织结构。事实上，通过重组来使公司适应环境的变化，可能是管理状况良好的兆头。

当 IBM 公司的绩效不如所期望的那么好时，董事长约翰·阿克斯决定重新调整公司结构。问题之一就是，原本应由市场部门和主要产品部门决定的事情都被提交到管理委员会上讨论。另一个所关注的问题就是，IBM 公司在寻找自己的市场化地位并且用新产品迅速做出反应，以满足客户的需求。此外，原有的结构常常会导致各个不同的人员之间的摩擦，例如不同的竞争性产品群之间的竞争作战。

为克服这些问题，IBM 以几种方式做出了反应。首先，对大型的工作进行了分配并把职权分配给较低层，结果出现了许多微型 IBM 公司。例如，个人计算机同打字机部合并。与此类似，中型计算机部与大型计算机部结合。尽管大型计算机仍旧是市场的主导，但其市场份额也在跌落，因为它的一些功能现在由中型计算机来承担。

重要的组织机构调整需要管理职位和人员上的变化，因擅长解决问题而著名的特里·劳顿巴赫被赋予管理六个新建的市场部和主要产品部的责任。一段时间以前，《财富》杂志关注到美国公司中一些试图进入管理高层的女性遇到的困难。但是，在 IBM 公司改组之后，艾伦·汉考科女士成为美国公司中权力最大的女性之一。

3. 组织成员的期望与实际情况的差异

管理学家华尔顿认为，成员的期望与组织的实际情况之间至少有六点差异：

（1）成员希望得到富有挑战性并能促进个人成长的工作，但组织仍然倾向于工作简化以及专业化，因而限制了成员的成长与发展。

（2）成员逐渐倾向于能够相互影响的管理模式，他们希望得到平等相待，但组织仍然以等级层次、地位差别和指挥链为其特性。

（3）成员对组织的承诺，逐渐表现为工作本身所能产生的内在利益、人性的尊严和对组织产生的责任，而实际上组织仍在强调着物质的报酬、成员的安全，忽略了成员的其他需要。

（4）成员希望从组织的职位中获得的是目前即刻的满足，但组织当前所设计的职位阶层及职位升迁系统，仍然是假设成员是如同从前一样，期望获得事后的满足。

（5）成员更加关注组织生活的情感方面，比如个人的自尊、人际间的坦诚与温情的表现，但组织仍强调理性，不注重组织的情感方面。

（6）成员正逐渐缺少竞争的动力，但经理人员却仍然以成员过去所习惯的高度竞争的方法来设计职位、组织工作以及制定报酬制度等。

4. 管理者作为变革推动者

在组织变革过程中承担变革过程管理责任的人，称为变革推动者。他们是组织变革的"催化剂"。任何管理者都可能成为变革推动者，如组织内的职能专家。而非管理者也可能成为变革推动者，如外部的咨询人员。在进行系统范围的大变革时，内部管理当局还会经常聘请外面的咨询人员提供建议和协助。

★【链接5-5】

变革领导者应具备的素质和技能

要进行变革，团队领导者就需要有更高的领导才能以及较强的管理资源的能力。一个变革领导者需要具备怎样的素质和技能，对此并没有确切的说法。以下素质和技能是得到绝大部分专家认可的。

（1）开放的思维和改变自己的愿望。变革领导者需要有开放的思维，能够接受新的想法、不同的观点和可能的解决办法。要让其他人做出变革，先要在很多方面改变自己：假设——找出其他人真正思考和相信的事情；观察——站在别人的立场看变革的利与弊；风格——少说多听，对变革持开放态度。

（2）灵活性。领导者需要灵活地对待不断变换的环境、人们的观点和领导别人的方式。

（3）能够激励他人。需要有正义感、热情、乐观，有时还要有激情。

（4）能够影响他人。通过树立榜样引导他人，通过倾听他人的想法和互换立场考虑得失以及接受意见等，建立自己与团队成员的信任关系。

（5）毅力。即使在矛盾重重、无路可走得艰难时刻，仍要继续坚持。

(6) 给予支持的能力。能够预见人们的不同反应,并了解人们应对变革的周期。要帮助人们顺利渡过变革。

(7) 交流技能。沟通要及早、清晰、时常、真诚,同时需要积极倾听他人的观点;提出问题与人们讨论,引出信息并对他们的观点提出质疑;提倡、宣扬团队对变革的支持。

(8) 处理困难局面的能力。在变革过程中,不可避免地会面临并处理冲突和难题。

(9) 终身学习。终身学习包括广泛接受新思想、新办法,并愿意进行学习。支持终身学习的习惯有:冒险——愿意改变自己舒适的现状;谦虚的自我反省——客观评估自己的成功和失败;听取意见——从他人处获得信息和想法,认真倾听;吸收新的想法——用开放的思想探寻生活。

(二) 组织变革的方式

组织针对现存的问题和面临的内外环境变化,以及所选定的组织变革方向目标和变革内容,需要采取适当的方式对现有组织进行切实的改造和变革。组织变革的方式,可以从多种不同的角度进行划分。组织在选择变革方式时,需要本着权变与适用的原则,还必须根据所处的具体形势条件而采用相应的组织变革方式。

1. 量变式与质变式

按照变革的程度,变革方式可以分为量变式与质变式两种。

(1) 量变式。量变式是以改变组织机构和人员的数量为主的一种变革方式。变革的重点在于增设或撤销部门单位,增加或减少管理人员等。这种变革简单易行,适于在组织关系结构、责权体制、行为规范等方面都基本适宜的情况下,用于解决机构臃肿、人员过多、管理费用开销过大等较为单一的问题,对管理职能强弱的调整也有一定的效果。但这种变革,因为只涉及组织中的表层问题,是以控制管理组织的规模为主要目的的变革。

(2) 质变式。质变式是以解决组织的深层次问题为重点的,能使组织效能和内部关系发生根本变化的一种变革方式。针对质变的广度区分,它可以是局部性的,也可以是全局性的。某个部门的组织形态发生的影响程度,不仅取决于这一部门在整个组织中所处的地位,同时还与它同其他部门联系的紧密程度有关。一个部门在组织中所处的地位越靠中心,与其他部门的联系越紧密,那么它对整个组织变革的影响也就越大。再从质变的深度来看,质变可以发生于组织中较浅的层次,也可能发生于较深的层次。越是深层次的变革,越要涉及基本价值观念和制度体系的改变。

2. 正式关系式、非正式关系式和人员式

按照变革的对象,变革方式可以分为正式关系式、非正式关系式和人员式三种。

(1) 正式关系式。正式关系式是以组织中经过正式筹划的为实现组织的目标而围绕着工作任务展开的人与人或人与机之间的关系作为变革对象。所谓变革对象,主要是通过管理机构和管理体制的设计和再设计实现的,具体包括职位和部门组合、工作程序设计、等级层次划分、横向联系手段及职责权限分配等。

(2) 非正式关系式。非正式关系式是以组织中未经正式筹划而产生的相互影响和相互作用的关系为变革对象,具体技巧和方法包括相互交往分析、敏感性训练、群体发展、组织会议、人事调整等。

(3) 人员式。人员式是以改变组织成员的知识、技能、态度、价值观等为对象,具体变革策略包括各种管理发展和教育培训计划。

3. 主动思变式和被动思变式

按照变革的力量来源不同,变革方式可以分为主动思变式和被动思变式两种。

(1) 主动思变式。主动思变式的动力源于组织内部,而且是在事先预见的基础上做出变革的决策。由于组织变革通常需要较长的一段时间才能产生效果,组织若能在危机来临之前就着手进行组织变革,就可以避免组织在大幅度滑坡或者生死存亡之际,仓促地进行组织改组。

(2) 被动思变式。被动思变式是在迫于外部压力的情况下产生的,如由于经济绩效不佳的压力以及宏观行政干预和政治环境的压力而进行的组织变革,这些都是被动的而不是主动的,是应变的而不是思变的。

4. 突变式和分段发展式

按照变革的进程,变革方式可以分为突变式和分段发展式两种。

(1) 突变式。突变式是在短时间内一次性地变革组织。这种变革方式雷厉风行、一次到位,解决问题迅速,但由于涉及面广,速度快,容易引起社会心理动荡,并招致成员抵制。特别是当其他配套措施未能及时跟上时,容易造成疏漏,甚至半途夭折。因此,内容广泛而又深刻的突变式变革,除非是危机之际对变革的要求十分迫切,否则必须在成员社会心理承受能力和国家政治条件都允许,并做了认真准备和周密计划的基础上进行。

(2) 分段发展式。分段发展式既不是迅猛的革命,也不是逐步的演变,而是在对组织现状和内外条件的全面论断及综合分析的基础上,有计划、有步骤地逐个实现变革的分阶段目标,最终促成变革总目标的实现。

这种变革的优点是可以随时加以调整,因为它是分阶段进行的,每阶段目标实现后还可以及时总结经验教训,修正和完善下一阶段的目标。将总目标分解为若干具体目标分阶段实施,可以逐步释放变革可能引起的震荡,提高成员对变革的承受能力。但这种变革见效比较慢,因为分阶段实现变革总目标需要较长的时间,再加之前后阶段变革的相互联系和相互制约,使每一阶段变革的效果未能很快地发挥出来,甚至可能产生某些副作用。因此,这种变革一般适用于发生重大变故,需进行广泛、深入、大规模的组织变革,而内部承受能力和外部条件还不能立即适应的情况。采用这种变革方式要注意使每一阶段的变革服从于总体变革的需求,并把各阶段之间的变革有机地衔接起来,以保证有效地实现变革的总目标。

5. 强制式、民主式和参与式

按照变革方案的形成过程，变革方式可以分为强制式、民主式和参与式三种。

（1）强制式。强制式是指变革涉及者不参加变革方案的制定过程，这样形成的变革方案往往需要通过强制命令来付诸实施。

（2）民主式。民主式是与强制式截然相反的方式，是指在变革的有关人员相互协商的基础上形成变革方案。

（3）参与式。参与式又称民主集中式，是在变革方案形成过程中，既广泛地动员各层次的人员参与，又对人们的思想观念有意识地加以引导，以便尽快地形成统一的方案。

这三种方式具有不同的效果。采取强制式，变革方案的制定过程比较短，但由于有关人员对变革没有事先准备，推行中可能面临很大的阻力。民主式是在有关人员对变革有充分的思想和能力准备后，才开始实施的变革方案，推行中的阻力较小，但变革形成过程历时很长，因而整个变革见效较慢。参与式的主要特点是将变革方案的实施与制定过程融合起来，在制定变革方案时，就充分考虑推行所需的各种条件，如变革的时间紧迫性、变革人员的权威以及减少阻力的需要等，所以其特点介于强制式和民主式之间。

6. 自上而下式、自下而上式和上下结合式

按照变革的起始点，变革方式可以分为自上而下式、自下而上式和上下结合式三种。

（1）自上而下式。自上而下式是先从变革中、上层管理组织入手，再扩展到整个组织。自上而下式的变革便于对总体组织做出调整，但其涉及面大、范围广，需要进行周密的计划，而且从减少阻力方面考虑，宜限于较浅层次的变革。

（2）自下而上式。自下而上式是先从基层组织的变革入手，再考虑中、上层组织的变革。自下而上式便于"分块"进行变革，待收到局部效果后再扩充到整个组织，不过，由于组织中许多问题往往相互牵扯，所以会拖延变革的进程。

（3）上下结合式。上下结合式是对组织的上下各方面同时进行组织变革。鉴于组织是一个由高、中、基层构成的有机整体，通常的组织变革推行过程需要将上下各方面结合起来统筹安排。

上述对变革方式所做的区分是相对的，它们在实际应用中可以相互融合。组织变革不能绝对地采取某一种方式，而应根据实际的情况灵活地、综合地运用，充分发挥它们各自的功效，以便使它们取得整体最佳的变革效果。

二、组织变革的实施

（一）组织变革的程序

组织变革是牵涉面广、工作量大、十分敏感而复杂的系统工作，必须进行全面的规划与设计，制定科学的程序，逐步实施。组织变革的程序大致可以分为以下几个步骤。

1. 组织诊断，发现变革征兆

诊断必须要有针对性，要通过各种资料收集的方式，对组织的结构、程序、信息与控制

行为等进行诊断。组织诊断就是依据和运用科学方法,对组织现状、存在的问题进行分析和界定的过程。从中找出导致组织或部门缺乏活力、效率低下的具体原因,并确定需要进行整改的部门和人员。

2. 分析变革因素,制定变革方案

组织诊断任务完成之后,就要对组织变革的具体因素进行分析,并在此基础上制定组织变革的行动方案。变革方案确定了组织变革的框架、目标、步骤、途径,它是实施组织变革的重要依据。其内容主要涉及变革目标的选择、变革的战略与方法、变革资源的分配和利用等。组织变革方案制定的关键在于方案的可行性,包括政治上、经济上和技术上的可行性。

3. 选择正确的变革方案,实施组织变革

实施组织变革就是将组织变革的方案或计划付诸行动。实施组织变革的关键在于选择适当的变革时机、变革途径和变革规模,营造良好的变革氛围,做到有计划、有步骤、有控制地进行。当变革出现某些偏差时,要有备用的纠偏措施及时纠正。

4. 评估变革效果,及时进行反馈

变革结束之后,管理者必须对变革的结果进行总结和评价,及时反馈变革信息。对于没有取得理想效果的变革措施,应当给予必要的分析和论证,然后再做取舍。

(二) 组织变革的阻力及排除

1. 反对组织变革的原因

一般来说,组织的变革,哪怕只是做小小的改变,也总会有人反对。而有时反对某种变革,并非有正当的理由,仅仅是因为内心莫名其妙地恐惧和害怕。

那么,人们是基于什么原因而反对组织的变革呢?传统的看法认为,技术的因素可能是最基本的理由,认为技术的改变与进步将会导致他们失业。然而根据劳伦斯的研究,人们反对变革的理由与其说是技术的,不如说是人性与社会的因素,人们之所以抵制变革,不外乎是认为变革威胁了他们的安全,减少了经济收益,影响了他们对所处环境的感觉、情绪与文化的价值。人们反对变革的原因,归纳起来有以下几个方面:

(1) 历史的惯性和惰性。变革的阻力有很大一部分是来自人类本性中的惰性,人们总习惯于"惯例"或"他们自己的方式"中,总有安于现状的思想,对变革有一种天然的抵制情绪。因为人们已习惯于原有的管理制度、作业方式、行为规范,任何变革都将会使他们感到不习惯、不舒服、不自然,都将会威胁到原有的内心平衡,从而产生恐慌感。他们宁愿抱残守缺,也不愿尝试变革,结果往往导致组织丧失变革的最佳机遇,等到组织非变革不可的时候,变革的成本就增加了。

(2) 变革使已知的东西变得模糊不清和不确定。在组织中员工对不确定性有一种厌恶感,它会使员工感到恐慌和不安。

(3) 变革威胁到现有的地位和利益。人们在口头上都是拥护变革的,生怕被人扣上一顶守旧派的帽子,当变革不触及他的切身利益,甚至有可能增加他的利益时,他会由衷地拥护和支持。但一旦变革将有可能损害他的现有利益时,他出于对自身安全的保护,就会极力反对变革。比如，变革之后，有可能导致他的权力缩小，在组织中的地位降低，或他的劳动强度加大，工作的自由度减弱，或要求他重新学习新的技术和新的知识，甚至有可能导致他失业时，他就不愿变革。这些是变革中发生正面冲突的主要原因。

（4）未看清未来的发展趋势。有时人们之所以反对变革，是因为对未来的发展趋势缺乏清醒的认识，对环境给组织造成的压力认识不足，总觉得组织目前所处的环境还相当不错，足以应对任何挑战，因此，人们对未来的看法普遍是盲目的。很显然，在这个时候提出组织变革的问题似乎是多此一举，不合时宜。因为，人们对变革还缺乏一种应有的紧迫感。在这种情形下，人们从情感到行动都会表现出对一切的变革毫无疑问地加以拒绝。这种盲目性往往会给组织未来的发展埋下灾难和不幸。

（5）对发起变革的人怀有成见。有时人们之所以反对变革，并不表示他们反对变革本身，而是因为对发起这场变革的人怀有成见，看不顺眼，由此反对变革。其实，这一类人对变革本身并不充分了解，但只要看到的是由他所不喜欢的人发起了这场变革，从情感上接受不了，有一种强烈的抵制情绪。因此，在进行组织变革时，要注意选择容易为大多数人所接受的人选，以减少变革的阻力。

（6）心理上的障碍。有些人之所以反对变革，主要是由于对变革存在心理上的各种障碍，最主要的表现有：懒的心理，多一事不如少一事，不改不变最省事；稳的心理，生怕变革中出乱子，以致会丢乌纱帽；怕的心理，怕担风险，怕变革失败，怕受人指责；等的心理，想等上面推着改，想等人家搞出一套成熟的经验后再改。总之，不想做先行者，不愿当出头鸟，对待组织变革没有信心，没有热情，没有冒险意识，没有敢闯精神，时时事事显得小心翼翼，谨慎有余，缺乏一种改革的勇气和必要的心理承受能力。

（7）反对者一般认为变革并不符合组织的目标和最佳利益。要是一个员工相信变革的推动者所提倡的变革将会使组织朝不好的方向发展或偏离原来的目标，那他就极有可能反对这项变革。如果这个员工能正面地表达他的反对意见，则这种形式的阻力就有可能对组织有益。

2. 排除组织变革阻力的方法

组织的变革往往是大势所趋，不以人的意志为转移，但还是要注意组织变革中的艺术性，积极地创造条件，采取措施，消除阻力，保证组织的变革顺利进行。排除组织变革中阻力的方法有以下几点：

（1）保持公开性，增加透明度。对于组织目前所处的运行环境、所面临的困难与机遇等，要开诚布公，从而使组织上下达成共识，增强变革的紧迫感，扩大对变革的支持力量，使组织变革有广泛而牢固的群众基础，这是保证组织变革得以顺利进行的首要条件。

（2）相互尊敬，增进信任。有的变革者总认为人们都会抗拒变革，个个都因循守旧。实际上，几乎每个人都急切地希望生活和环境中发生某种类型的变革。只要我们对变革的力量合理地加以因势利导，及时增进相互的沟通与尊重，变革的阻力就会减少。

（3）加强培训，提高适应性。要通过自上而下的培训教育，使大家学习新知识，接受新观念，掌握新技术，学会用新的观点和方法来看待和处理新形势下的各种新问题，从而增强对组织变革的适应力和心理承受能力，增进他们对组织变革的理性认识，使他们自觉成为改革的主力军。

（4）起用人才，排除阻力。要大胆启用那些富有开拓创新精神、锐意进取、目光远大且年富力强的优秀中青年人才，把他们充实到组织的重要领导岗位，为顺利地实施变革提供组织保障。人事变革既是组织变革的重要内容，又是确保组织变革成功的重要条件。

（5）吸收反对者参与变革。一个人要是参与了变革的决策，他就不容易形成阻力。因此，在决定变革之前，需要将持反对意见的人吸收到决策中来。假如参与者能以其专长为决策做出有益的贡献，那么他们的参与就能在降低阻力、取得支持的同时提高变革决策的质量。不过，这一方法的缺陷就是耗时较长，且花费较大。

（6）注意策略，伺机而动。变革要选准时机，把握好分寸，循序渐进，配套进行。变革是革命，但不等于蛮干，要特别注意策略和艺术。成功的变革不仅在于增进组织的效率，维持组织的成长，同时也在于提高组织成员的工作士气，满足成员的合理欲望。

因此，在变革前应详细分析可能发生的各种问题，预先采取防范措施，从而为组织创造最佳的变革环境与变革气氛。当组织变革的大政方针决定以后，策略和艺术就成为保证变革成功的生命所在。

本章小结

（1）组织设计是组织工作中最重要、最核心的一个环节，它着眼于建立一种有效的组织结构框架，对组织成员在实现组织目标中的分工协作关系做出正式、规范的安排。有效的组织设计必须使组织结构与特定的情景条件相一致，也就是必须遵循权变设计的原则。环境、战略、技术、规模和组织的成长阶段，这些都是影响组织设计的主要权变因素。权变因素的变化或变迁，则提出了组织再设计的要求，从而引发了组织变革的过程。

（2）组织中分化和整合的方式不同，形成了不同的组织设计或组织形式，归纳起来，主要有直线型、职能型、直线职能型、事业部型、矩阵型和网络型这几种常见的组织结构形式。

（3）由于管理幅度的客观限制，组织必然会在纵向上表现或多或少的管理层次，这种层次划分就形成了组织的"高耸"型与"扁平"型结构。尽管组织扁平化是现代组织设计的一种趋势，但管理层次的缩减本质上依赖于管理幅度的拓宽。而有效的管理幅度是由主管人员的能力、下属人员的素质、工作的性质和条件及外部环境等多方面因素共同决定的。

（4）现实运行中的组织往往是正式组织与非正式组织并存的。正式组织与非正式组织之间存在着相互影响的作用，组织的管理者必须以正确的态度来对待非正式组织。

（5）集权与分权反映组织中决策权限的集中与分散程度。组织在配置决策权限时不能过分集中，也不能过于分散，而应该遵循集权与分权有机结合的原则。绝对的集权与绝对的分权，都是不可取的。组织需视具体情况的不同来确定集权与分权的最适合的程度。

(6) 职权是指组织中各个职位所拥有的正式的、合理合法的权力。在职权关系上,有直线职权与参谋职权两个不同的概念。这对概念同直线部门与参谋部门的概念有一定的联系,但在本质上是不同的。组织的直线职权不仅发生在直线部门内部,也可能发生在参谋部门内的上下级关系中。参谋部门对于直线部门的职权,即通常所说的参谋职权,可以有建议权、强制协商权、共同决定权、职能职权等几种不同的形式。

(7) 组织在设置组织结构时,必须正确处理分工与协调的关系,既要有分工又要有协作,既要保持组织精干又要使组织高效。

(8) 人员配备是组织设计的延续。人员配备要完成其相应的任务,必须遵循相应的原则;只有通过管理人员的选聘才能为组织配备合适的人员,也只有通过考评才能正确地评估和考核管理人员,通过培训才能发展和提高管理人员的素质和能力。

(9) 组织文化是指组织在长期的生存和发展中所形成的、为组织所特有的,且为组织多数成员共同遵循的价值标准、工作作风、基本信念、行为规范等的总和。组织文化在组织经营管理中发挥着重要功能,主要有导向功能、约束功能、凝聚功能、激励功能、辐射功能、调适功能等。

(10) 组织变革是在动力与阻力的此消彼长中逐渐推进的。管理者要采取有效的措施改进这两种力量的对比,促进组织变革的顺利进行。

重要概念

组织 组织设计 管理幅度 管理层次 正式组织 非正式组织 集权与分权 直线职权 参谋职权 分工与协调 人员配备 "彼得"现象 组织文化 组织变革

复习思考题

1. 组织设计时要考虑哪些主要因素?
2. 设计管理幅度时应考虑哪些因素?
3. 管理幅度与管理层次的关系如何?
4. 非正式组织对正式组织有哪些作用?对非正式组织应怎样进行管理?
5. 有效的管理要求适度的集权与分权,怎样才能使集权与分权合理地组合?
6. 为什么长期以来一直有许多公司存在直线与参谋的矛盾?这种矛盾能否消除?
7. 外部招聘与内部晋升各自有何优缺点?
8. 什么是"彼得"现象?为什么会出现"彼得"现象?如何防止"彼得"现象的出现?
9. 如何塑造一个组织的组织文化?
10. 反对组织变革的原因有哪些?如何排除组织变革的阻力?

案例分析

案例一　通用汽车公司的组织结构变革

当杜邦公司刚取得对通用汽车公司的控制权的时候，通用汽车公司只不过是一个由生产小轿车、卡车、零部件和附件的众多厂商组成的"大杂烩"。这时的通用汽车公司由于不能达到投资人的期望而濒临困境，为了使这一处于上升时期的产业为它的投资人带来应有的利益，公司在当时的董事长和总经理皮埃尔·杜邦以及他的继任者艾尔弗雷德·斯隆的主持下进行了组织结构的重组，形成了后来为大多数美国公司和世界上著名的跨国公司所采用的多部门结构。

在通用汽车公司新形式的组织结构中，原来独自经营的各工厂依然保持各着自独立的地位，总公司根据他们服务的市场来确定其各自的活动。这些部门均由企业的领导，即中层经理们来管理，他们通过下设的职能部门来协调从供应者到生产者的流动，即继续担负着生产和分配产品的任务。这些公司的中低层管理者执行总公司的经营方针、价格政策和命令，遵守统一的会计和统计制度，并且掌握这个生产部门的生产经营管理权。最主要的变化表现在公司高层上，公司设立了执行委员会，并把高层管理者的决策权集中在公司总裁一个人身上。执行委员会的时间完全用于研究公司的总方针和制定公司的总政策，而把管理和执行命令的负担留给生产部门、职能部门和财务部门。同时在总裁和执行委员会之下设立了财务部和咨询部两大职能部门，分别由一位副总裁负责。财务部担负着统计、会计、成本分析、审计、税务等与公司财务有关的各项职能；咨询部负责管理和安排除生产和销售之外的公司其他事务，如技术、开发、广告、人事、法律、公共关系等。职能部门根据各生产部门提供的月报表、季报表、年报表等，与下属各企业的中层经理一起为该生产部门制定出"部门指标"，并负责协调和评估各部门的日常生产和经营活动。同时，根据国民经济和市场需求的变化，不时地对全公司的投入—产出做出预测，并及时调整公司的各项资源分配。

公司高层管理职能部门的设立，不仅使高层决策机构——执行委员会的成员摆脱了日常经营管理工作的沉重负担，而且也使得执行委员会可以通过这些职能部门对整个公司及其下属各工厂的生产和经营活动进行有效的控制，保证公司战略得到彻底和正确的实施。这些庞大的高层管理职能机构构成了总公司的办事机构，也成为现代大公司的基本特征。

另外，在实践过程中，为了协调职能机构、生产部门及高级主管三者之间的关系和联系，艾尔弗雷德·斯隆在生产部门间建立了一些由三者中的有关人员组成的关系委员会，加强了高层管理机构与负责经营的生产部门之间广泛而有效的接触。实际上，这些措施进一步加强了公司高层管理人员对企业整体活动的控制。

讨论题：

1. 通用汽车公司组织结构变革后最终创立了什么样的组织结构形式？这种组织结构具有什么特征？适用于什么样的组织？
2. 通用汽车公司新创建的组织结构为什么能够取得成功？

案例二 珠海格力电器股份有限公司的企业文化

珠海格力电器股份有限公司（简称格力公司）的企业文化是以"实、信、廉、新、礼"为核心价值观，以"忠诚、友善、勤奋、进取"为企业精神，以"少说空话、多干实事"为务实的工作态度，从而形成了外拓内敛的求实文化，又紧密结合中国改革开放的实际情况、围绕当代"以人为本"构建和谐社会和向全球化发展的具有"格力"特色的企业文化。

一、格力公司的愿景和使命

愿景：缔造全球领先的空调企业，成就格力百年的世界品牌。

使命：弘扬工业精神，追求完美质量，提供专业服务，创造舒适环境。

二、核心价值观：实、信、廉、新、礼

（一）实——诚实、实干、实事求是、实实在在

"实"体现在公司战略上是实事求是，求真务实，心无旁骛地坚持走专业化和稳健发展之路；在市场经营上是反对不实的宣传，实实在在地通过优质产品来满足顾客需求、树立良好口碑、赢得市场；在工作上树立脚踏实地、稳抓实干、多做实事、少说空话的务实工作作风；在员工身上保持优良品德，"做诚实人，说老实话，干实在事"，杜绝弄虚作假。

（二）信——信念、信任、诚信、守信和信义

精心打造优质产品，为人类提供舒适生活环境，是全体员工的坚定信念，是信仰之所在。

信任是公司用人机制的"唯才是举"，包括公司领导对中层干部的信任、授权以及中层干部对基层员工和员工之间的彼此信任。

诚信是公司的经管理念。对消费者的诚信，是指"不拿消费者做试验品"，以高品质的产品、服务奉献给全球客户；对经销商、供应商的诚信，是指结成战略伙伴关系，实现多方共赢的局面；对股东的诚信，是指慎重决策，竭力所为，为股东创造最大价值；对相关方诚信是指坚守信用和道义，依法纳税，构建和谐社会，主动承担企业公民责任，为国家、社会做出应有贡献。

（三）廉——廉洁奉公、严于律己

公司是员工赖以生存和发展的基础，企业的发展决定员工的前途和出路，只有企业发展，员工才有希望。全体员工廉洁奉公、克己为人可以形成强大的动力，形成良好的企业精神风貌，所有员工凝聚成一股合力向目标奋进；而全体员工爱岗敬业，无私奉献又是公司成功的有力保证。

（四）新——创新、开拓、进取

公司通过不断进行技术、管理和营销创新，从而不断创造辉煌。公司鼓励创新，要求员工尊重科学但要勇于创新、遵守制度、善于突破、脚踏实地、努力向上，创造更大价值。

（五）礼——尊重、平等、友善、团结和协作

公司以人为本，尊重员工。建立全程式（培养、锻炼、任用、提拔）"任人唯贤，人尽

其才"的人力资源体系；要求员工对待同事、顾客、相关方人员要以礼相待；尊重领导；令行禁止；团结同事；精诚协作；平等处事、友好待人。

格力公司的企业文化是以"实"为基础，衍生出"信""廉""新"礼"。

讨论题：

1. 你认为格力公司的企业文化有哪些可取之处？有哪些不足之处？
2. 你认为格力公司的企业文化可以移植到其他企业吗？为什么？

实训项目

深入一家工商企业了解其组织结构

实训目的

1. 通过对某一家企业组织结构的了解和分析，培养学生对有关知识的综合应用能力。
2. 初步掌握组织设计和分析评价的技能。

实训内容

1. 了解某一企业的组织结构的设置以及相互之间的联系。
2. 了解某一部门基层管理人员的职责和具体内容。
3. 对该企业现有的组织结构状况进行分析评价，提出自己的建议。

实训考核

1. 绘制出所调查企业的组织结构图，并写出某一职务说明书。
2. 写一份 800 字左右的实训报告。

第六章

领导与沟通

★ 学习目标

了解指挥的概念；

理解领导理论；

掌握有效指挥的形式；

掌握领导的概念，明确领导的作用和权力的类型；

掌握沟通的技巧。

★ 案例导入

李·艾柯卡的传奇

李·艾柯卡是美国当代汽车行业著名的企业家，曾任美国两大汽车公司的总裁。1982年美国《华尔街日报》和《时代周刊》都曾刊登过关于艾柯卡可能被提名为总统候选人的新闻，艾柯卡一时成为美国人民心目中的民族英雄。1984年《艾柯卡自传》的出版轰动了美国，引起世界注目。该书一出版就创出每周10万册的销售记录。艾柯卡的一生充满传奇。

(1) 连任福特汽车公司总裁8年的艾柯卡，曾立下了汗马功劳，正当他大展宏图时，却突然被解雇，用他的话说"从珠穆朗玛峰顶被一脚踢到谷底"。这是为什么？

(2) 临危受命，艾柯卡出任美国第三大汽车公司克莱斯勒公司总裁。当时，该公司濒于崩溃。从1978—1981年，克莱斯勒公司共亏损36亿美元，创下了美国历史上亏损的最高纪录。人们普遍认为，该公司不久将倒闭。然而，事情发展却出乎人们所料，在艾柯卡的领导下，经过几年的惨淡经营后，克莱斯勒公司竟然奇迹般地从死亡线上活了过来。到1982

年，公司股票价格上涨425%，11种新车投入市场；1983年，公司销售额增加了132亿美元，比1982年增长了近30%，盈利7.009亿美元，并提前7年偿还了联邦政府15亿美元的贷款。那么，艾柯卡是如何挣扎、奋斗，战胜险恶，使企业扭亏为盈的呢？

【案例启示】

艾柯卡的传奇经历充分说明了领导的重要性。领导是一种重要的管理职能，也是人类社会活动的重要因素。任何一个组织都离不开领导和领导者，那么如何做一个有效的领导者呢？本章将就此做些有益的探索。

计划、组织、领导、控制是管理的四大基本职能，因此，领导也是管理研究的重要领域，为了有效地管理，必须有效地领导。本章将从领导的概念入手，分析领导者影响力的实质、来源和运用；介绍几个有代表性的领导理论，即领导特质理论、领导行为理论和领导权变理论。

第一节 领导概述

一、领导的概念

领导是指管理者依靠其影响力，指挥、带领、引导和鼓励被领导者，实现组织目标的活动和艺术。其基本含义包括以下几个方面：

（1）领导是一种活动。它是带领、引导和鼓舞组织成员完成工作、实现目标的过程。

（2）领导的本质是一种影响力。领导者拥有影响被领导者的能力或力量，它既包括由组织赋予的职位权力，也包括领导者个人所具有的影响力。当一个领导者的职位权威不足以说服下属从事适当的活动时，领导是无效的。

（3）领导的目的是实现组织目标。领导必须通过影响下属为实现组织的目标而努力。

二、领导的作用

领导的作用主要体现在以下三个方面：

（1）指挥引导作用。在组织的集体活动中，领导者应当通过引导、指挥等帮助组织成员最大限度地实现组织的目标。在此过程中，领导者不是站在组织成员的后面去推动、督促，而是作为带头人来引导他们前进，鼓舞成员去奋力实现组织的目标。领导者只有站在群众的前面，用自己的行动带领成员为实现组织的目标而努力，才能真正起到指挥引导作用。

（2）激励鼓舞作用。任何组织都由具有不同需求、欲望和态度的个人所组成，组织成员的个人目标与组织目标不可能完全一致。领导活动的目的就在于把个人目标与组织目标结合起来，引导组织成员满腔热忱地为实现组织目标做出贡献。

（3）沟通协调作用。组织的目标是通过组织成员的集体活动来实现的。由于组织中的成员对目标的理解、对技术的掌握和对客观情况的认识因其个人知识、能力、信念等方面的差异，使之在思想认识上产生分歧、在行动上出现偏离目标的现象都是不可避免的。因此，需要领导者通过沟通来协调成员的关系和活动，以达到组织成员步调一致地朝着共同的目标前进。

三、领导力与信任

任何一个领导者要想获得非凡的领导力，实现领导的高效性，首要是建立和获得信任。那么什么是信任呢？

斯蒂芬·P·罗宾斯（Stephen P. Robbins）指出，"信任是一种积极的预期，认为他人不会通过语言、行动或决定而投机取巧地行事"。其定义当中含有两个最为重要的成分——熟悉和风险。"积极的预期"假定认识并熟悉对方。信任是一个依据有限而又相关的经验，受过去事实影响的过程。时间的积累可以帮助双方形成信任。如果我们完全不了解别人，要相信他们是很难甚至是不可能的。在任何信任关系中都存在着能力的固有风险和脆弱性；信任会导致自身的脆弱，信任本身就是风险。

信任包括五个维度，即诚实、能力、一致、忠诚和坦诚，如图6-1所示。

图6-1　信任的五个维度

诚实是指真诚与正直，是五个维度中最重要的一个。在大多数情况下，评价一个人，会把"诚实"和"可靠"联系在一起。能力包括个体的专业技术以及人际能力。言行不一致必定会降低信任度。忠诚指的是愿意保护他人或照顾他人名誉。坦诚则是指将全部的真相和盘托出。我们明白信任的实质内涵，有利于我们建立和获得信任。作为一个成功的领导者，要懂得如何建立信任，下面总结了一些成功领导者所必备的建立信任的方法：

（1）学会坦诚。成功的领导者应该清楚决策制定的标准及合理性，做到坦诚。

（2）做事公平。在进行决策或采取任何行动之前，先想想别人对决策或行动的客观性和公平性会有什么看法。在进行决策时，应客观公正地评价别人的业绩，奖惩分明，不偏不倚，才能赢得真正的尊重。

（3）分享感受。板着脸传达严峻事实的领导者让人觉得冷漠、令人感到害怕，与下属分享你的感受才能让人觉得你是真实的，下属才更了解并尊重你。

（4）不要欺骗。真诚地说出真相，做一个下属认可的说真话的人。很多时候，我们更能容忍并理解一些我们不想听到的事情，而不愿意被欺骗和隐瞒。

（5）言行一致。认真思索一下你的价值观，然后制定正确的决策，并为之付出行动，做到言出必行，言行一致。

（6）保守秘密。要学会保守别人告诉你的秘密，不要同其他人谈论这些事或泄露这些秘密。要让下属认为你是一个值得信赖的人。

（7）展示能力。要想获得别人对你的尊敬，就要展示你的技能和专长，特别是沟通、谈判和其他的一些人际交往能力。

四、领导与权力

领导过程中影响他人基础的是权力，也是领导者发挥功能的基本条件。因此，有必要对权力做一下研究。组织中的权力可以分为职位权力和非职位权力两大类，如图6-2所示。

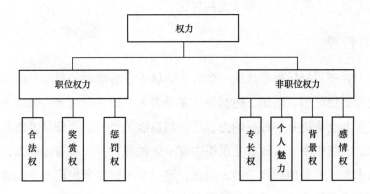

图6-2 权力的类型

（一）职位权力

职位权力包括合法权、奖赏权和惩罚权。

（1）合法权。合法权是指组织内各级领导职位所具有的正式权力。通常由组织按照一定程序和形式赋予领导者。法定权力的作用基础是职位的权威性，凡是处于某一职位上的领导者都拥有一定的法定权力。但是，法定权力不一定由领导者本人来实施，通过制定有关政策和规章制度也可以达到行使法定权力的目的。

（2）奖赏权。奖赏权是指决定给予还是取消奖励、报酬的权力。奖酬的范围包括增加工资和奖金、提升职务、表扬、提供培训机会、分配理想工作、改善工作条件等。奖赏权建立在利益性遵从的基础上，当下属认识到服从领导者的意愿能够带来更多的物质或非物质利益的满足时，就会自觉接受其领导，领导者也因此享有相应的权力。在组织中，领导者对奖酬的控制力越大,他的奖赏权力就越大。

(3) 惩罚权。惩罚权是指一种对下属在精神或物质上施加威胁、强迫其服从的权力。这种权力建立在惧怕惩罚的基础上,实质上是一种惩罚性权力。当下属意识到违背上级的指示或意愿会导致某种惩罚时,如降薪、扣发奖金、分配不称心的工作、降低待遇、免职等,就会被动地遵从其领导。但是研究表明,领导者对下属采用的强制性权力越大、强制性措施越严厉,下属对他的不满和敌意就会越强烈。

(二) 非职位权力

非职位权力包括专长权、个人魅力等。

(1) 专长权。专长权是指具有某种专门知识、技能而获得的权力,这种权力以敬佩和理性崇拜为基础。领导者本人学识渊博、精通本行业务,或具有某一领域的高级专门知识与技能,即获得一定的专长权。专长权的大小取决于领导者的受教育程度、掌握运用知识的能力以及实践经验的丰富程度。领导者拥有的专长权越丰富,越容易赢得下属的尊敬和服从。

(2) 个人魅力。个人魅力是建立在个人素质之上的,这种素质吸引了欣赏并希望拥有它的追随者,从而激起人们的忠诚和极大的热忱。

五、领导与管理

领导不等同于管理。领导是管理的一个方面,属于管理活动的范畴,但是除了领导,管理还包括其他内容,如计划、组织、控制等。领导者不一定是管理者,管理者也并不一定是领导者。领导从根本上来讲是一种影响力,是一种追随关系,因此领导者既存在于正式组织中,也存在于非正式组织中。管理者是组织中有一定的职位并负有责任的人,只存在于正式组织中。其权力来源主要是组织授予的。因此,当一个人仅仅利用职权采用强制手段命令下属工作时,充其量只是管理者而不是领导者;有的人虽然没有正式职权,却能以个人的影响力与魅力去影响他人,那他就是一位领导者。显然,卓越的领导才能是成为有效管理者的重要条件之一。

哈佛商学院的约翰·科比比较了组织当中的管理和领导,见表6-1。

表6-1 管理和领导之间的比较

比较项目	管理	领导
制定议程	计划、预算过程:确定实现计划的详细步骤和日程安排,调拨必需资源以实现计划	确定经营方向:确定未来,通常是远期目标,并为实现远期目标制定变革战略
发展完成任务所需的人力网络	企业组织和人员匹配:根据完成计划的要求建立企业组织机构,匹配人员,赋予他们完成计划的职责与权力,制定政策和程序对人们进行引导,并采取某种方式或创建一定系统,以监督计划的执行情况	联合群众:通过言行将所确定的企业经营方向传递给群众,争取有关人员的合作,并形成影响力,使相信远景目标和战略的人们形成联盟,并得到他们的支持

续表

比较项目	管理	领导
执行计划	控制和解决问题：详细地监督计划的完成情况，如发现偏差，则制定计划，组织人员解决问题	激励与鼓励：通过唤起人类未能得到满足的最基本需求，激励人们战胜变革过程中遇到的政治、官僚和资本方面的主要障碍
结果	在一定程度上实现预期计划，维持秩序，并具有能满足顾客和所有者预期的潜力	引起变革，通常是剧烈变革，并形成非常积极的变革潜力，如生产出顾客需要的新产品，增加企业的竞争力

因此，在一个企业组织中，如果管理和领导结合出现问题，往往会形成两种倾向：

(1) 管理过分，领导不力。组织非常强调短期范围，注重细节之处，侧重于规避风险，不太重视长期性、宏观性和冒风险的战略；过分注重专业化，选择合适的人员从事各项工作，要求服从规定，很少注重整体性；过分侧重于控制和预见，对于授权和激励强调不够。

(2) 领导有力，管理不足。组织强调长期远景目标，不重视近期计划和预算；建立一个强大的群众文化，却不对专业细化，因而缺乏体系与规则；鼓动一些不愿意运用控制体系和原则的人聚集在一起，导致状况最终失控，甚至一发不可收拾。

第二节 领导理论

按领导理论的时间和逻辑顺序划分，领导理论可以分为领导特质理论、领导行为理论和领导权变理论。

一、领导特质理论

领导特质理论形成于20世纪初到20世纪40年代，重点是研究领导者的性格、品质方面的特征，它是最古老的领导理论观点。关注领导者个人，并试图确定能够造就伟大管理者的共同特性，这实质上是对管理者素质进行的早期研究。早期的领导理论认为领导是天生的，但是，后期研究发现领导特性是可以通过后天培养的。事实上，领导特质理论所涉及的身体特征、才智和个性对管理成功的影响不是绝对的。很多的领导者并无天生的个性特征，很多有上述个性特征的人也并不一定都能成为有效的领导者。这种利用领导者个人性格或个性特征来解释或预测领导效能的理论，有一定的缺陷。但是领导者的素质对领导行为确实有一定的影响，一般而言，领导者应当具备以下基本素质（图6-3）。

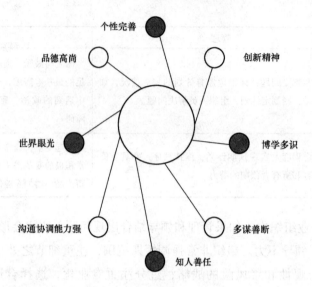

图6-3 领导者的基本素质

（1）品德高尚。领导者要公正无私，襟怀坦荡，富有牺牲精神，严于律己，宽以待人。

（2）个性完善。领导者应性格开朗，豁达大度，意志坚强，自信，有自知之明，对事物具有广泛的兴趣和热情。

（3）创新精神。领导者通常有较强的事业心和成就需要，希望通过事业的成功体现自身的价值，有魅力和独创精神，勇于积极开拓新的活动领域。

（4）博学多识。领导者应具有较完备的知识结构，不仅通晓与企业领导工作有关的现代管理科学知识，同时精通与本部门活动性质有关的专业知识。

（5）多谋善断。决策是领导的主要职能之一，企业领导者应善于发现问题，妥善解决问题。

（6）知人善任。领导的核心是用人。有效的领导者应当善于观察人，用人之长，唯才是举，充分发挥每个成员的潜力。

（7）沟通协调能力强。现代企业领导者应具有较强的人际交往能力，善于与下属及外部公众建立良好的沟通关系；能够调节种种复杂关系，促进企业内外关系的协调发展。

（8）具有世界眼光。随着世界经济一体化，国际交往越来越频繁，要求现代领导者具有世界眼光，高屋建瓴。

★【链接6-1】

管理者与领导者

管理学家亚伯拉罕·扎莱兹尼克认为，管理者与领导者是两类完全不同的人，他们在动机、想问题、做事情的方式上存在着差异。他认为，从动机和态度上看，管理者往往是以一种被动的态度，或是以一种非个人化的态度面对目标。而领导者则是以一种个人的、积极的态度面对目标。管理者倾向于把工作视为可以实现的过程，这种过程包括人与观念，两者相互作用就会产生策略和决策。而领导者的工作具有高度的冒险性，他们常常倾向于主动寻求冒险，特别是当机遇和奖励富有吸引力时。管理者喜欢与人打交道的工作，他们回避单独行为，他们根据自己在事件和决策过程中所扮演的角色与他人发生联系，而领导者关心的则是观点，他们以一种更为直接的方式与他人发生联系。

哈佛商学院的约翰·科特却从另一角度指出了管理与领导的差异。他认为，管理主要处理复杂的问题，优秀的管理者通过制定计划、设计规范的组织结构及监督计划实施的结果而达到有序一致的状态。

二、领导行为理论

领导行为理论在 20 世纪 40 年代至 60 年代居于领导理论研究中的主导地位。由于特质理论不能预测出成功的领导行为，研究者应从研究领导者的内在特征转移到外在行为上，领导行为理论主要研究领导者应该做什么和怎样做才能使工作更有效。集中体现在两个方面：一是领导者关注的重点是什么，是工作的任务绩效，还是群体维系？二是领导者的决策方式，即下属的参与程度。

（一）领导行为理论的管理方式

领导行为理论主要研究领导方式与领导作风对组织行为及其成果的影响。这种理论很多，经过长期的企业领导方式研究，提出了领导方式的三种基本类型，见表6-2。

表6-2　领导方式的类型

比较项目	专制型	民主型	放任型
权力分配	集中于领导者个人手中	权力在团体之中	分散在每个员工手中
决策方式	领导者独断专行	团队参与决策，集体讨论做出决策	团队成员具有完全决策自由
对待下属的方式	领导者介入到具体的工作任务中，不让下属知道工作的全过程和最终目标	员工可以自由选择和谁共同工作，任务的分工也由员工团队来决定	为员工提供必要的信息和材料，回答员工提出的问题
影响力	领导者以权力、地位等因素强制性地影响被领导者	领导者以能力、个性等心理品质影响下属	领导者对被领导者缺乏影响力
员工评价	采取"个人化"的方式，依个人情感对员工进行评价	依客观事实进行评价，将反馈作为员工训练的机会	不对员工的工作进行评价和反馈

（1）专制型。采用这种领导方式的领导者非常专制，决策权仅限于最高层，对下属很

少信任，激励也主要是采取惩罚的方法，沟通采取自上而下的方式。

（2）民主型。采用这种方式的领导者对下属有一定的信任和信心，采取奖赏与惩罚并用的激励方法，有一定程度的自下而上的沟通，也向下属授予一定的决策权，主要采用奖赏的方式来进行激励，沟通方式是上下双向的。在制定总体决策和主要政策的同时，允许下属部门做出具体问题决策，并在某些情况下进行协商。

（3）放任型。采用这种方式的领导者把权力分散在每个员工手中，领导者对被领导者缺乏影响力。

（二）管理方格理论

美国管理学家罗伯特·布莱克和简·莫顿于 1964 年设计了一个巧妙的管理方格图，如图 6-4 所示。图中横坐标表示领导者对生产的关心程度，纵坐标表示领导者对人的关心程度，每一种关心都分成九种由低到高的程度，因此每一方格就表示了一种特定对生产关心程度和对人关心程度的组合。

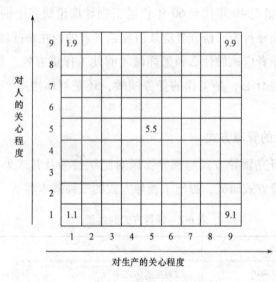

图 6-4　管理方格图

管理方格图中存在 81 种类型，但布莱克和莫顿主要阐述了五种最具代表性的类型：

（1）1.1 贫乏型。这种类型的领导者既不关心生产，也不关心人的情感，表现为只做最低限度的努力来完成工作。实际上是一个无所用心的人。

（2）9.1 任务型。这种类型的领导者的注意力集中于任务的效率，非常关心生产，但不关心人的情感，对下属的士气和发展很少注意。

（3）1.9 俱乐部型。这种类型的领导者集中注意对职工的支持与体谅，对员工的需求关怀备至，创造了一种舒适、友好的氛围和工作基调，但对任务效率和规章制度、指挥监督等则很少关心，不关心生产，效益很差。

（4）5.5 中庸之道型。这种类型的领导者对人的关心度和对生产的关心度能够保持平衡，追求正常的效率和令人满意的士气。

（5）9.9协作型。这种类型的领导者对职工和生产都极为关心，努力使个人和组织目标最有效地结合起来，职工关系协调，士气旺盛，生产任务完成得出色。

在布莱克和莫顿的研究中，得出了一个领导者较为理性的选择是：9.9协作型的管理者工作最佳，9.9协作型是最有效的方式。

从上述两个领导行为理论中，可以看出它们的基本特点：第一，领导方式是领导过程中的决定因素。第二，领导具有两个职能：任务或生产导向和以人为本导向。第三，最好的领导方式是既以工作为导向，又在决策上采用民主参与方式。领导行为理论大大地丰富了领导理论，它比领导特质理论更接近实际，但是它也受到了很多的批评，主要的原因在于该理论在确定领导行为与领导业绩之间的关系上基本没有成功。从实际管理来看，成功的领导类型非常复杂，领导方式与领导效果之间存在着很大的不确定性，而造成这种不确定性的因素则是领导者所处的环境。在不同的情景中，有效的领导方式可能会有很大的不同。基于这一点，管理学专家们开始研究领导权变理论。

三、领导权变理论

领导权变理论认为，不存在一种普遍适用的领导方式，领导方式的有效性不单纯取决于领导者的个人行为，它是领导者、被领导者和环境三要素有效结合的结果，即：唯一正确的领导方式，只有结合具体情景，因时、因地、因事、因人制宜的领导方式才是有效的领导方式。这个观点可用公式表示：

$$有效领导 = f（领导者，被领导者，环境）$$

即有效地领导是领导自身、被领导者与领导过程所处的环境的函数。

领导权变理论目前已成为领导理论研究的主流，下面介绍三种最具代表性的理论。

（一）菲德勒理论

弗雷德·菲德勒（Fred E. Fiedler）是第一个全面考虑领导过程三要素对领导有效性的综合影响的心理学家。菲德勒的权变模型指出，有效的群体绩效取决于与下属相互作用的领导者的风格和情景对领导者的控制与影响程度之间的合理匹配。为了监测领导者的基本领导风格，菲德勒设计了最难共事者问卷（LPC）。在问卷中，菲德勒让问题的回答者回想一下与自己共过事的同事，并找出一位最难共事者，然后对挑出的最难共事者进行评价。如果回答者大多用含敌意的词句评价自己的同事，则该人的领导方式趋向于任务导向型；如果评价多用善意的词句，则该人的领导方式趋向于关系导向型。

菲德勒把领导的环境具体划分为三种情景因素，包括领导者与被领导者的关系、工作任务的结构、领导者所处职位的固有权力。领导者与被领导者的关系是指领导者与其成员的关系。如果双方高度信任、互相尊重、互相支持和友好，则相互关系是好的；反之关系则是差的。任务结构是指组织任务中规定的明确程度。如果任务是例行、明确和容易理解的以及有章可循的，则任务结构属于明确的；反之，则属于不明确的任务结构。职位权力是指赋予领导者与职务相关联的权力。这种权力并非源于个人的影响或专长，而是来自职位权力，也就是职位较高的领导者更容易得到他人的追随。

菲德勒根据三种情景因素的不同，组合形成了八种不同的环境类型（见表6-3）。

表6-3　八种不同的环境类型

人际关系	好	好	好	好	差	差	差	差
工作结构	简单	简单	复杂	复杂	简单	简单	复杂	复杂
职位权力	强	弱	强	弱	强	弱	强	弱
	I	II	III	IV	V	VI	VII	VIII
环境	好			中等			差	
领导目标	高			不明确			低	
低LPC领导	人际关系			不明确			工作	
高LPC领导	工作			不明确			人际关系	
最有效的方式	低LPC			高LPC			低LPC	

领导环境决定了领导的方式。在环境较好的 I、II、III 和环境较差的 VII、VIII 情况下，采用低 LPC 领导方式，即工作任务型的领导方式比较有效。在环境中等的 IV、V 和 VI 情况下，采用高 LPC 领导方式，即人际关系型的领导方式比较有效。

（二）情景领导理论

保罗·赫塞（Paul Hersey）和肯尼斯·布兰查德（Kenneth Blanchard）提出了另一种综合的领导权变理论：情境领导理论。这一理论受到广大管理专家的推崇，并常常作为许多大公司的主要培训工具。情景领导理论是一个重视下属的权变理论，它建立在三个要素的基础之上：第一，领导者完成任务的行为；第二，领导者关注人际关系的行为；第三，组织成员为完成组织任务和目标的准备状态。前两者构成不同的领导行为和领导风格，而后者则是影响领导效果的权变因素。情景领导模型使用的两个领导维度与菲德勒的理论相同：工作行为和关系行为。但是，该理论更向前进了一步，认为每一个维度有低、高，从而组合成四种领导风格：命令型、说服型、参与型和授权型，如图6-5所示。

1. 领导风格

（1）命令型（高任务—低关系）。领导者定义角色，告诉下属干什么、怎么干以及何时何地去干，强调指令关系。

（2）说服型（高关系—高任务）。领导者同时提供指导性行为和支持性行为。

（3）参与型（高关系—低任务）。领导者与下属共同决策，领导者的主要角色是提供便利条件。

（4）授权型（低任务—低关系）。领导者提供极少的指导或支持。

2. 权变变量

情景领导理论将下属成熟度作为决定领导风格有效性的权变变量，成熟度指的是个体对自己的直接行为负责任的能力和意愿。

（1）M_1 型。这些人对于执行某任务既无能力又不情愿。他们既不能胜任工作又得不到信任，因此，他们需要的是命令型风格的领导。

（2）M_2 型。这些人缺乏能力，但却愿意从事必要的工作任务。他们有积极性，但是目前缺乏足够的技能。

（3）M_3 型。这些人有能力胜任工作，但却不满意领导者有过多的指示和约束。这时就需要参与型风格的领导。领导者可赋予下属权力，授权让下属"自行其是"，领导者只起监督作用。

（4）M_4 型。这些人既有能力又愿意干让他们做的工作。

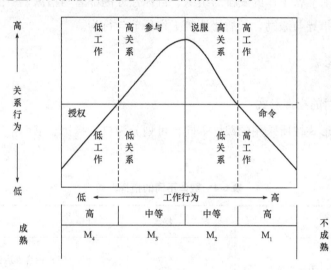

图 6-5　情景领导模型

（三）路径—目标理论

路径—目标理论已经成为当今最受人们关注的领导观点之一。罗伯特·豪斯（Robert J. House）开发了一种领导权变模型。该理论认为，领导者是使下属获得更好的激励、更高的满意程度和工作成效的关键人物，领导的主要职能是为下属在工作中获得满足需求的机会，并使下属清楚哪些行为能导致目标的实现并获得价值（即奖励）。简而言之，领导者应为下属指明达到目标的途径。豪斯认为，领导方式一般有四种：

（1）指导型领导。要给下属提出要求，指明方向；要给下属提供他们所希望得到的指导和帮助，指导下属按照工作程序去完成自己的任务目标。

（2）支持型领导。对下属友好，平易近人，关心下属的生活福利。

（3）参与型领导。与下属商量，听取下属的意见，尽量让下属参与决策和管理。

（4）成就取向型领导。树立具有挑战性的组织目标，相信并鼓励下属去实现目标。

第三节　领导实务

一、指挥的概念

指挥的概念有广义和狭义之分。广义的指挥包括指示、部署、指导、协调等基本手段。狭义的指挥是指事前准备工作的安排与组织、目标任务的部署与指派、所需资源的分配与落实、实施过程中的指导与激励、矛盾协调等工作环节与行为。

二、指挥的形式

（一）载体不同的指挥形式

管理者的指挥形式按所采用的载体不同，可划分为口头指挥、书面指挥和会议指挥三种（见表6-4）。

表6-4　载体不同的指挥形式

名称	含义	特点	注意事项
口头指挥	管理者用口头语言的形式直接进行指挥	直接、简明、快速、方便	（1）内容表达要清晰明确； （2）用语简洁有力，详略得当； （3）讲究语言艺术
书面指挥	采用书面文字形式进行指挥	准确性、规范性、确定性和可储存性	（1）加强针对性； （2）增强规范性； （3）提高写作质量
会议指挥	这是一种通过多人聚集，共同研究或布置工作的指挥形式	快速下达、即时反馈	（1）控制会议的议题与规模、次数； （2）必须做好充分的会议准备； （3）科学地掌握会议； （4）狠抓会议内容的落实与反馈

（二）强制程度不同的指挥形式

管理者的指挥行为，一般都带有一定程度的强制性。但指挥又不是单纯的强制性行为，总是需要辅以一定程度的说服、教育与思想工作，两方面相互配合，不可偏废。按照强制程度不同，指挥形式可以分为命令决定、建议说服、暗示示范（见表6-5）。

表 6-5　强制程度不同的指挥形式

名称	含义	特点	注意事项
命令决定	命令是要求下级无条执行；决定是对一些事项所做出的决策或规定	强制性、直接性和实效性	（1）必须遵循客观规律，坚持从实际出发； （2）必须采取简明扼要的表达方法，并有很强的可操作性； （3）注意实施方式的艺术性和有效性
建议说服	建议是以平等身份提出供参考的意见；说服是摆事实，讲道理，以理服人	引导、说理性质，不带或只有微弱的强制性	（1）要以平等的身份进行交流； （2）管理者提出的见解、意见要有较高的水平； （3）加强信息反馈与控制
暗示示范	暗示是指管理者通过各种语言、行为、政策及其他形式，对下级的行为进行某种隐含性的引导；示范则是指管理者以自身的模范带头作用来影响、带动下级的行为	隐含性、间接性和自觉自愿性	（1）要有鲜明的目的性； （2）选择恰当的行为方式； （3）要有其他形式的有机配合

三、指挥的有效性

指挥的有效性主要受五个因素的影响，分别是权威、指挥内容的科学性、指挥形式的适宜性、指挥对象和环境，只有综合处理好这些因素之间的关系，才能实现有效指挥。一般来说，有效指挥应该从以下几个方面做起。

（一）工作实施准备

（1）有效实施的工作前提，是吃透两头。既要正确把握目标任务要求，又要全面了解与任务完成相关的各种制约因素。

（2）配置好资源。特别是人员、资金与所需物资，要在数量、质量与实现工作任务的要求下相匹配。

（二）工作部署

（1）选准时机抓住机遇。借助某种机遇来推进目标与任务的落实，充分利用各种有利的时机、氛围、条件，为任务的落实创造适宜的环境因素。

（2）部署任务要清晰明确。对目标与任务进行分解，落实到人，对目标标准和完成目标的时限要明确并量化，要求做出可行性方案，为了确保工作的完成，要将资源、条件和权限下放给下级。

（3）实施严格的工作责任制。建立科学有效的责任制。为了任务的完成要求充分放权，并建立有效的激励制度和严格的责任追究措施。

（三）指导与激励

管理者要结合实际工作，及时地进行指挥与指导，并适时地进行激励，最大限度地调动员工工作的积极性，以促进工作的有效展开。

（四）工作协调

工作协调是指通过各种管理手段，解决组织运行中的各种矛盾，使经营管理活动平衡、有效运行和稳定发展的管理行为。工作协调主要包括横向协调与纵向协调两种基本类型。其中，工作横向协调的基本方式有制度方式、组织方式和人际关系方式。

第四节 沟通

一、沟通的概念和类型

（一）沟通的概念

沟通是指为了达到一定的目的，将信息、思想、情感在个人或群体之间进行传递与交流的过程。沟通的内容、形式和载体、渠道都是多种多样的。

从沟通的内容上来讲，它既可以是某一件事实，某一种情感，也可以是某一项命令，还可以是某一种意见、看法，或是某一个观点或思想，当然也可以是某一种情绪。

从沟通的渠道或信息载体来讲，它既可以是以语言为载体，又可以是以非语言为载体。语言载体又可以细分为口头语言载体和书面语言载体。口头语言载体又可以分成更多的具体形式，如演说、私人谈话、正式会谈、小组讨论、捎口信、口头命令、电话、电话会议、可视电视对话等。书面语言载体又可以分成备忘录、信件、内部刊物、布告、文件等。随着通信和电子技术的发展，出现了幻灯片、投影、VCD、CD、电子邮件、电子会议等诸多新的沟通途径。

一般所说的沟通是指语言沟通。在现实生活中，大量存在的是非语言沟通。一个眼神，一个细小的动作，一个简单的身体姿态，一个特别的位置等，诸如此类的众多非语言途径，都能构成沟通。

（二）沟通的类型

1. 按照沟通方式的不同划分

按照沟通方式的不同划分，沟通可分为口头沟通、书面沟通、非语言沟通、电子媒介沟通等。

（1）口头沟通。口头沟通是人们之间最常见的交流方式。常见的口头沟通包括正式的一对一讨论或小组讨论、非正式的讨论以及传闻或小道消息的传播。口头沟通的优点是快速传递和即时反馈。在这种方式下,信息可以在最短的时间里被传送,并在最短的时间内得到对方的回复。如果接收者对信息有疑问,迅速的反馈可以使发送者及时检查其中不够明确的地方并进行改正。但是,当信息经过多人传送时,口头沟通的主要缺点便会暴露出来。每个人都以自己的方式解释信息,当信息到达终点时,其内容常常与最初大相径庭。如果组织中的重要决策通过口头沟通在权力金字塔中上下传递,则信息失真的可能性就较大。

(2) 书面沟通。书面沟通包括备忘录、信件、组织内发行的期刊、布告栏及其他任何传书面文字或符号的手段。书面沟通具有持久、有形、可以核实等优点。在一般情况下,发送者与接收者双方都拥有沟通记录,沟通的信息可以无限期地保存下去。如果对信息的内容有疑问,过后的查询是完全可能的。因此书面沟通比口头沟通显得更为周密,逻辑性强,条理清楚。但是,书面沟通也有自己的缺陷:书面沟通耗费的时间较长。事实上,花费一个小时写出来的东西,往往只需15分钟左右就能说完。书面沟通的另一个主要缺点是不能及时提供信息和反馈。口头沟通能使接收者对其所听到的东西及时提出自己的看法,而书面沟通则不具备这种内在的反馈机制。其结果是无法确保所发出的信息能被接收到,即使被接收到,也无法保证接收者对信息的解释正好是发送者的本意。

(3) 非语言沟通。一些有意义的沟通既非口头形式也非书面形式,而是通过非文字的信息加以传递的。非语言沟通中最常见的是体态语言和语调。体态语言包括手势、面部表情和其他的身体动作。比如,一副怒吼咆哮的面孔所表达的信息显然与微笑不同。手部动作、面部表情及其他姿态能够传达的信息意义有攻击、恐惧、腼腆、傲慢、愉快、愤然等。语调指的是个体对词汇或短语的强调。轻柔、平稳的声调和刺耳尖利、重音放在最后一词所产生的意义完全不同。一般人们会认为第一种语调表明某人在寻求更清楚的解释,第二种语调则表明了这个人的攻击性或防卫性。

(4) 电子媒介沟通。人们现在依赖各种各样复杂的电子媒介来传递信息。除了常见的媒介,如电话、电报、邮件等之外,还拥有闭路电视、计算机、复印机、传真机等一系列电子设备。将这些设备与语言和纸张结合起来就产生了更有效的沟通方式。电子媒介发展最快的应该是互联网了,人们可以通过计算机网络快速传递书面及口头信息。电子邮件迅速而廉价,并可以同时将一份信息传递给若干人。

2. 按照组织系统的不同划分

按照组织系统的不同划分,沟通可分为正式沟通和非正式沟通。一般来说,正式沟通是指以正式组织系统为渠道的信息传递。非正式沟通是指以非正式组织系统为渠道的信息传递。

3. 按照方向不同划分

按照方向不同划分,沟通可分为下行沟通、上行沟通和平等沟通。下行沟通是指上级将信息传达给下级,是由上至下的沟通。上行沟通是指下级将信息传达给上级,是由下至上的沟通。平等沟通是指同级之间横向的信息传递,也称横向沟通。

4. 按照是否进行反馈划分

按照是否进行反馈划分，沟通可分为单项沟通和双向沟通。一般来说，单项沟通是指没有反馈的信息传递。双向沟通是指有反馈的信息传递，是发送者和接收者相互之间进行信息交流的沟通。

二、沟通的障碍与控制

★【链接6-2】

某公司经理高度重视与员工沟通，有效调动员工的积极性，使企业充满活力。他采用多种手段直接与员工沟通，避免中间环节。他将自己的电子邮箱告诉员工，要求员工大胆反映实际问题。他本人坚持每天上班前先认真阅读来信，并进行处理。公司又建立了经理公开见面会制度，定期召开，也可因重大事情临时召开。参加会议的是员工代表、特邀代表和自愿参加的员工。每次会议前，员工代表都广泛征求群众意见，提交到经理公开见面会上解答。在员工薪酬和分房两项工作刚开始时，他亲自就员工薪酬和分房的原则、方法和步骤等做了解答，使部分员工的疑虑得以消除，保证了工作顺利进行。

在人们沟通信息的过程中，常常会受到各种因素和信息的干扰，使沟通受到障碍。沟通的障碍主要来源于以下几个方面：

（1）沟通方式选择不当，造成沟通障碍。沟通的方式多种多样，并且不同的方式有不同的优缺点。如果不能根据组织目标和特点选择适合的沟通方式，将会导致组织沟通效果下降。现代组织越来越庞大，中间层次不可避免地增加，在这种情况下，如果仍沿用传统的垂直沟通模式，沟通速度必定会下降，沟通效果也不会很好。

（2）沟通技能、知识等方面的差异，会影响沟通效果。在技能、知识等方面的差异，可能会使接收者不能完全理解甚至曲解发送者的意图，或发送者不能以最易被理解的方式表达他的意图，从而降低了沟通的效果。

（3）态度和兴趣障碍。发送者的态度和兴趣会影响他发出信息的质量，接收者也经常会根据自己的态度、兴趣有选择地去听、去看信息（在行为心理学上，叫作选择性知觉）。在解释接收到的信息时，接收者也会把自己的态度和兴趣添加进去。

（4）情绪障碍。沟通情绪也会影响沟通效果。这是因为个体在不同的情绪下，对同一问题会有不同的解释；尤其是在狂喜、狂怒、抑郁等一些极端的情绪状态下，常常使人不能客观、理智地思考问题，阻碍了信息沟通的顺利进行。所以，管理者在情绪激动的情况下最好不要做决断，以免造成失误。

（5）信息过滤。信息过滤是指故意篡改或歪曲事实，使信息接收者接收不到真实、全面的信息。下级在向上级报告工作时，因害怕承担责任，往往专拣对自己有利地说，或挑领导爱听的去说，这就是信息过滤。信息过滤发生的程度与组织层级多少和组织文化有很大关系，组织层级越多，信息被过滤的可能性就越大；若组织中的形式主义或浮夸风很严重，那么下级在向上级汇报工作时，就越有可能故意抹去真实的信息。

（6）语言障碍。绝大多数的信息沟通都利用语言来表达一定的含义。语言通常有多种意义，人们必须从中选择一种。有时选错了，就会出现语言障碍。比如词语这一符号，会从多重含义、专业术语、词语的下意识联想等方面引起沟通障碍。发送信息方如果口齿不清，词不达意或者字体模糊，就难以把信息完整地、准确地表达出来。在不同国籍、不同民族人员之间的交流中这种障碍更加明显。

三、有效沟通的技巧

无论是人际沟通、组织内的沟通还是组织与组织之间的沟通，要实现有效的沟通，就必须按照一定的原则，对沟通技能和方法进行改进和开发。沟通虽然非常普遍，看起来非常容易，但是有效沟通却常常是一项困难和复杂的行为，因此就需要通过一些技巧来实现有效沟通。

（1）明了沟通的重要性，正确对待沟通。管理者十分重视计划、组织、领导和控制，对沟通常有疏忽，认为信息的上传下达有了组织系统就可以了，对非正式沟通中的"小道消息"常常采取压制的态度，这表明企业管理层没有从根本上对沟通给予足够的重视。

（2）培养"听"的艺术。对管理者来说，"听"不是件容易的事情，要较好地"听"，也就是要积极倾听。

（3）创造一个相互信任和有利于沟通的小环境。企业经理人员不仅要获得下属的信任，而且要得到上级和同僚们的信任。他们必须明白，信任不是人为的或从天上掉下来的，而是诚心诚意争取来的。

（4）缩短信息传递链，拓宽沟通渠道，以保证信息的畅通无阻和完整性。减少组织机构重叠，在利用正式沟通的同时，开辟高层管理者至基层管理者的非正式的沟通渠道，以便于信息的传递。

（5）建立特别委员会并定期加强上下级的沟通。特别委员会由管理者和第一线的工人组成，定期相互讨论各种问题。

（6）组成非管理工作组。当企业发生重大问题引起上下关注时，管理者可以授命组成非管理工作组。非管理工作组由一部分管理者和一部分职工自愿参加，利用一定的时间，调查企业问题，并向最高主管部门汇报。最高管理层也要定期公布他们的报告，就某些重大问题或"热点"问题在全企业范围内进行沟通。

（7）加强平行沟通，促进横向交流。通常，企业内部的沟通以垂直沟通居多，部门之间、车间之间、工作小组间的横向交流较少，而平行沟通却能加强横向合作，这一方式对组织间沟通尤为奏效。

本章小结

（1）领导是指管理者依靠其影响力，指挥、带领、引导和鼓励被领导者，实现组织目标的活动和艺术。运用领导影响力开展工作，促使组织成员更有效地实现组织目标。

（2）按领导理论的时间和逻辑顺序划分，领导理论可以分为领导特质理论、领导行为理论和领导权变理论。其中，领导特质理论主要研究有效的领导者应具备什么素质或特质；领导行为理论则将研究重点从领导者可能具备哪些特质转向了领导者应当如何行为的方面，并对领导方式或风格做了各种角度的区分；领导权变理论则认为有效的领导方式是因不同情景而权变的。只有与特定情景相适合的领导方式才可能是有效的，而与特定情景不符的领导方式则往往是无效的。

（3）管理者的指挥形式按所采用的载体不同，可以划分为口头指挥、书面指挥和会议指挥；按照强制程度不同，指挥形式可以分为命令决定、建议说服、暗示示范。

（4）有效沟通是指发出的信息与对方收到的信息在内容上达到相互一致或基本上相接近状态。沟通虽然非常普遍，看起来非常容易，但是有效沟通却常常是一项困难和复杂的行为，因此就需要通过一些技巧来实现有效沟通。

重要概念

领导　领导特质理论　领导行为理论　领导权变理论　管理方格理论　指挥　沟通

复习思考题

1. 领导的含义和作用是什么？
2. 什么是管理方格理论？其中有效的领导方式是哪一种？
3. 你认为什么样的企业管理者才具有领袖魅力？
4. 什么是指挥？如何实现有效指挥？
5. 什么是沟通？如何实现有效沟通？
6. 沟通的类型有哪些？

案例分析

案例一　一次严峻的挑战

分公司的重组、调整工作已基本告一段落，杨经理将自己的工作重点转向经常化管理，即所谓的领导职能。在调研中杨仁峰发现，前一段主要关注规划和机构问题，日常管理有所忽视，包括自己在内的管理者们缺乏领导素质，指挥不力，管理混乱，人心涣散，绩效低下。

为了解决这一问题，杨经理不动声色，在暗中做了许多调查，并针对本单位实际情况搞出一整套整顿措施与方案。于是,他大刀阔斧地搞起整顿与改革。整顿劳动纪律,批评处罚违纪者,改革奖金发放办法,对营销业绩明显不好的员工还扣了部分工资。他想,这些是各单位改革的成熟举措,而且力度又大,一定会迅速奏效。

但是,令他十分震惊的是,整顿不但没能奏效,而且遭到部下的强烈抵制。他对干部们提出严格管理的要求,对下级的违纪行为一定要严加惩处,但违纪行为时有发生;尽管三令五申,所制定的规章制度依然无法严格执行,工作秩序仍然混乱;奖金发放办法拉开档次,明明是富有激励性的好办法,可是却遭到几乎所有人的反对……

一次,他刚到车间就碰到一名迟到者。想到近日屡禁不止的迟到现象,加之该名员工迟到了近20分钟,他怒不可遏。当众怒斥这名员工:"公司已三令五申,你怎么还总迟到?难道是诚心与公司对着干?"该名员工觉得很没面子,竟然当众与他"顶牛":"我从未迟到过,今天是有点特殊事情,你凭什么说我'总迟到'?"杨经理的确不知道这名员工以前是否迟到过,竟一时哑口无言,在众多员工面前很是尴尬。但是,他着实被这名员工气坏了,当场宣布,扣除该员工当月奖金。被他扣了奖金的员工更是怒不可遏,居然追到他办公室和他"理论",杨经理已被弄得狼狈不堪。

讨论题:

1. 你认为是杨经理的整顿措施不当,还是领导方式出现了问题?
2. 你能分析杨经理的上述行为所表现出的是一种什么样的权力运用方式吗?
3. 杨经理的领导权威明显受到挑战,原因何在?你认为他应怎样处理这位迟到近20分钟的员工?

案例二 沟通、交流也是生产力

每周二下午1:10—2:50,前驻法大使、前外交学院院长吴建民都要给外交学院学生上《交流学》一课。作为院长亲自讲课,讲授一门在我国尚是空白的学问,吴建民说这是中国走向世界的需求。

吴建民举例说:很多商务代表团招商引资时竟仿照国家领导人出访讲话。如先讲如何在春光明媚的季节来到美丽的塞纳河畔,再讲勤劳智慧的法国人民如何具有光荣的革命传统,三讲中法友好,四讲华夏有5 000年文明,有长城、故宫、兵马俑等。招商内容却置于末尾,匆匆带过。本末倒置的讲话,法国人听得既不解渴又生反感。还有的代表团在交流中照稿宣读:"我们正在贯彻邓小平理论和'三个代表'重要思想,全面建设小康社会的道路上阔步前进;我市是一块投资的热土,商机无限。我们会采取平等互利原则,实现双赢。我们工业门类齐全,人力资源雄厚。我们的对外开放是全方位、多层次、宽领域,我们欢迎大家到我市投资……"听得法国人云山雾罩。如此没有共鸣的交流等同无效交流。

交流中最常见的还有礼仪上的丢分。法国某大企业总裁曾对吴建民发牢骚:"你们的领导是接见我们,还是接见你们的翻译。我再不想见你们这位团长了。"原来,"我们的领导"与对方交流时自始至终眼盯翻译,甚至两次握手也眼盯别处。没有目光交流的会谈使该总裁受到从未有过的伤害。还有一次,国内一女市长出访荷兰时,欲与某城市结好。为促成此事,吴建民在大使官邸宴请双方。餐后,女市长竟在餐桌上手无遮拦地用牙签剔牙,不仅如此,还将剔出物连"呸"几下吐进盘子。荷兰市长斜睨她之表情,女市长视而不见。细节决定成败。

吴建民曾在联合国工作10年(1971—1981年),一年见几十位外长。他发现,"会说的国家,不会说的国家,效果确实不同"。会说的,会下必有人趋前与之交流。如此,国家形象及影响便应"说"而生。

2003年7月,吴建民从置身42年的外交舞台转至教育,就任外交学院院长。面对学生,吴建民敏感意识到,"独生子女+应试教育会使国人不善于交流的欠缺变本加厉"。就学生们喜爱网上聊天、人机对话、短信交流而言,足见他们天地之小,心路之狭,视野之窄。其他的一些事印证了吴建民的忧虑感及危机感。如北京某高校一北京籍学生走丢了,因怯于问路,致使一件普通事演变为笑谈。一些求职学生常于面试时失败,吴建民分析部分失败原因——"源自交流的失败。如自我介绍重点不突出,没给考官留下鲜明印象;与考官没有目光交流;面试过程中接听手机;回答问题不着边际;急于表现自己;薪酬要求脱离实际;临走不说谢谢……"

吴建民知道,1970年巴黎政治大学就设立了交流学。1990年,复杂的国际形势又使其增设了危机时期的交流学。讲演课是每所学校考核学生能力课程之一。为填补我国在交流学领域的空白,吴建民边写边讲,边讲边写。2004年年底,吴建民主编的《交流学十四讲》被国务院新闻办指定为中国政府新闻发言人培训班参考书。

吴建民授课对象不仅限于学生,还有外交官。一次,他给准外交官上课。出题"大使赴任第一天讲话"。32个人陆续上台,轻者头上冒汗,词不达意,不断嘟囔"没准备,没准备",重者身体哆嗦,目光游离……吴建民在教诲中强调:"作为外交官,要知己知彼,要琢磨透交流对象,要时刻准备着交流,"他举例说,就目前形势,相当多数欧洲人认为,欧洲市场的就业机会被中国人抢跑了。如何说服他们?吴建民建议"让事实说话"。他说:"中国有一生产积木玩具的工厂,法国投资。该玩具售价27欧元,成本1.2欧元,手工费0.8欧元。这个工厂不仅给中国人创造了就业机会,也给法国带来就业机会及利润。"此事,如果按国人惯有思维,自然开讲大道理:"我们是平等互利的,实现双赢的。"但这会令对方无动于衷或心生反感。俗话说,摆事实,讲道理。吴建民直言"我们轻摆重讲"。讲的过程中,忌讳虚话、套话、空话、假话、卖弄。相反,信任感、好感必来自"两实"(朴实、诚实)。

不苟言笑、生硬内敛、造作拘谨、摆官架子——吴建民期待交流学中的幽默改变官场表象。一日,他从广播中听到就举报赌博电话一事,主持人与公安部某官员的对话;主持人请官员说出举报电话。官员没有听众期待的脱口即出,而是说:"这个号码我们已经公布多次了,为了教育赌博者,为了群众举报方便,为了净化社会环境,我再一次公布,请大家牢记……"吴建民点评该官员"不懂把时间用在刀刃上,与其啰唆套话,不如重申三遍号码更有效"。他举例幽默之良效：俄罗斯人请法国人吃饭。饭后甜点，俄罗斯人用刀切蛋糕，不均匀，但并非有意。法国人打趣请客者给自己少的一块："幸亏是蛋糕，如果是地图，那就太糟糕了。"

"人活在世就要与人打交道，打交道就要懂得交流学。"吴建民以讲课、讲演、著书之交流方式填补交流学空白，缩短中国与世界的距离。

讨论题：
1. 通过本案例，你认为沟通、交流有什么技巧？
2. 你认为沟通、交流是生产力吗？

实训项目

校园模拟指挥

实训目的

（1）培养学生现场指挥的能力。
（2）培养学生的应变能力。

实训内容

管理情景为：晚上1点多钟，男生宿舍三楼的卫生间上水管突然爆裂。此时楼门已经关闭，人们都沉睡在梦中，只有邻近的几个宿舍的学生惊醒。水不断地从卫生间顺着东西走廊涌出，情况非常紧急，假如你身处其中，如何利用你的指挥能力化险为夷。

根据设定的管理情景，由学生分组即时进行指挥。

实训考核

（1）每组进行现场指挥表演，其他小组给予评价打分。
（2）教师根据各小组的现场指挥进行评价打分。
（3）将上述两项评价得分综合为本次实训成绩。

第七章

激 励

★ 学习目标

了解激励的概念；
掌握激励的方法和技巧。

★ 案例导入

中国梦

中国梦，是中国共产党召开第十八次全国代表大会以来，习近平总书记所提出的重要指导思想和重要执政理念，正式提出于 2012 年 11 月 29 日。习总书记把"中国梦"定义为"实现中华民族伟大复兴，就是中华民族近代以来最伟大梦想。"中国梦"的核心目标也可以概括为"两个一百年"的目标，也就是：到 2021 年中国共产党成立 100 周年和 2049 年中华人民共和国成立 100 周年时，逐步并最终顺利实现中华民族的伟大复兴，具体表现是国家富强、民族振兴、人民幸福，实现途径是走中国特色的社会主义道路、坚持中国特色社会主义理论体系、弘扬民族精神、凝聚中国力量，实施手段是政治、经济、文化、社会、生态文明五位一体建设。

2017 年 10 月 18 日，习近平同志在十九大报告中指出，实现中华民族伟大复兴是近代以来中华民族最伟大的梦想。中国共产党一经成立，就把实现共产主义作为党的最高理想和最终目标，义无反顾肩负起实现中华民族伟大复兴的历史使命。习近平同志指出，实现伟大梦想，必须进行伟大斗争；必须建设伟大工程；必须推进伟大事业。

【案例启示】
梦想是激励人们发奋前行的精神动力。当一种梦想能够将整个民族的期盼与追求都凝聚起来的时候,这种梦想就有了共同愿景的深刻内涵,就有了动员全民族为之坚毅持守、慷慨趋赴的强大感召力。实现中华民族伟大复兴,是全体中华儿女的伟大梦想和共同愿望,也是中国近现代史的主题。

梦想是激励人们发奋前行的精神动力。有梦就有希望,有信念就有力量。中国梦的激励是对每一个中国人的激励,中国梦的实现是每一个中国人梦想的实现。中国梦是强国梦,激励青年成才,成为合格的社会主义建设者和接班人。

第一节 激励概述

一、激励的概念

激励是指激发人的内在动机,鼓励人朝着组织所期望的目标采取行动的过程,其核心是调动人的积极性,可以从以下三个方面来理解激励这一概念。

(1) 激励是一个过程。对人的行为的激励,实质上就是通过采用能满足人需求的诱因条件,引起行为动机,从而推动人采取相应的行为,以实现目标,然后再根据人们新的需求设置诱因,如此循环往复。

(2) 激励过程受内外因素的制约。各种管理措施,应与被激励者的需求、理想、价值观、责任感等内在的因素相吻合,才能产生较强的合力,从而激发和强化工作动机,否则不会产生激励作用。

(3) 激励具有时效性。每一种激励手段的作用都有一定的时间限度,超过时限就会失效。因此,激励不能一劳永逸,需要持续进行。

二、激励的过程与机理

心理学的研究表明,人的行为具有目的性,而目的源于一定的动机,动机又产生于需求。由需求引发动机,动机支配行为并指向预定目标,是人类行为的一般模式。激励就是通过激发需求使其产生动机,然后诱导动机使其产生行为,最后强化行为使其最终实现组织或个人目标的过程。这就是激励的过程与机理,也是激励得以发挥作用的心理机制,该过程如图7-1所示。

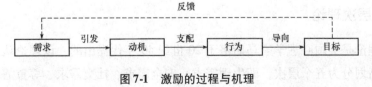

图7-1 激励的过程与机理

(1) 需求。需求是人的一种主观体验,是人们在社会生活中对某种目标的渴求和欲望,是人们行为积极性的源泉。

(2) 动机。当人们有了某种需求而又未能满足时,心理上便会产生一种紧张和不安,这种紧张和不安就成为一种内在的驱动力,促使个体采取某种行动,这就是动机。从某种意义上来说,需求和动机没有严格的区别。需求体现一种主观感受,动机则是内心活动。实际上一个人会同时具有许多种动机,动机之间不仅有强弱之分,而且会有矛盾,一般来说,只有最强烈的动机才可以引发行为,这种动机称为优势动机。

(3) 行为。行为是指在动机下采取的行动。动机对于行为有着重要的功能,表现为三个方面:一是始发功能,即推动行为的原动力;二是选择功能,即它决定个体的行为方向;三是维持和协调功能,即行为目标达成时,相应的动机就会获得强化,使行为持续下去或产生更强烈的行为,趋向更高的目标,相反,则降低行为的积极性,或停止行为。

(4) 需求、动机、行为与激励的关系。人的任何动机和行为都是在需求的基础上建立起来的,但并不是所有的需求都产生动机,只有当这种需求具有某种特定的目标时,需求才会产生动机,动机才会成为引发人们行为的直接原因。同样,也并不是每个动机都必然会引发行为,在多种动机下,只有优势动机才会引发行为。管理者实施激励的目的,就是想方设法做好需求引导和目标引导,强化员工动机,刺激员工的行为,从而实现组织目标。

第二节 激励理论

激励理论主要是研究人的动机激发的因素、机制与途径等问题。激励理论有很多,根据对需求影响的不同方式可以划分为三类:一是内容型激励理论。它重点研究激发动机的诱因,主要包括:马斯洛的需求层次理论、赫茨伯格的双因素理论、麦克利兰的激励需要理论等。二是过程型激励理论。它重点研究从动机的产生到采取行动的心理过程,主要包括:弗鲁姆的期望值理论、亚当斯的公平理论、波特—劳勒的激励模式理论等。三是行为改造型激励理论。它重点研究激励的目的(即改造、修正行为),主要包括:斯金纳的强化理论、凯利的归因理论等。

这里主要介绍几种典型的激励理论。

一、需求层次理论

需求层次理论是美国心理学家马斯洛于20世纪40年代提出的。该理论认为,人们的需求可以从低到高划分为五个层次,即生理需求、安全需求、社交需求、尊重需求与自我实现需求。这五种需求呈金字塔形分布,如图7-2所示。

第七章　激励

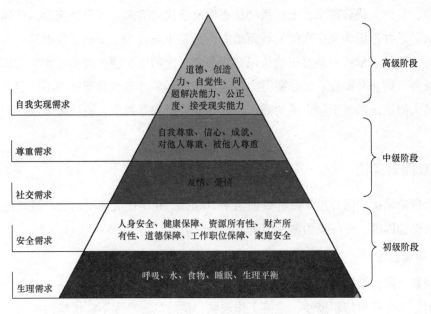

图 7-2　马斯洛需求层次理论

(1) 生理需求。生理需求是指人类生存最基本的需求,这些需求在没有得到满足之前,其他需求都不能自我实现起到激励作用,如对衣、食、住、行的需求等。

(2) 安全需求。安全需求是指保护自己免受身体和情感伤害的需求。这种需求体现在社会生活中是多方面的,如生命精神需求、生理安全需求、劳动安全、职业有保障、心理安全等。

(3) 社交需求。社交需求是指人们希望与人交往,避免孤独,与同事和睦相处、关系融洽的需求。这种需求包括友谊、爱情、归属、信任与被接纳的需求。这一层次的需求要是得不到满足,可能会影响人的精神上的健康。马克思认为人的本质属性就是社会性,这是人与动物最根本的区别。

(4) 尊重需求。尊重需求包括自尊和受人尊重两个方面。自尊是指自己的自尊心,工作努力不甘落后,有充分的自信心,获得成就感后的自豪感。受人尊重是指自己的工作成绩、社会地位能得到他人的认可。这一层次的需求一旦得以满足,必然信心倍增,否则就会产生自卑感。

(5) 自我实现需求。这是最高一级的需求,是指个人成长与发展,发挥自身潜能、实现理想的需求。即人希望自己能够充分发挥自己的潜能,做自己最适合的工作。这一层次的需求是无止境的。例如人生的价值分为自我价值和社会价值两个方面,实现人生价值就是人"自我实现的需求"。

在这五个层次的需求中,前两个层次的需求属于物质需求,后三个层次的需求属于精神需求。该理论表明,不同层次的需求是同时存在的,但人们首先追求满足较低层次的需求,然后才会进一步追求较高层次的需求。在同一时期同时存在的需求中,总有一种需求占主导和支配地位,称之为优势需求,人的激励状态取决于优势需求是否得到满足。任何一种满足了的低层次需求并不因为高层次的发展而消失,只是不再成为主要的激励因素。

对管理实践的启示:一是要正确认识被管理者需求的层次性,对多层次的需求应科学分析,区别对待,防止片面性;二是要努力将管理手段和条件与被管理者的不同层次的需求联系起来,最大限度地满足不同人员的需求;三是要分析和寻找个人的优势需求,有针对性地进行激励。

二、双因素理论

双因素理论是由美国心理学家赫兹伯格于20世纪50年代后期提出的。该理论因素有两类,一类为保健因素,另一类为激励因素。

(一)保健因素

保健因素又称为维持因素,是指与工作环境和条件相关的因素。这些因素不能起到激励员工的作用,却带有保持积极性、维持工作现状、预防员工产生不满情绪的作用。当得不到这些方面的满足时,人们会产生不满情绪,从而影响工作,但当得到这些方面的满足时,只是消除了不满情绪,也不会调动人们的工作积极性,即起不到明显的激励作用。常见的保健因素主要有:管理政策与制度、监督系统、工作条件、人际关系、工资水平、福利待遇、职务地位、工作安全等。

(二)激励因素

激励因素是属于和工作本身相关的因素,是指那些能调动员工工作积极性、激发其工作的热情、能从根本上激励员工的因素。当人们得不到这些方面的满足时,工作就会缺乏积极性,但不会产生明显的不满情绪。当人们得到这些方面的满足时,会对工作产生浓厚的兴趣和积极性,起到明显的激励作用。常见的激励因素有:工作成就感、工作挑战性、工作中的认可和赏识发展(晋升、成长)、责任感等。赫兹伯格所说的保健因素和激励因素在实际的工作中有所交叉,也因管理对象的不同而存在差异。

对管理实践的启示:一是要善于区分对待这两种因素的作用。对于保健因素要给予基本的满足,同时要抓住激励因素,进行有针对性的激励。二是要正确地认识和选择激励因素。能够对员工产生激励的因素在实践中不是绝对的,常常因人因地而不同,有时差别很大,必须在实际分析的基础上灵活地加以确定。

三、期望值理论

期望值理论是美国心理学家弗鲁姆于20世纪60年代提出的。该理论认为,人们对某项工作积极性的高低,取决于他对这项工作能满足其需求的程度及实现可能性大小的评价。当员工认为努力会带来良好的绩效评价时,他就会受到激励进而付出更大的努力。激励力量的大小,取决于效价与期望值的乘积。用公式表示为

$$M = V \cdot E$$

式中，M 为激励力，表示个人对某项活动的积极性程度，希望达到活动目标的欲望程度；V 为效价，即活动结果对个人的价值大小；E 为期望值，即个人对实现这一结果可能性的判断。

从式中可以看出，促使人们做某种事情的激励力依赖于效价和期望值这两个因素。效价和期望值越高，激励力就越大。因此，要收到预期的激励效果，不仅要使激励手段的效价足够高，而且要使激励对象有足够的信心去获得这种满足。需要注意的是，效价的高低不是由管理者决定的，而是由被激励者的需求所左右。管理者的重要任务之一就是要准确地把握员工对需求的价值评价，采取合适的激励方式。同时，又要创造出较大的实现期望值的客观条件，使员工充满信心，发挥自己的积极性和创造性。

对管理实践的启示：一是选择激励手段。一定要选择员工感兴趣、评价高，即认为效价大的手段，这样，才能产生较大的激励作用。二是确定目标的标准不宜太高。目标必须是大多数人通过努力能够实现的，可以通过增大目标实现的概率来增强激励的作用。

★【链接7-1】

效价、期望值与激励力之间的关系

一位公司销售经理对他的一位销售员说："如果你今年完成1 000万元的销售额，公司将奖励你一套住房。"这时，组织的目标是1 000万元的销售额，个人的目标是一套住房，效价和期望值可能会这样影响这个销售员的激励力：

效价——销售员可能的反应是：

A. "天哪！一套住房！哈哈，这正是我梦寐以求的，我一定要努力争取！"

B. "住房？我现在住的已经够好的了，况且如果我一人拿了同事们肯定会不满的，这对我来说没有什么吸引力！"

期望值——销售员可能的反应是：

A. "1 000万元的销售额，按照今年的行情，如果我比去年再努力一点，是能做到的。"

B. "1 000万元？简直是天方夜谭，经理要么疯了，要么就是压根儿就不想把住房给我，我才不会白花力气呢！"

激励力——销售员可能的反应是：

A. "只要销售到1 000万元就能得到一套住房，我一定好好努力！"

B. "经理向来说话不算数，我打赌经理到时一定能找出10条理由说：'我也不想说话不算数，但我实在是无能为力。'"

在该例子中，可以很明显地看到，效价和期望值越高（在所有A的情况下），则对人的激励力越强；而反之（在所有B的情况下），对人的激励力则越弱。从中至少可以得到以下两点启示：一是要有效地进行激励，就必须提高活动结果的效价，要提高效价就必须使活动结果能满足个人最迫切的需求。二是要注意目标实现的期望值,即组织目标实现的概率不宜过低,以免让个人失去信心;当然也不宜过高,过高则会影响激励工作本身的意义。

四、公平理论

公平理论,也称为社会比较理论,是美国心理学家亚当斯(Adams)于1965年首先提出的。这种理论的基础在于,员工总是在进行比较,比较的结果对于他们在工作中的努力程度有影响。员工经常将自己的付出和所得与他人进行比较,而由此产生的不公平感将影响到他们以后付出的努力。

当一个人做出了成绩并取得报酬以后,他不仅关心自己所得报酬的绝对量,而且关心自己所得报酬的相对量。每个人都会自觉地把自己所获得的报酬与投入之比,同他人的收入与付出之比或本人过去的收入与付出之比进行横向和纵向的比较,来判断报酬的分配是否公平。

当一个人通过比较,发现自己所获得的报酬与投入之比,等于或大于他人的收入与付出之比,从而决定下一步的行为。当有不公平的感受时,就会出现心理上的不安,并设法去消除这种不公,有可能采取以下的措施来求得平衡:一是曲解自己或他人的付出或所得;二是采取某种行为改变他人的付出或所得;三是采取行为改变自己的付出或所得;四是选择另外一个参照对象进行比较;五是辞去工作。总之,当员工感到不公平时,工作的积极性往往会下降,要注意的是,公平与否源于个人的感觉。人们在心理上通常会低估他人的工作成绩,高估别人的收益,由于感觉上的错误,就会产生心理不平衡,这种心态对组织和个人都很不利。管理人员应有敏锐的洞察力来体察职工的心情,如是个人主观的认识偏差,也有必要进行说明解释,做好思想工作,使员工处于拥有公平感的心理状态。

对管理实践的启示:一是在管理中要高度重视相对报酬问题,始终将相对报酬作为有效激励手段来加以运用;二是尽可能实现相对报酬的公平性;三是当出现不公平现象时,要做好工作,积极引导,通过改革与管理科学化,消除不公平,防止负面作用发生。实现公平正义是建设社会主义和谐社会的基本要求,我们经常听到诸如"教育公平",公平也是法律追求的目标,法律面前人人平等。古代的"王子犯法与庶民同罪",是公平理论的应用。

五、强化理论

强化理论,又称为"行为修正理论",是由美国心理学家斯金纳提出的。强化,指的是一种行为的肯定或否定的后果,它在一定程度上决定该行为是否重复发生。该理论认为,人的行为受外部环境刺激而产生调节,当遇到正强化时,行为会重复发生,受到负强化时会趋于减少发生,因此,可以通过不断改变环境的刺激因素来达到改变某种行为的目的。

(一)正强化

正强化又称积极强化,当人们采取某种行为时,能从他人那里得到某种令其感到愉快的结果,这种结果反过来又成为推进人们趋向或重复此种行为的力量。例如,企业用某种具有吸引力的结果（如奖金、休假、晋级、认可、表扬等），以表示对职工努力进行安全生产行为的肯定，从而增强职工进一步遵守安全规程进行安全生产的行为。

（二）负强化

负强化又称消极强化，它是指通过某种不符合要求的行为所引起的不愉快的后果，对该行为予以否定。若职工能按所要求的方式行动，就可减少或消除令人不愉快的处境，从而也增大了职工符合要求的行为重复出现的可能性。例如，企业安全管理人员告知工人：不遵守安全规程，就要受到批评，甚至得不到安全奖励。于是工人为了避免此种不期望的结果，而认真按操作规程进行安全作业。

负强化的一种典型方式，即在消极行为发生后，以某种带有强制性、威慑性的手段（如批评、行政处分、经济处罚等）给人带来不愉快的结果，或者取消现有的令人愉快和满意的条件，以表示对某种不符合要求行为的否定。

对管理实践的启示：一是要坚持奖励与惩罚相结合，对正确的行为给予适当的奖励，对不良的行为则要给予处罚。二是要以奖为主，以罚为辅，则防止过多地惩罚所带来消极的影响。三是要及时而正确地强化。四是奖人所需，形式多样。

第三节 激励实务

一、激励的方法

激励方法得当，会事半功倍，最大限度地激发员工的工作积极性，给组织带来利益。在组织内部一般采用的有效激励的方法主要有以下几种。

（一）经济激励法

经济激励法主要是指奖酬奖励。它是最基本的激励方法，主要包括工资、奖金和各种形式的津贴及实物奖励。在我国，工资和奖金是主要的经济激励方法。经济激励法的要点包括以下几个方面：其一，只对成绩突出者予以奖赏，如果见者有份，既助长了落后者的惰性，又伤害了先进者的努力动机，从而失去了激励的意义；其二，重奖重罚，对于克服重重困难方才取得成功者，应该重奖，以示鼓励；而对于玩忽职守，造成重大损失者，则要重罚，以示惩戒；其三，奖励要向关键岗位以及脏、累、苦、难等岗位倾斜，肯定他们的劳动价值，从而真正调动他们的工作积极性。

（二）任务激励法

把工作任务的重要性同个人的成就以及切身利益相结合，从而使员工能够积极承担各自的工作。

★ 【链接7-2】

"红烧肉的故事"

老板接到一桩业务,有一批货要搬到码头上去,又必须在半天内完成。任务相当重,手下就那么十几个伙计。

这天一早,老板亲自下厨做饭。开饭时,老板给伙计一一盛好饭,还亲手捧到他们每个人手中。

伙计王接过饭碗,拿起筷子,正要往嘴里扒,一股诱人的红烧肉浓香扑鼻而来。他急忙用筷子扒开一个小洞,三块油光发亮的红烧肉焐在米饭当中。他立即扭过身,一声不响地蹲在屋角,狼吞虎咽地吃起来。

这顿饭,伙计王吃得特别香。他边吃边想:老板看得起我,今天要多出点力。于是他把货装得满满的,一趟又一趟,来回飞奔着,搬得汗流浃背……

整个下午,其他伙计也都像他一样卖力,个个挑得汗流浃背。一天的活,一个上午就干完了。

中午,伙计王不解,偷偷问伙计张:"你今天咋这么卖力?"伙计张反问伙计王:"你不也干得很起劲嘛?"伙计王说:"不瞒你,早上老板在我碗里塞了三块红烧肉啊!我总要对得住他对我的关照嘛!""哦!"伙计张惊讶地瞪大了眼睛,说:"我的碗底也有红烧肉哩!"两人又问了别的伙计,原来老板在大家碗里都放了肉。众伙计恍然大悟,难怪吃早饭时,大家都不声不响闷笃笃地吃得那么香。

如果这碗红烧肉放在桌子上,让大家夹来吃,可能就不会这样感激老板了。同样这几块红烧肉,同样几张嘴吃,却产生了不同的效果,这不能不说是一种精明。

管理启示:对于管理人员来说,"怎样让大家吃红烧肉吃得有劲头"是个永恒的话题——不同的人激励方法不同,同一个人不同时期激励方法也不同。千万不能墨守成规!要学会"因人、因时、因事激励"。

(三)目标激励法

设置适当的目标,激发人的动机,达到调动人的积极性的目的,称为目标激励法。目标在心理学上通常被称为"诱因",即能够满足人的需求的外在物。目标设置要合理、可行,与个体的切身利益密切相关。要设置总目标与阶段目标,总目标可使人感到工作有方向,阶段性目标可使人感到工作的阶段性、可行性和合理性。

企业要制定出中长期发展规划,并在员工中进行广泛深入的宣传,让员工看到企业发展的前景、目标;同时,企业在制定中长期发展规划时,要让员工参与,虚心听取员工的意见。参与意识是员工实现自我价值需求的表现。知识经济时代的企业员工,大多希望企业领导能给他们提供一个发挥自己智慧和展示才能的舞台,以实现自我价值,这是企业员工精神方面的一种高层次的追求,应该得到爱护和尊重。只有让员工明白企业的目标,并为他们献计献策提供机会,以满足员工实现自我价值的欲望,激发他们创造性思维的火花,才能获得许多不寻常的创见和有价值的建议。目标激励法是从长远的角度出发的激励,有利于保持员工长久的积极性的发挥。

(四) 关怀激励法

关怀激励法就是指通过对职工进行关怀、爱护来激发其积极性、创造性的激励方法,它属于情感激励的内容。例如,海尔集团从1992年开始,在每月最后一天的晚上,都要为当月过生日的员工举办一次卡拉OK晚会,并规定每位过生日的员工届时可带四位亲属一同来参加,公司领导会按时到场,为过生日的每位员工祝福。关怀激励法被管理学家称之为"爱的经济学",即无须投入资本,只要注入关心、爱护等情感因素,就能获得很好的激励效果。

(五) 工作激励法

工作激励法是一种在工作中增加激励因素,改进工作组织,以调动员工的工作积极性的激励方法。它是以赫茨伯格的理论为依据,是通过把更为负责、更受重视以及对员工成长和提升提供更多机会的工作加到工作中去,这样做可以减少员工工作的单调性、增强工作的责任感,使工作本身成为激励因素。

工作激励法主要有工作适应性、工作扩大化和工作丰富化等方法。

(1) 工作适应性。工作适应性是指工作的性质和特点与从事该工作的员工条件与特征相吻合,能充分发挥其优势,激发其工作兴趣,从而使员工高度满意其工作。

(2) 工作扩大化。工作扩大化是指在横向水平上增加工作任务的数目或变化性,使工作多样化,但工作的难度和复杂程度并不增加。增加员工的工作内容,必然会提高员工的工作热情和兴趣。

(3) 工作丰富化。工作丰富化是指在纵向上赋予员工更复杂、更系列化的工作,有机会让员工参与他们所从事工作的目标制定、规划、组织和控制。工作丰富化的目的不在于花同样的钱让员工做更多的事情,而在于让员工发挥出更大的潜力,提高公司的整体效率,而员工个人也会因此获得更多的报酬。

(六) 思想教育激励法

思想教育激励法包括政治教育、思想工作、表扬与批评。在应用时应注意以下几点:

(1) 坚持以表扬为主,批评为辅。

(2) 必须以事实为依据。

(3) 要讲究表扬与批评的方式、时机、地点,注重实际效果。

(4) 批评要对事不对人。

(5) 要尽量减少批评的次数。

(6) 批评与表扬的适当结合。

★ 【链接7-3】

英特尔公司对员工的激励

为了激励员工，让员工保持最佳的工作状态，在工作中增长才干，英特尔公司经常让员工调换工作，1999年，公司的6.7万名员工中，有10%曾经在公司内部进行了调换。这种做法让英特尔的组织保持了一种流动的状态。因为公司一直在超速运行，它的产品周期为6个月，公司里的每一个职工都必须要有极强的适应力，为了让新手更快地适应快节奏运转的工作环境，英特尔公司规定在一个周期之后，新员工就要转换另一个工作岗位。他们帮助新人通过公司的日常运作，聚集当今科技发展的方向，公司还设有奖励先进个人与集体的专项奖金，每个员工都有公司股票的选择权，这是公司给员工的一种福利。

二、激励的技巧

要让激励达到最终的效果，除了要选择有效的激励方法之外，还需要采用相应的技巧才能收到最佳的效果。一般采用的激励技巧主要有以下四种。

（一）先教后用激励

在做某件事情之前，要先打好基础，以得到他人的认同，往往会事半功倍。在施以激励之前，必须先对人员进行启发、教育，使他们明白要求和规则，这样在采用激励方法时，他们才不至于感到突然，尤其是对于处罚就不会感到冤枉。所以，最好的管理方法是启发，而不是惩罚。

（二）公平激励

"不患寡而患不均"，因此，要保证激励制度的顺利执行，一定要做到不唯亲、不唯上、不唯己，只唯实，公平相待。在激励过程中，无论是奖励还是惩罚，都要公平公正，这样才能使人感到心理平衡，心情舒畅，从而才能极大地调动员工的积极性。

（三）适时激励

适时激励就是要注意激励的时效性，当发现员工有突出表现或巨大进步时，采取当机立断的方式予以肯定，往往会促使后续行为的强化与超越。

（四）适度激励

激励标准有个适度性问题，保持了这个度，就能使激励对象乐此不疲地努力工作。反之，如果激励对象的行为太容易达到被奖励和被处罚的界限，那么，这套激励方法就会使激励对象失去兴趣，达不到激励的目的。

本章小结

（1）激励是指激发人的内在动机，激励人朝着组织所期望的目标采取行动的过程。激励是领导工作的一个有机组成部分,有效的领导必须充分地激励,使员工的潜能最大限度地发挥出来。

(2) 激励理论包括内容型激励理论、过程型激励理论和改造型激励理论,简单介绍了几种典型的激励理论。

重要概念

激励　需求　动机　需求层次理论　双因素理论

复习思考题

1. 什么是激励?激励的过程是什么?
2. 什么是需求层次理论?
3. 什么是双因素理论?

案例分析

伯乐难留良马

助理工程师黄大佑,一个名牌大学高才生,毕业后工作已8年,于4年前应聘到一家工厂工程部负责技术工作,工作诚恳负责,技术能力强,很快就成为厂里有口皆碑的"四大金刚"之一,名字仅排在厂技术部主管陈工之后。然而,工资却同仓库管理人员不相上下,一家三口尚住在来时的那间平房。对此,他心中时常有些不平衡。

李厂长,一个有名的识才老厂长,在各种公开场合,孙中山先生的"人尽其才,物尽其用,货畅其流"的名言不知被他引述了多少遍,实际上他也是这样做的。4年前,黄大佑调来报到时,门口用红纸写的"热烈欢迎黄大佑工程师到我厂工作"几个不凡的颜体大字,是李厂长亲自吩咐人事部主任落实的,并且交代要把"助理工程师"的"助理"两字去掉。这确实使黄大佑当时工作很卖劲。

两年前,厂里有指标申报工程师,黄大佑属于有条件申报之列,但名额却让给一个没有文凭、工作平平的同志。他想问一下厂长,谁知,他未去找厂长,厂长却先来找他了:"黄工,你年轻,机会有的是"。去年,他想反映一下工资问题,来这里工作的一个目的不就是想得到高一点的工资,提高一下生活待遇吗?但是几次想开口,他都没有勇气讲出来。因为厂长不仅在生产会上表扬他的成绩,而且,曾记得,有几次外地人来取经,李厂长当着客人的面赞扬他:"黄工是我们厂的技术骨干,是一个有创新的……"哪怕厂长再忙,路上相见时,总会拍拍黄工的肩膀说两句,诸如"黄工,干得不错""黄工,你很有前途"。这的确让黄大佑兴奋,"李厂长确实是一个伯乐"。此言不假,前段时间,他还把一项开发新产品的重任交给他呢,大胆起用年轻人,然而……

最近,厂里新建好了一批职工宿舍,听说数量比较多,黄大佑决心反映一下住房问题,谁知这次李厂长又先找他，还是像以前一样，笑着拍拍他的肩膀："黄工，厂里有意培养你入党，我当你的介绍人。"他又不好开口了，结果家没有搬成。

深夜，黄大佑对着一张报纸的招聘栏出神。第二天一早，李厂长办公桌面上放着一张小纸条："李厂长：您是一个懂得使用人才的好领导，我十分敬佩您，但我决定走了。黄大佑于深夜"

讨论题：

（1）根据马斯洛的理论，住房、评职称、提高工资和入党对于黄工来说分别属于什么需求？

（2）根据公平理论，黄工的工资和仓库管理员的不相上下，是否合理？

（3）李厂长的激励手段有什么问题？他应该使用什么样的激励方式才能留住黄工？

实训项目

情景剧表演

根据情景设定的角色，进行管理沟通现场演示，并由小组讨论分析其中存在的问题。小组根据沟通的理论知识改编剧情，使得其沟通更加高效。

案例涉及人员

主管：会计部经理　宁静

下属：员工　小王

案例情景

终于到了年终，小王兴冲冲来到会计部经理宁静的办公室。

小王："宁经理，你说过只要我们部将今年的年终报表做好就可以加我工资的，是吧？"

宁经理："我是说过，小王，可是……，可是你知道公司有自己的一套关于薪金、晋升的规定和程序，并不是我可以随意更改的事情，嗯，我向总部申请看看吧。"

小王："啊？宁经理，我们部的员工都是在你这句话的鼓动下才加班加点完成工作的呀，小李还带病坚持工作呢，现在这个结果让我怎么跟他们说呢……"

宁经理："好吧，别不高兴，我一定会去向总部提出申请，表彰你们的辛苦工作的，一定会的，我保证。"

但是小王还是带着失望的表情离开了宁经理的办公室。

实训考核

这个结果是谁的错？正确的做法应该是什么？

第八章

控 制

★ 学习目标

了解有效控制应遵循的科学控制原理及自我控制的意义；

了解控制的重要性及控制的特点；

了解控制的类型；

理解控制的概念及管理控制的目标；

掌握制定控制标准的步骤，尤其是要掌握重点的选择和制定标准的方法；

掌握衡量实际工作的具体步骤和内容；

掌握界定偏差并采取矫正措施的过程及注意事项。

★ 案例导入

以巡视监督推进全面从严治党

中国共产党是执政党，是中国特色社会主义事业的领导核心，肩负着实现中华民族伟大复兴的伟大使命。进入新时代，我们党面临的执政环境是复杂的，影响党的先进性、弱化党的纯洁性的因素也是复杂的，党内存在的思想不纯、组织不纯、作风不纯等突出问题尚未得到根本解决。"坚持党要管党，全面从严治党"是新时代党的建设的根本方针，要深化标本兼治，加强廉政建设和反腐斗争。

巡视是加强党内监督的战略性制度安排，是具有中国特色的民主监督制度，有利于全面从严治党。党的十八大以来，党中央根据世情、国情、党情的深刻变化，把巡视作为党内监督战略性制度安排，确立中央巡视工作方针，决定实现一届任期巡视全覆盖，不断深化政治巡视定位，巡视利剑作用彰显，巡视制度更加完善。党的十九大以后，中央对全面从严治党提出了新要求,要严肃党内政治生活,强化党内监督,全面加强党的纪律建设,进一步发挥巡视的利剑作用。

【案例启示】

通过巡视工作发现问题、全面整改、形成震慑,严肃政治生活,净化政治生态,推进全面从严治党。

第一节 控制概述

一、控制的概念

"控制"一词最早源于希腊语"掌舵术""驾船术",意指领航者通过发号施令将偏离航线的船只拉回到正常的轨道上来。由此说明,维持朝向目的地的航向,或者说维持达到目标的正确行动路线,是控制概念的最核心含义。

(一)传统的定义

控制从其最传统的定义来说,就是"纠偏",即按照计划标准衡量所取得的成果,并纠正所发生的偏差,以确保计划目标的实现。

(二)广义的定义

从广义的角度来理解,控制包括"纠偏"(纠正偏差)和"调适"(修改标准)这两个方面的内容。这是因为,积极、有效的控制工作,不能仅限于针对计划执行中的问题采取"纠偏"措施,它还应该能促使管理者在适当的时候对原定的控制标准和目标做适当的修改,以便把不符合客观需要的活动拉回到正确的轨道上来。就像在大海中航行的船只,一般情况下船长只需对照原定的航向调整由于风浪和潮流作用而造成的航线偏离,但当出现巨大的风浪和故障时,船只也有可能需要改变整个航向,驶向新的目的地。这种导致控制标准和目标发生调整的行动简称为"调适",这应该是现代意义下企业控制工作的有机组成部分。

基于这种认识,将管理中的控制职能宽泛地定义为:由管理人员对组织实际运行是否符合预定的目标进行测定并采取措施确保组织目标实现的过程。

从这个概念中,可以清楚地认识到以下三点:

(1)控制有很强的目的性,即控制是为了保证组织中各项活动按照计划进行。

(2)控制是通过"监督"和"纠偏"来实现的。

(3)控制是一个过程。

二、产生控制的主要原因

管理之所以离不开控制,主要有以下三方面的原因。

(一) 环境的复杂性

假如组织所面临的环境是完全静态的，永远不会有变化的，那么组织就可以预见行动的结果，就可以根据所需要的结果制定行动方针并按部就班执行即可，也不用考虑任何风险问题。

亨利·西斯克指出，如果计划从来不需要修改，而且是在一个全能的领导人的指导之下，由一个完全均衡的组织完美无缺地来执行的，那就没有控制的必要了。这表达了以下几个内容：

第一，无论制定计划的人如何能干，制定的计划如何周密，总是会存在考虑不到的内容，不存在100%全面的计划，要随时关注环境的变化对计划进行修改。

第二，不存在全能的领导者，而且人不是完全客观的，总是带有主观性的。

第三，组织也不是完美无缺的。所以，必须对组织的运行进行控制，即掌握组织的实际运行状态，在出现或预计要出现偏差时给予纠正，以保证其沿着正确的方向运行直至达到目标。

(二) 组织活动的分散性

组织是由若干个体成员组成的，为了实现统一目标而进行分工协作，最终表现出来的是整个组织功能的实现。它包括两个方面：

一方面，个体的目标往往与组织的目标不完全一致。个体行为可能不符合组织计划与目标的要求，建立一个控制体系以保证成员的工作行为符合组织要求是必要的。

另一方面，组织的领导不可能直接地、面对面地组织和指挥全体员工的工作。时间与精力的限制要求他委托一些助手代理部分管理事务。由于同样的原因，这些助手也会再委托其他人帮助自己工作，这便是组织层次形成的原因。为了使受委托者有效地完成受托的部分管理事务，高一级的主管必然要授予他们相应的权限。因此，多数组织的管理权限都制度化或非制度化地分散在各个管理部门和层次。组织分权程度越高，控制就越有必要。控制系统可以及时掌握被授予权力人员的权力使用情况，以保证授予他们的权力得到正确利用，促使这些权力组织的业务活动符合计划与组织目的的要求。如果没有控制，没有为此建立相应的控制系统，管理者就不能检查下级的工作情况，即使出现权力被滥用或活动不符合计划要求等其他情况，管理者也无法发现，更无法采取及时的纠正行动。

(三) 工作能力的差异性

即使组织制定了全面完善的计划，经营环境在一定时期内也相对稳定，对经营活动的控制也仍然是必要的。

这是由不同组织成员的认识能力和工作能力的差异所造成的。完善计划的实现要求每个部门的工作严格按计划要求进行。然而，由于组织成员是在不同的时间和地点进行工作的，他们的认识能力不同，对计划要求的理解可能存在差异。即使每个员工都能正确地理解计划的要求，但由于工作能力的差异，他们的实际工作结果也可能在质和量上与计划要求不符。

这种某个环节可能产生的偏离计划的现象，会对整个组织活动的实施造成冲击。因此，加强对这些成员的工作控制是非常必要的。

三、控制工作的重要性

在管理实践中，人们都能深刻地体会到，没有控制就很难保证每个计划顺利进行，而如果各个计划都不能顺利执行，那组织的目标就无法实现，因此，控制工作在管理活动中起着非常重要的作用。控制工作的重要性可以从以下两个方面来理解。

（一）任何组织、任何活动都需要进行控制

任何组织、任何活动在制定计划时即使进行了全面细致的预测，考虑到了各种环境中的有利和不利因素，但由于环境是变化的，同时，主管人员受到自身素质、知识、经验和能力的限制，预测不可能完全准确，在此基础上制定出的决策与计划就可能出现与实际不协调的情况。这时，控制工作就起到执行、完成决策和计划的保障作用，以及在控制过程中产生新的计划、新的目标和新的控制标准的作用。通过控制，为管理人员提供及时、有效的信息，使之了解计划的执行过程中出现的偏差以及偏差的程度，分析产生偏差的原因。对于可以控制的偏差，通过查究责任予以纠正；对于不可控制的偏差，通过修正计划或调整标准，使之符合实际。

（二）控制工作存在于管理活动的全过程

控制工作通过纠正偏差的行动与其他职能紧紧地结合在一起，使管理过程形成了一个相对封闭的系统。在这个系统中，决策与计划职能选择和确定组织的目标、战略、政策以及它们的程序，然后通过组织、领导、激励、创新等职能去实现这些计划。为了保证计划的目标能正确实现，就必须在计划实施的不同阶段，根据由计划产生的控制标准，检查计划的执行情况。同时，控制工作存在于管理活动的全过程，它不仅可以维持其他职能的正常活动，而且在必要时，还可以采取纠正偏差的行动来改变其他管理职能的活动。

★【链接8-1】

控制论的创立

1948年，美籍数学家诺伯特·维纳（Norbert Wiener）发表了《控制论或关于在动物和机器中控制和通信的科学》一书。书中明确提出了控制论的两个基本概念——信息和反馈，提示了信息与控制规律。从此，控制论思想和方法到了几乎所有的自然科学和社会科学领域，特别是在管理学领域得到了日益广泛和深入的研究。

四、管理控制的对象

美国管理学家斯蒂芬·P. 罗宾斯将控制的对象归纳为人员、财务、作业、信息和组织

绩效五个方面。

（一）对人员的控制

组织的目标是要由人来实现的，员工应该按照管理者制定的计划去做，为了做到这一点，就必须对人员进行控制。对人员控制最常用的方法就是直接巡视，发现问题马上进行纠正；此外就是对员工进行系统化的评估。通过评估，对绩效好的员工予以奖励，使其维持或加强良好的表现；对绩效差的，就应采取相应的措施，纠正出现的偏差。

（二）对财务的控制

为了保证企业获取利润，维持企业正常的运作，必须进行财务控制。这主要包括审核各期间的财务报表，以保证一定的现金存量，保证债务的负担不致过重，保证各项资产都得到有效的利用等。预算是最常用的财务控制标准，因此也是一种有效的控制工具。

（三）对作业的控制

所谓作业，就是指从劳动力、原材料等物质资源到最终产品和服务的转换过程。组织中的作业质量在很大程度上决定了组织提供的产品和服务的质量，而作业控制就是通过对作业过程的控制来评价并提高作业的效率和效果，从而提高组织提供的产品或服务的质量。组织中常用的作业控制有生产控制、质量控制、原材料购买控制、库存控制等。

（四）对信息的控制

随着人类进入信息社会，信息在组织运行中的地位越来越高，不精确的、不完整的、不及时的信息会大大降低组织的效率，因此在现代组织中对信息的控制显得尤为重要。对信息的控制就是建立一个管理信息系统，使它能及时地为管理者提供充足、可靠的信息。

（五）对组织绩效的控制

组织绩效是指组织上层管理者控制的对象。组织目标的达成与否都从这里反映出来。无论是组织内部的人员，还是组织外部的人员，如证券分析人员、潜在的投资者、贷款银行、供应商以及政府部门都十分关注组织的绩效。要有效实施对组织绩效的控制，关键在于科学地评价、衡量组织绩效。一个组织的整体效果很难用一个指标来衡量，生产率、产量、市场占有率、员工福利、组织的成长性等都可能成为衡量的标准，关键要看组织的目标取向，即要根据组织完成目标的实际情况并按照目标所设定标准来衡量组织的绩效。

★【链接8-2】

控制与领导的关系

领导职能的发挥影响组织控制系统的建立和控制工作的质量，而良好地发挥组织控制职能会有利于改进领导者工作，提高领导者工作效率。值得注意的是，日常生活中，人们习惯于将控制主体限定为高层管理者，忽视了直接领导者尤其是基层领导者。基层领导贴近组织生产第一线，容易感知组织活动中出现的问题，可以及时采取措施纠正偏差。当问题被高层管理人员感知时,由于信息传递具有"时滞"性,或许已经错过了纠正偏差的最好时机。因此,组织必须重视基层领导的控制作用。

五、管理控制的目标

由管理者作为一项重要的管理职能来开展的控制工作,通常称之为管理控制,以便将它与物理、机械、生物及其他领域的控制区别开来。具体来说,在现代管理活动中,管理控制的目标主要有四个。

(一)限制偏差的累积

一般来说,任何工作的开展都不免要出现一些偏差。虽然小的偏差和失误不会立即给组织带来严重的损害,但在组织运行一段时间后,随着小差错的积少成多和积累放大,最终可能对计划目标的实现造成威胁,甚至给组织酿成灾难性的后果。例如,美国 Whistler 公司是一家制造雷达探测器的大型厂商,曾经由于需求日益旺盛而放松了质量控制。从此,次品率由4%上升到9%,再到15%,直至25%。终于有一天该公司的管理者发现,公司全部250名员工中有100人被完全投入到了次品修理工作中,待修理的库存产品达到了200万美元。

防微杜渐,及早地发现潜存的错误和问题并进行处理,有助于确保组织按预定的轨迹运行下去。所以,有效的管理控制系统应当能够及时地获取偏差信息,并及时地采取矫正偏差措施,以防止偏差的累积而影响到组织目标的顺利实现。

(二)适应环境的变化

组织计划和目标在制定出来以后总要经过一段时间的实施才能够实现。在这段实施过程中,组织内部的条件和外部环境可能会发生一些变化,如竞争对手可能会推出新产品和新的服务项目,新材料和新技术可能会出现,政府可能会制定新的法规或对原有的政策进行修正,组织内部人员可能会产生很大的变动等。这些变化的内外环境不仅会妨碍计划的实施进程,甚至可能会影响计划本身的科学性和现实性。因此,任何组织都需要构建有效的控制系统,帮助管理人员预测和把握内外环境的变化,并对这些变化带来的机会和威胁做出正确、有力的反应。这种环境的预测越有效、持续时间越长,组织对外部环境的适应能力就越强,组织在激烈变化的环境中生存和发展的可能性就越大。

(三)处理组织内部的复杂局面

如果一个企业只购买一种原材料,生产一种产品,组织设计简单,并且市场对其产品需求稳定,那么管理者只需一个非常基本和简单的系统就能保持对企业生产经营活动的控制。现实中大多数企业要选用很多的原材料,制造多种产品,市场区域广阔,组织设计复杂并且竞争对手林立。他们需要复杂的系统来保证有效的控制。

组织内部的复杂局面使得授权成为必要,这就大大提高了控制的必要性,因为控制作用的价值依赖于它与计划和授权的关系。在前面我们讨论授权时发现,许多管理者认为授权是一件非常困难的事情,其中主要原因是害怕下属犯错误而由他来承担责任,因而许多管理者试图通过自己做事情来避免授权。但是,如果形成一种有效的控制系统,这种不愿授权的事情就可以大大减少。

(四)降低成本

降低成本是企业获得竞争优势的一个主要来源,它要求积极建立起达到有效规模的生产设施,强化成本控制,减少浪费。为了达到这些目标,有必要在管理方面对成本控制予以高度重视,通过有效的控制降低成本,增加产出。

六、控制在管理工作循环中的地位

(一)控制可以促使管理工作过程成为一个闭环的系统

如果将管理工作过程简略地看作是 PDCA 循环的过程(P—计划,D—实施,C—检测,A—处理行动),那么,控制工作在管理循环中的地位和作用可以通过图 8-1 表示。

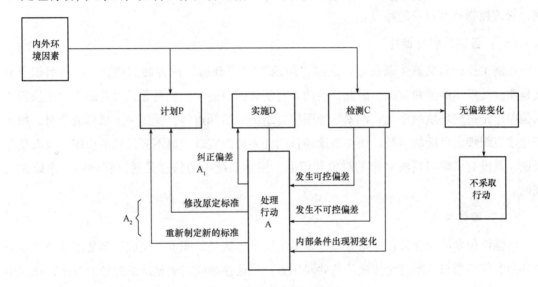

图 8-1 PDCA 循环的过程

图 8-1 说明,控制工作通过检查或检测计划执行中所发生的偏差以及内外环境条件所出现的变化,进而采取处理措施,就可以促使管理工作过程成为一个闭环的系统。例如,一家企业制定了一个 7 年计划,计划在今后的 7 年内每年要增加 2% 的市场占有率。到计划第 1 年年底时统计资料反映出,市场占有率增加了 2%,管理者得到这一反馈信息后认为可按照原计划进行下去。第 2 年,市场占有率只增加了 1%,这表明管理者应采取适当的纠正措施(如加强广告宣传)来扩大市场份额。第 3 年年底检测出市场占有率增加了 3%,超过了原定的计划,第 4 年仍保持这样的势头,这样,管理者就可能要考虑对原来的控制标准做出调整。如此,计划、控制、再计划、再控制,管理工作过程就不断循环往复下去。从这个意义

上来说，控制是连接管理过程循环的支点，没有这个支点，管理过程就不能实现循环。

（二）控制是下一阶段管理工作过程的起点

管理教科书中概括的以计划职能为起点的"计划—组织—领导—控制……"模式，很明显是以组织的运行由"零"起步作为假设的。现实中，组织的运行往往是"非零"起步的，这样，上一阶段控制的结果就可能导致组织确立新的目标、提出新的计划，并在组织结构、人员配备和领导等方面做出相应的改变。控制可以说既是一个管理工作过程的终结，又是一个新的管理工作过程的开始，而且计划与控制工作的内容还常常相互交织地联系在一起。管理工作本质上就是由计划、组织、领导、控制等职能有机地联系而构成的一个不断循环的过程。

七、管理控制的特点

不管是管理工作中的控制活动，还是物理、生物、经济及其他方面的控制，控制的基本过程和基本原理都是一样的。然而，管理控制又不同于物理、生物、经济及其他方面的控制，管理控制有其自身的特点。

（一）目的性和反馈性

控制工作的意义就体现在通过发挥"纠偏"和"调适"两方面的功能，促使组织更有效地实现其根本的使命目标。因此，控制具有明确的目的性。控制无论是着眼于纠正执行中的偏差还是适应环境的变化，都紧紧地围绕着组织的目标进行，受到一定目标的指引，服务于达成组织特定目标的需要。而控制这种目的性要得以实现，离不开信息的反馈。没有信息反馈，就没有了赖以判断对错的对象和依据。控制系统中的信息是通过管理信息系统来实现的。

（二）整体性

整体性包含两层含义：一是管理控制是组织全体成员的职责，完成计划是组织全体成员的共同责任，参与控制是全体成员的共同任务；二是控制的对象是组织的各个方面，确保组织各部门、各单位彼此在工作上的均衡与协调，是管理工作的一项重要任务。为此，需要了解掌握各部门和单位的工作情况并予以控制。

（三）动态性

管理工作中的控制不同于电冰箱的温度调控控制，电冰箱的温度调控控制是高度程序化的，具有稳定的特征。组织不是静态的，其外部环境及内部条件随时都在发生着变化，从而决定了控制标准和方法不可能一成不变。管理控制应具有动态的特点，这样才可以提高控制的适应性和有效性。

（四）人本性

与物理、机械、生物及其他方面的控制不同，管理控制不可忽视人性方面的因素。管理控制本质上是由人来执行的,而且主要是对人的行为的一种控制。这就要求我们充分注意到人才是管理控制的关键,既要使人遵守控制的准则,又要努力使控制符合人的特性。控制不仅仅是监督,更为重要的是指导和帮助,使人在被动接受控制的同时,还能充分理解控制的必要性和方法,从而端正自身态度,提高工作与自控的能力。

(五) 创新性

控制不等于管、卡、压。控制不仅要保证计划完成,还要促进管理创新。施控过程要通过控制活动调动受控者的积极性,这是现代控制的特点。如在预算控制中实行弹性预算就是这种控制思想的体现,特别是在具有良好反馈机制的控制系统中,施控者通过接收受控者的信息反馈,不仅可以及时了解计划执行的状况,纠正计划执行中的偏差,而且可以从反馈中得到启发,激发创新。

第二节 控制的分类

采取不同的分类方法,可以把控制划分为不同的类型。按控制活动的性质划分,控制可以分为预防性控制和更正性控制;按控制点的位置划分,控制可以分为预先控制、同期控制和事后控制;按控制的侧重点划分,控制可以分为前馈控制、现场控制和反馈控制;按控制的手段划分,控制可以分为直接控制和间接控制;按控制的层次划分,控制可以分为集中控制、分层控制和分散控制。需要指出的是,上述各种分类方法并不是孤立的,有些会有交叉,有时一个控制可能同时属于几种控制类型。例如,企业招聘员工时要进行面试,这既属于预防性控制,又属于事先控制。下面,我们重点介绍后三种分类方式下的控制类型。

一、按控制的侧重点划分

按控制的侧重点划分,控制可以分为前馈控制、现场控制和反馈控制三种类型,如图8-2所示。

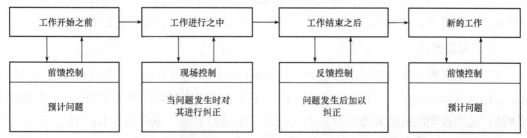

图 8-2 按控制的侧重点进行划分

(一) 前馈控制

前馈控制又称事前控制，是指在工作正式开始之前对工作中可能产生的偏差进行预测和估计，并采取防范措施，将潜在的偏差消除在产生之前。它反映的是防患于未然、未雨绸缪的控制。这类控制建立在预测基础上，尽可能在偏差发生之前将其觉察出来，并及时采取防范措施，使人们在工作之前就知道如何去做。前馈控制的重点是预防对组织的人、财、物、信息等合理地配置，使它们符合预期的标准，从而保证计划的实现，如成本控制中的标准成本法、预算控制，管理部门制定的规章制度、政策和程序等，都属于前馈控制。

★【链接8-3】

前馈控制高手——诸葛亮

许多文学作品中都有对前馈控制的描写。在《三国演义》中，诸葛亮就是一位前馈控制的高手。刘备去江东招亲，危险重重。临行前诸葛亮交给保驾的赵子龙三个锦囊，嘱咐他在不同的时间拆开，赵子龙依计行事，保得刘备娶得佳人，全胜而退，让周瑜"赔了夫人又折兵"。诸葛亮料定魏延在他死后会反叛，便在临终前授马岱以秘计，并留下一个锦囊给杨仪，让其在与魏延对阵时现场拆开，使他们如愿杀了魏延。

现实生活中也有许多前馈控制的事例：司机上坡前加速；学生上课前预习；工厂管理首先控制原材料的质量；新产品上市前大做广告宣传；设备的预先维修。

(二) 现场控制

现场控制又称同步控制，是指计划执行过程中所实施的控制，即通过对计划执行过程的直接检查和监督，随时检查和纠正实际和计划的偏差。现场控制的目的就是要保证本次活动尽可能少发生偏差，改进本次而非下次活动的质量。这是一种主要为基层管理人员所采用的控制方法，主管人员通过深入现场亲自监督、检查、指导和控制下属人员的活动。现场控制通常包含两种职能：一是指导职能，管理者针对工作中出现的问题，根据自己的经验指导下属改进工作，或与下属共同商讨矫正偏差的措施，以便使工作人员能够正确地完成所规定的任务；二是监督职能，按照预定的标准检查正在进行的工作活动，以保证目标的实现。在进行现场控制的时候，主管人员要避免单凭主观意志开展工作，要"亲自去观察"，因为有效的管理者都知道亲自观察所得到的信息是唯一可靠的反馈信息，光听汇报是不够的。

(三) 反馈控制

反馈控制又称成果控制或事后控制，是指从已经执行的计划或已经发生的事件中获得信息，运用这些信息来评价、指导和纠正今后的工作。反馈控制是一种最主要也是最传统的控制方法。反馈控制的目的并非要改进本次行动，而是力求能"吃一堑，长一智"，提高下一次行动的质量。反馈控制的对象可以是行动的最终结果，如企业的产量、销售额、利润等；也可以是行动过程中的中间结果，如新产品样机、工序质量、产品库存等。在组织中使用反馈控制的例子很多，如企业发现不合格的产品后追究当事人的责任并制定防范再次出现质量事故的新规章，发现产品销路不畅而相应做出减产、转产或加强促销的决定，以及学校对违纪学生进行处罚等都属于反馈控制。这类控制对组织营运水平的提高发挥着很大的作用。但反馈控制最大的弊端就是它只能在事后发挥作用，对组织已经发生的危害却无能为力。它的作用类似于"亡羊补牢"，而且在反馈控制中，偏差发生和发现并得到纠正之间有较长一段时滞，这必然对偏差的纠正效果产生很大的影响。

在传统管理中主要关注的是现场控制和反馈控制，而忽视了前馈控制。现代管理更为关注的是前馈控制，在重视前馈控制的基础之上，实行全方位控制。优秀的管理者应能防患于未然之前，这更胜于治乱于已成之后，由此观之，企业问题的预防者，其实是优于企业问题的解决者。

二、按控制的手段划分

按控制的手段划分，控制可以分为直接控制和间接控制。

（一）直接控制

直接控制是指控制者与被控制者对象直接接触的控制形式。它通常可以理解为通过行政命令和手段进行的控制。直接控制的手段往往不能使整个系统的效果达到最优，这是因为直接控制忽略了对人尊重的需要，不利于下级发挥积极性和主动性。同时，由于能力的限制，面对众多的信息，管理者无法全面、科学、及时地处理，因此直接控制有一定的局限性。

（二）间接控制

间接控制是指控制者与被控制者对象并不直接接触，而是通过中间媒介进行控制的形式。间接控制在企业中可以表现为将奖金和绩效挂钩的分配制度，以及通过推广企业文化来形成良好风气以控制人们的行为等。间接控制在企业内部减少了需要处理的信息量，调动了人员的积极性，有利于整个组织实现更好的绩效。

三、按控制的层次划分

按控制的层次划分，控制可以分为集中控制、分层控制和分散控制。

（一）集中控制

集中控制是指在组织中建立一个相对稳定的控制中心，由控制中心对组织内外的各种信息进行统一的加工处理，发现问题并提出问题的解决方案。在集中控制中，信息处理、偏差检测、纠偏措施的拟订等都是由控制中心统一完成的。

集中控制最大的优点是能够保证组织的整体一致性。但是，由于各种信息都要集中到控制中心，各种措施都要由中心统一拟订，容易造成官僚主义、组织反应迟钝、下层管理人员缺乏积极性等问题。控制中心的决策一旦出现失误，将给组织造成巨大损失。一般来说，集中控制只适用于规模较小的组织，或者必须时刻保持上下高度一致的组织。

（二）分层控制

分层控制是指将管理组织分为不同的层级，各个层级在服从整体目标的基础上，相对独立地开展控制活动。在分层控制中，各个层级都具有相对独立的控制能力和控制条件，能对层级内部子系统实施控制。整个组织区分为若干层次，层次内部实施直接的控制，上一个层级对下一个层级实施指导性的间接控制。

（三）分散控制

分散控制是指组织管理系统分为若干相对独立的子系统，每个子系统独立地实施内部直接控制。分散控制对整个组织集中处理信息的要求相对比较小，容易实现。由于反馈环节少，因此，整个组织系统反应快、时滞短、控制效率高。在分散控制中，由于各个子系统各自独立控制，即使个别子系统出现严重失误，也不会导致整个系统出现混乱。分散控制的问题是各个子系统独立地进行控制，不同系统之间的协调性较差，难以保证子系统目标和整个系统整体目标的一致，有可能影响到整个系统的优化，甚至导致系统整体失控。

第三节　控制的过程

控制的对象一般都是针对人员、财务、作业、信息及组织的总体绩效，无论控制对象是哪种，所采用的控制技术和控制系统实质上都是相同的。控制的基本过程包括三个步骤：一是确定标准；二是测量实绩与界定偏差；三是分析原因与采取措施，如图 8-3 所示。

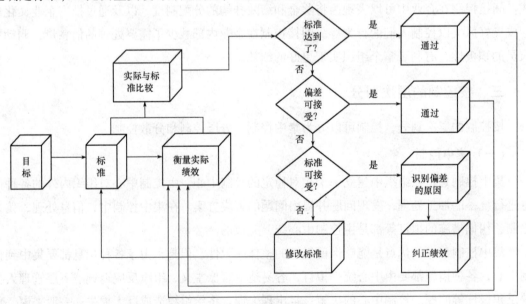

图 8-3　控制的过程

一、确定标准

控制始于工作标准的建立。标准必须从计划中产生,计划必须先于控制。换而言之,计划是管理者设计控制工作和进行控制工作的准绳,所以控制工作的第一步总是要制定计划;同时,计划的详尽程度和复杂程度各不相同,而且管理者也不可能事事都亲自过问,所以就得制定具体的标准。

事实上,标准的制定应该是属于计划工作的范畴,但由于计划的详细程度和复杂程度不同,它的标准不一定适合控制工作的要求,而且控制工作需要的不是计划中的全部指标和标准,而是其中的关键指标和标准。所以,管理者实施控制的第一个步骤是以计划为基础,制定出控制工作所需要的标准。

(一)标准的概念

所谓标准,就是指评定成效的尺度。根据标准,管理者无须亲历工作的全过程就可以了解整个工作的进展情况。标准是控制的基础,离开了标准就无法对活动进行评估,控制工作也就无从谈起了。

计划方案的每个项目、每个目标、每种活动、每项政策、每项规程以及每种预测,都可以成为衡量实际业绩或预期业绩的标准。实际上,标准大致有以下几种:

(1)实物标准。这是一类非货币衡量标准,在耗用原材料、雇佣劳动力、提供服务以及生产产品等操作层中运用。例如,单位产品工时数、轴承的硬度等,它们可以反映数量,也可以反映品质。

(2)成本标准。这类标准属于货币衡量标准,与实物标准一样适用于操作层。这类标准是用货币价值来衡量经营活动的代价。如每小时的人工成本、单位销售成本、单位销售费用等。

(3)资本标准。这类标准是用货币单位来衡量实物项目而形成的,但它们只与企业投入的成本有关,而与经营费用无关。对于一笔新的投资和总体控制而言,使用最为广泛的标准就是投资回报率。

(4)收益标准。这是将货币标准应用于衡量经济活动的收益。例如,公共汽车乘客每公里的收入、每名顾客的平均购货额、在某市场范围内的人均销售额等。

(5)计划标准。这是由企业计划管理人员编制的计划质量作为衡量标准,如计划的完成时间、可行性程度以及实际执行情况的吻合程度等。

(6)指标标准。这类标准可以以考核的数量或质量目标作为标准。如在工商企业中,目前的趋势是要在各级管理部门建立一个指标标准的整体网络,以实施有效控制。

(7)无形标准。这一标准又称定性标准,是指既不能以实物量化又不能以货币来衡量的标准,如劳动环境的改善带来的效果标准。通常衡量管理人员工作能力的指标都很难量化,属于无形标准。

在实际工作当中,不管采取哪种类型的标准,都需要按照控制对象的特点来决定。

（二）标准的制定要求

制定控制标准是一个过程。这一过程的展开，首先要选择好控制点，并从时间、实力、质量、成本等方面制定科学的控制标准。制定控制标准应该满足以下几个方面的要求。

1. 应便于对各部门的工作进行衡量

当出现偏差时，能找到相应的责任单位。如成本控制不仅要规定总生产费用，而且要按成本项目规定标准，为每个部门规定费用标准等。

2. 应有利于组织目标的实现

对每一项工作的衡量必须有具体的时间幅度、具体的衡量内容和要求。

3. 应与未来的发展相结合

每个企业生产了某种产品后，就要密切注意产品第一个月的销售量，考虑是可以长期发展这种产品，还是要等到时机成熟后再大量生产。只有考虑了这些因素，才能制定有效的衡量标准。

4. 应尽可能体现一致性

管理工作中制定出来的控制标准实际上就是一种规章制度，它反映了管理人员的愿望，也为人们指明了努力的方向。控制标准应是公平的，如果某项控制标准适用于每个组织成员，那么就应该一视同仁，不允许个别人搞特殊化。

5. 应是经过努力后可以达到的

建立标准的目的是用它来衡量实际工作，并希望工作达到标准要求。所以，控制标准的建立必须考虑到工作人员的实际情况，包括他们的能力、使用的工具等。如果标准过高，人们将因根本无法实现而放弃努力；如果标准过低，人们的潜力又会得不到充分发挥。

6. 应具有一定的适应性

标准建立后，可能在一段时期内保持不变。但环境却在不断变化，所以，控制标准应对环境变化有一定的适应性。特殊情况能够做到例外处理。

★【链接8-4】

麦当劳严格控制体系中的标准

中国号称有博大精深的饮食文化，是一个饮食王国，但洋快餐"麦当劳""肯德基"等却大举进攻国内市场，取得节节胜利，同时，有多家中式快餐如"荣华鸡""红高粱"等却节节败退，甚至全军覆没。为什么？其中原因很多，但主要原因就是管理问题，尤其是控制问题。以麦当劳为例，它实行的是特许经营，形成一套计划周密、有条不紊地筛选程序来选择特定的经营者，而且经营者必须通过"汉堡包大学"的专门培训。一本几百页的操作手册规定了严格的标准，其中包括食物配置、烹饪程序、店堂布置甚至是职员的着装。为了实现经营上的"质量、服务、清洁、价值"宗旨，制定的工作标准是：一磅肉的脂肪含量必须少于19%，小面包的宽度只能是3.5英寸，每个汉堡包中的洋葱不能超过1/4盎司等；每种食品制作的时间有明确规定，而且食品出炉后的存放时间也有详细规定，油炸食品 7 分钟，汉堡包 10 分钟，咖啡 30 分钟，超过规定时间，所有的食品都要扔掉；95% 以上的顾客进餐馆后 3 分钟内，服务员必须迎上前去接待顾客；事先准备好的汉堡包必须在 5 分钟内热好供应顾客。所有这些标准都要严格执行，并有严密的监督体制，每家分店有审查员，公司有不定期的暗访调查，发现不符合规定的坚决查处。通过这一整套严密控制体系，消费者能在世界各地坐在相同熟悉、洁净的店堂里吃到相同质量、口味的食品，享受到相同周到的服务。和它相比，中国的一些企业的管理是粗线条的，控制是不到位的。

二、测量实绩与界定偏差

在建立标准以后，就要衡量实际绩效。所谓衡量绩效就是找出实际工作情况与标准之间的偏差信息，根据这种信息来评估实际工作的优劣。在衡量之前，首先应明确衡量什么以及如何衡量两个核心问题。

（一）衡量什么

衡量什么比如何衡量是更为关键的一个问题。如果错误地选择了标准，将会导致严重的不良后果。衡量什么还将会在很大程度上决定组织中员工的追求。有时，不一定要对计划实施的所有步骤都进行控制，而是选择一些关键点作为控制点。控制了关键点，就控制了全局。

确定关键点的过程是一个分析决策的过程，它需要丰富的经验和敏锐的观察力。准确地确定关键点是有效控制的保证。关键点一般是计划实施过程中起决定作用的点、容易出现偏差的点、起转折作用的点、变化大不容易掌握的点、有示范作用的点等，应根据具体情况具体分析，但是管理者应该知道，衡量的内容决定了人们的追求，它是一个导向。如现在的人们已形成了一个共识：中国的教育改革势在必行，要实施素质教育。但中小学仍在搞应试教育，学生、教师、家长苦不堪言。原因就在于衡量学习好坏的是高考成绩。高考这根指挥棒不改革，千军万马挤独木桥的局面不会改观，应试教育还将进行下去。

有一些控制准则是在任何管理环境中都通用的。比如，营业额或出勤率可以考核员工的基本情况；费用预算可以将管理者的办公支出控制在一定的范围之内。

但是，必须承认内容广泛的控制系统中管理者之间的多样性，所以，控制的标准也各有不同。例如，一个制造业工厂的经理可以用每日的产量、单位产品所消耗的工时及资源、顾客退货率等进行衡量；一个政府管理部门的负责人可以用每天起草的文件数、每天发布的命令数、电话处理一件事务的平均时间等来进行衡量；销售经理常常可用市场占有率、每笔合同的销售额、属下的每位销售员拜访的顾客数等来进行衡量。

（二）如何衡量

衡量绩效的方法包括个人观察、统计报告、口头汇报、书面报告和抽样调查。这些方法各有其优点和缺点，但是，将它们结合起来，可以大大丰富信息的来源并提高信息的准确程度。

1. 个人观察

个人观察提供了关于实际工作的最直接和最深入的第一手资料,这种方法提供的信息不是过滤后的信息。个人观察的显著优势是可以获得面部表情、声音语调以及情绪等,它是常被其他来源忽略的信息。个人观察本身存在一些缺点,它受个人偏见的局限。一位管理者看到的问题,在另一位管理者的眼中可能看不到。此外,个人观察需要耗费大量时间。随着公司不断地再造和管理者控制范围的持续增大,这种缺陷越来越显著。这种方法还需要承受贸然闯入的嫌疑,员工可能将管理者的公然观察解释成对他们缺乏信心或不信任的痕迹。

2. 统计报告

这是经由书面资料来了解工作情况的常用方法。这种方法可节省管理者的时间,但所获资讯是否全面、准确则取决于这些报表和报告的质量。计算机的广泛应用使统计报告的制作日益方便。这种报告不仅有计算机输出的文字,还包括许多图形、图表,并且能按管理者的要求列出各种数据。尽管统计数据可以清楚有效地显示各种数据之间的关系,但它对实际工作提供的信息是有限的。

3. 口头汇报

信息也可以通过口头汇报的形式来获得,如会议、一对一的谈话或电话交谈等。这种方式的优缺点与个人观察相似。尽管这种信息可能是经过过滤的,但是它快捷、有反馈,同时可以通过语言词汇和身体语言来扩大信息,还可以录制下来,像书面文字一样能够永久保存。

4. 书面报告

书面报告与统计报告相比要显得慢一些;与口头报告相比要显得正式一些。这种形式比较精确和全面,且易于分类存档和查找。

5. 抽样调查

抽样调查是从整批调查对象中抽取部分样本进行调查,并把结果看成是整批调查对象的近似代表,此方法可节省调查时间及成本。

正确的衡量方法是产生正确结论的可靠保证,在实际运用时应注意以下几点:

(1) 注重事实,加强调查研究。确定实际活动的效果是控制活动的基础,必须坚持系统检查、实事求是的原则。防止文过饰非、虚报瞒报。对于得到的资料要进行认真、科学的鉴别,为科学合理地进行控制活动提供保证。

(2) 具体问题具体分析。为了能准确地认识事物的本质和规律性,必须对掌握的材料进行深入的分析研究。不仅要分析现有的信息资料,还要分析事物发展的历史过程,分析事物在发生和发展过程中所处的具体环境。如企业的销售业绩下降,除了分析销售人员本身的问题以外,还要分析整个市场的竞争情况、国民经济发展状况等才能做出公正、客观的评价。

(3) 找出问题的关键点。衡量工作绩效时只有分清主次,找出问题的关键点,才能对工作进行正确的判断。这样既抓住了管理的重点,又可以防止在次要问题上花费太多精力,从而提高管理效率。

(三)界定偏差

测量到实际工作的结果后,就可以将其与标准进行比较,确定有无偏差发生及偏差的大小。所谓偏差,是指实际工作情况或结果与控制标准要求之间的差距。如某部门负责生产滑雪板,制定的工时标准是每对 10 小时,实际上共耗用了 12 000 小时,产量为 1 000 对。经过简单的计算和分析,可以确定该部门生产每对滑雪板比标准多用了 2 个小时,即

工时差距 = 实际工时 − 标准工时 = (12 000/1 000) − 10 = 2(小时)

通过偏差的确定,就容易发现计划执行中的问题和不足。但并非所有偏离标准的情况均需作为"问题"来处理,这里有个容限的幅度。所谓容限,是指准许偏差存在的上限与下限范围。在这个界限范围内,即便实际结果与标准之间存在差距,也被认为是正常的。只有超出该容限范围时,才需要采取控制行动。例如,在图 8-4 中,让我们设定管道直径的预定标准为 5 cm。由于机器的情况和其他因素,根据统计数据,可接受的偏差范围被设定在 5.05 cm(上限)和 4.95 cm(下限)之间。当管道直径超出这些范围时,被认为是失控。这个时候,作业过程被停止,并在外界干预下进行必要的调整措施,从而使整个系统再回到控制之中。

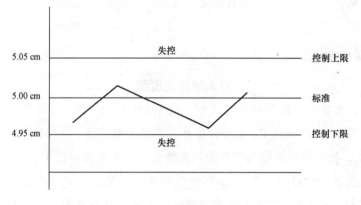

图 8-4 质量控制图

表 8-1 是某公司设立的控制标准与容限示例。如果计划执行中没有偏差发生,或偏差在规定的容限之内,则该控制过程暂告完成。若执行中出现了不能容许的偏差,则控制过程进入下一步。

表 8-1 控制标准与容限示例

标准	容限
全勤	每月准许请假 2 天
上午 8:00 开始工作	迟到不得超过 5 分钟
等待时间 1 分钟	可再加 5 秒
工作场所表面皆擦拭清洁	显见微疵以 2 个为限

三、分析原因与采取措施

利用科学的方法，依据客观的标准，对工作绩效进行衡量，可以发现计划执行中出现的偏差。纠正偏差就是在此基础上，分析偏差产生的原因，制定并实施必要的纠正措施。这项工作使得控制过程完整，通过纠偏，使组织计划得以遵循，使组织结构和人事安排得到调整。

（一）分析原因

一般造成偏差的原因主要有三种。

1. 计划操作原因

如工作不认真、责任心不强；或能力不够，不能胜任工作等。

2. 外部环境发生重大变化

如国家政策法规发生变化，国际政治风云突变等。这些因素往往是不可控的。

3. 计划不合理

制定计划时不切实际，好高骛远，盲目乐观，把目标定得太高，根本达不到；或制定目标时过于保守，低估自己的实力，把目标定得太低，不能起到激励作用。

★【链接8-5】

巨人集团的没落

巨人集团是依靠高科技迅速崛起的民营企业。1989 年，巨人集团创始人史玉柱以 400 元和自己开发的 M-6401 汉卡起家，4 个月后总资产达 100 万元，3 年时间资产总值超亿元。但在 1996 年年底，巨人集团却陷入严重的财政危机，巨人集团倒下了。直接原因就是 70 层巨人大厦的投资失误。1992 年，它以公司资产规模一个亿、流动资金才几百万元的实力，却要建工程预算十几个亿元，需要 6 年完工的巨人大厦，结果几乎导致了整个企业的覆没。

（二）采取措施

对偏差原因做了彻底的分析后，管理者就要确定该采取什么样的措施。管理者应该在下列三种控制方案中选择一种，即维持原状，纠正偏差，修订标准。当衡量绩效的结果比较令人满意时，可采取第一种方案。在此，重点讨论后两种方案。

1. 纠正偏差

针对产生偏差的主要原因，就可能制定改进工作或调整计划与标准的纠正方案。纠正偏差，不仅在实施对象上可以进行选择，而且对同一对象的纠正偏差也可采取多种不同的措施。这是纠偏方案选择过程中的第一重优化。第二重优化是在此基础之上，通过对各种经济可行性方案的比较，找出其中追加投入最少，解决偏差效果最好的方案来给组织实施。具体纠正偏差的措施有两种。

一种是立即执行的临时性应急措施。对于那些迅速、直接地影响组织正常活动的紧急问题，多数应立即采取补救措施。例如，某一种规格的部件在加工过程中出现了问题，一周后如不能生产出来，其他部门就会受其影响而出现停工待料。此时不应花费时间考虑该追究什么人的责任，而要采取措施确保按期完成任务。管理者可凭借手中的权力，采取如下行动：一是要求工人加班加点，短期突击；二是增添人工和设备；三是派专人负责指导完成等。

另一种是永久性的根治措施。危机缓解以后，则可转向永久性的根治措施，如更换车间管理人员、变更整个生产线，或者重新设计部件结构等。现实中不少管理者在控制工作中常常局限于充当"救火员"的角色，没有认真探究"失火"的原因，并采取根治措施消除偏差产生的根源和隐患。长此以往，必将自己置于被动的境地。作为一个有效的管理者，对偏差进行认真的分析，并花一些时间永久性地纠正这些偏差是非常有益的。

2. 修订标准

工作中的偏差也可能来自不合理的标准，即标准定得太高或太低，或由于时间的推移，原有的标准已经不再适应新的情况。在这种情况下，就需要调整标准。

但是应当注意的是，在现实生活中，当某个员工或某个部门的实际工作与目标之间的差距非常大时，他们往往首先想到的是责备标准本身。比如，学生会抱怨扣分太严而导致他们的低分；销售人员可能会抱怨定额太高致使他们没有完成销售计划。也许确实是因为定额太高才导致了工作中的显著偏差，并促使员工反对这个标准。但是应该看到，人们不太愿意承认绩效不足是自己努力不够的结果，作为一个管理者对此应保持清醒的认识，如果管理者认为标准是现实的，就应该坚持，并向下属讲明自己的观点，并保证将来的工作是会得到改进的，然后采取一些必要的行动使期望变成现实，否则就应做出适当的修改。

第四节 控制的方法

控制的最终目的是保证组织目标实现。找出偏差，采取矫正措施并不是控制的目的，在偏差发生之前，采用各种控制手段和方法来避免或减少偏差的发生才是控制者追求的目标。常用的控制方法包括预算控制方法和非预算控制方法。

一、预算控制方法

（一）预算的概念与作用

1. 预算的概念

预算就是用数字，特别是用财务数字的形式来陈述组织中的短期活动计划，它预估了在未来特定的时期内的收入，也规定了各部门指出的额度。预算控制是将实际和计划相比较，确认预算的完成情况,找出差距并进行弥补,以实现对组织资源充分合理地利用。预算结合了前馈控制、现场控制和反馈控制,被广泛运用于组织的不同层次的控制中。

2. 预算的作用

利用预算,管理者可以准确衡量部门生产经营情况和效益好坏,有利于管理者对各部门工作进行评价和控制。预算的主要作用如下:

(1) 实施战略计划。战略是组织长期的发展计划,战略制定要面对很多不确定因素。预算则是考虑在年度内特定情况约束下,组织以何种方式来落实战略计划,提高绩效。以货币表示的预算,往往传递了利润的获取、资本的使用等组织关键性资源的信息。它可以使管理者了解组织状况的变化方向和组织中优势部门和问题部门所在,从而为调整组织活动指明了方向。

(2) 指定责任。预算的编制明确了管理者的责任,预算也授权责任中心的管理者可以支配一定数额的开支。

(3) 确定业绩评估的基础。由于预算的实质是用统一货币单位为企业各部门的各项活动编制计划,因此它使得企业在不同时期的活动效果和不同部门的经营绩效具有可比性。用数量形式的预算标准来对照企业活动的实际效果,方便了控制过程中的绩效衡量工作。

(4) 协调作用。通过为不同的职能部门和职能活动编制预算,也为协调企业活动提供了依据。更重要的是,预算的编制与执行始终是与控制过程联系在一起的,编制预算是为了企业的各项活动确立财务标准。在此基础上,很容易测量出实际活动对预期效果的偏离程度,从而为采取正确措施奠定了基础。

3. 预算的局限性

由于预算具有积极的作用,预算手段在组织管理中得到了广泛的运用。但在预算的编制和执行中,也有一些局限性。预算的局限性主要有如下几个方面:

(1) 只能帮助企业控制那些可以计量的,特别是可以用货币单位计量的业务活动,而不能促使企业对那些不能计量的企业文化、企业形象、企业活力的改善予以足够的重视。

(2) 编制预算时通常参照上期的预算项目和标准,从而会忽视本期活动的实际需要,因此会导致上期有的而本期不需要的项目仍然沿用,而本期必需上期没有的项目会因缺乏先例而不能增设。

(3) 企业活动的外部环境是在不断变化的,这些变化会改变企业获取资源的支出或销售产品实现的收入,从而使预算变得不合时宜。因此,缺乏弹性,特别是涉及较长时间的预算可能会过度束缚决策者的行动,使企业经营缺乏灵活性和适应性。

(4) 预算,特别是项目预算或部门预算,不仅对有关负责人提出了希望他们实现的结果,而且也为他们得到这些成果而有效开支的费用规定了限度。这种规定可能使得主管们在活动中精打细算,小心翼翼地遵守不得超过支出预算的准则,而忽视了部门活动本来的目的。

（二）预算的种类

预算的种类主要有以下五种。

1. 收支预算

这是指组织在预算期内以货币单位表示的收入和经营费用支出的计划预算。收入预算主要表示在某个计划期的有关收益及其来源。一般来说，企业的主要收入是销售收入，可单独编制预算。对于支出预算即计划期各种费用支出的预算，企业可根据会计科目中的某些费用编制单独或综合的预算。由于公司主要依靠产品销售或提供服务所获得的收入来支付经营管理费用并获取利润，因此销售预测是计划工作的基石，销售预算是预算控制的基础，是销售预测的详细和正式的说明。表 8-2 是一个简单的销售预算的例子。

表 8-2　销售预算实例

产品	地区	销售量/件	单位销售价/元	总销售额/元
产品A	东北	2 500	80	200 000
	华北	1 500	80	120 000
	其他	2 000	80	160 000
	总计	6 000	—	480 000
产品B	东北	3 000	110	330 000
	华北	2 000	110	220 000
	其他	2 400	110	264 000
	总计	7 400	—	814 000
总销售收入		—	—	1 294 000

2. 现金预算

根据收支预算确定在计划期内的现金收支情况，让管理者清楚知道他有多少现金，够不够一些设想的开支，从中也可以发现是否有多余的库存现金或不适合的开支。由于任何组织的运行都需要一定的现金，如企业需要给职工发工资、购买原材料、缴纳各种税费及支付临时开支，所以都比较重视现金预算。

3. 投资预算

投资预算一般包括建新厂、买房产、购买机器设备等扩大固定资产投资以及其他方面的投资预算。这些费用的数目一般都比较大，且短期内难以收回，需慎重对待，应用一定的时间进行调查和论证工作，并列出专项预算。

4. 总预算

通过编制预算汇总表，可以对公司的全面业绩实施控制。它把各部门的预算集中起来，反映了公司的各项计划，从中可以看到销售额、成本、利润、资本的运用、投资利润率及其相互关系。总预算可以向最高管理层反映出各个部门为了实现公司总的奋斗目标而运行的具体情况。

(三) 预算的编制

在编制预算之前，应首先建立一套预算制度。通过预算制度的建立，为预算的制定和执行提供保障；同时，选择预算的类型，确定预算的期限、分类等。在此基础上，可以参考下述步骤来编制预算：

（1）深入了解企业在过去财政年度的预算执行情况和企业在未来年度的发展战略规划，并以此作为企业制定预算的重要依据。

（2）围绕企业的发展战略规划和企业内外部环境条件，制定企业的总预算，主要包括收入总预算、支出总预算、现金流量总预算、资金总预算、主要产品产量和销量总预算等，并粗略编制企业的预算资产负债表。

（3）将企业总预算中确定的任务层层分解，由各个部门、基层单位以及个人参照制定本部门、本岗位的预算，上报企业高层管理部门。

（4）企业高层决策者在综合企业各个部门实际上报的预算后，调整部门预算，将最终确定的预算方案下发至各部门执行。

（5）组织贯彻落实预算确定的各项目标，在实施过程中予以监控，及时发现问题并采取相应的措施。

（四）有效预算控制的要求

如果要使预算控制很好地发挥作用，那么管理者必须明确预算仅仅是管理的手段，而不能代替管理的工作；预算具有局限性，而且必须切合每项工作。另外，预算不仅仅是财务人员和总会计师的管理手段，而且也是所有管理者的管理手段。有效的预算控制必须注意以下几个方面。

1. 高层管理部门的支持

要使预算的编制和管理最有效果，就必须得到高层管理部门全心全意的支持。一方面，要给下属编制预算的工作提供在时间、空间、信息及资料等方面的方便条件。另一方面，如果公司的高层管理部门积极地支持预算的编制工作，并将预算建立在牢固的计划基础之上，要求各分公司和各部门编制和维护他们各自的预算，并积极地参与预算审查，那么预算就会促使整个公司的管理工作完善起来。

2. 管理者的参与

要使预算发挥作用的另一种方法就是高层管理部门的直接参与，也就是让那些按预算从事经营管理的所有管理者都参与到预算编制工作中。多数预算负责人和总会计师都有这样的感觉，即管理者真正地参与预算编制工作是保证预算成功的必要条件。不过在实际中，参与往往变成了迫使管理者接受预算，这是不可取的。

3. 确定各种标准

提出和制定各种可用的标准，并且能够按照这种标准把各项计划和工作转换为对人工、经营费用、资本支出、厂房场地和其他资源的需要量，这是预算编制的关键。许多预算就是因为缺乏这类标准而失效的。一些管理者在审批下属的预算计划时之所以犹豫不决,就是因为担心下属供审查的预算申请额度缺乏合理的依据。如果有了合理的标准和适用的换算系数,管理者就能审查这些预算申请,并提出是否批准这些预算申请的依据,而不至于盲目地削减预算。

4. 及时掌握信息

如果要使预算控制发挥作用,管理者需要获得按照预算所完成的实际业绩和预测业绩的信息。这种信息必须及时向管理者表明工作的进展情况,应当尽可能地避免因信息迟缓导致偏离预算的情况发生。

二、非预算控制方法

预算控制是一种传统的而又广泛使用的控制方法。随着社会的发展和科学技术的进步,组织的规模越来越大,劳动分工越来越细,管理活动越来越广泛且复杂,信息量也越来越大,控制的技术和方法在传统的基础上也得到了极大的丰富和发展。在这里,根据管理对象的不同,简要介绍几种其他非预算控制方法和技术。需要指出的是,不管采用哪种控制方法和技术,都必须有一个管理系统作为保障,而且在实际管理活动中,必须随机制宜,灵活应用。常用的非预算控制方法主要有以下四种。

1. 审计法

审计是一种常用的控制方法,财务审计与管理审计是审计控制的主要内容。所谓财务审计,是以财务活动为中心内容,以检查并核实账目、凭证、财物、债务以及结算关系等客观事物为手段,以判断财务报表中所列出的综合的会计事项是否正确无误,报表本身是否可以信赖为目的的控制方法。通过这种审计还可以判断财务活动是否符合财经政策和法令。所谓管理审计,是检查一个单位或部门管理工作的好坏,评价人力、物力和财力的组织及利用的有效性。其目的在于通过改进管理工作来提高经济效益。此外,审计还有外部审计和内部审计之分,外部审计是指组织外部的人员对组织的活动进行审计;内部审计是指组织自身专门设置的审计部门,以便随时审计本组织的各项活动。

审计工作有一些公认的原则,以保证审计的有效性。具体包括以下原则:

(1) 政策原则,审计工作必须符合国家的方针政策。

(2) 独立原则,审计监督部门应能独立行使职权,不受任何干涉。

(3) 客观原则,审计一定要实事求是地进行,客观地做出评价和结论。

(4) 公正原则,审计工作必须站在客观的角度上,不偏不倚,公正地进行判断。

(5) 群众原则,审计工作要走群众路线,依靠群众才能解决许多困难问题。

(6) 经常性原则,审计工作应经常化、制度化。

2. 财务报表分析法

财务报表是用于反映企业经营的期末财务状况和计划期内的经营成果的数字报表。财务报表分析也称经营分析,就是以财务报表为依据来判断企业经营的好坏,并分析企业经营的长处和短处。它主要包括三种分析：第一，利润率分析，是指分析企业收益状况的好坏；第二，流动性分析，是指分析企业负债与支付能力是否相适应，资金的周转状况和收支状况是否良好等；第三，生产率分析，是指分析企业在计划期间内生产出多少新的价值，又是如何进行分配，将其变为人工成本、应付利息和净利润的。

财务报表分析法主要有实际数字法和比率法两种。实际数字法是用财务报表中的实际数字来分析。比率法是求出实际数字的各种比率后再进行分析，更好地体现出了相对性，所以比较常用。

3. 计划评审法

计划评审法也称网络计划技术，主要功能是帮助管理人员在众多的有着时间顺序联系的单个活动中找到对整个计划的按期或在最短时间内完成有重大影响的关键活动，并提供各项活动在时间上的顺序安排以及它们的机动时间。这样，管理控制人员对整个项目的完成时间可以做到心中有数，并知道应对哪些关键活动做重点控制。它是一种计划方法，也是控制方法，而且是预先控制方法，系统越复杂，越能显示出它的效率。

4. 线性规划法

线性规划法是在系统的各项现有资源的约束条件下，为某一预定目标提供最优方案。例如，在一定时间内，一个企业的一些资源如厂房、机器设备、生产效率、职工人数、产品品种等，要么是个定数，要么有一个限度。那么，在现有条件下，要达到利润最大，它的各项资源如何配置？应用线性规划法，即能找到最优方案。

线性规划法是预先控制方法，它能根据现有的资源状况，提供最优的资源配置方案，以充分利用各项资源，获得最大效益。

此外，还有一些控制方法，如现场亲自观察法、统计数据资料法、鉴定式评价法等，这些方法比较简单，在此就不做详细介绍了。

本章小结

（1）控制是指管理人员对组织实际运行是否符合预定的目标进行测定并采取措施确保组织目标实现的过程。从传统的意义上理解，控制指的是"纠偏"，即按照计划标准衡量计划的完成情况，针对出现的偏差情况采取纠正措施，以确保计划得以顺利实现。这是一种狭义的控制概念。从广义的角度来理解，控制工作并不仅限于按照既定的计划标准来衡量和纠正计划执行中的偏差，它同时还包含着在必要时修改计划标准，以便使计划更加适合于实际情况这更进一层的含义。因此，完整的控制包括了"纠偏"和"调适"这两个方面的含义。

（2）按控制的侧重点，控制可分为前馈控制、现场控制和反馈控制。前馈控制是指活动开始前进行的预先控制，能防患于未然；现场控制是指在活动进行的过程中就实施控制，因此是一种同步、实时的控制；反馈控制是指在活动完成之后才进行的事后控制，具有"亡羊补牢"的作用。各种控制方式都有其各自的优缺点和适用的条件。

（3）按控制的层次，控制可分为集中控制、分层控制和分散控制。

（4）控制的基本过程包括三个步骤：一是确定标准；二是测量实绩与界定偏差；三是分析原因与采取措施。

（5）与物理、机械、生物及其他领域的控制相对照，在企业管理中实施的控制具有目的性、整体性、动态性、人本性和创新性的显著特点。

（6）预算的种类包括收支预算、现金预算、投资预算和总预算。

（7）非预算控制方法包括审计法、财务报表分析法、计划评审法和线性规划法。

重要概念

控制　PDCA循环　前馈控制　现场控制　反馈控制　抽样调查偏差　预算控制　非预算控制

复习思考题

1. 为什么说管理离不开控制？
2. 怎样理解控制工作的重要性？
3. 管理控制的目标有哪些？其特点是什么？
4. 控制可以划分为哪些类型？各有什么特点？
5. 控制的基本过程包括哪些？
6. 预算有哪些种类？如何使预算控制更加有效？
7. 常用的非预算控制方法有哪些？

案例分析

案例一　治理酒后驾驶带给我们的启示

随着社会经济的发展，汽车越来越多地进入了平常百姓家庭，由此而引起的道路交通事故也越来越多，其中酒后驾驶又是交通事故的罪魁祸首。酒后驾驶行为到底有多普遍？中国青年报社会调查中心所进行的调查显示：96.6%的人承认身边有酒后驾车现象。而在造成酒驾的原因中，70.0%的人首选"司机有侥幸心理"，69.8%的人认为是"违法成本过低"，64.1%的人表示"公众安全意识和法制意识薄弱"，59.2%的人表示"公众普遍缺乏尊重生命的责任意识"，22.0%的人选择了"代驾市场没有形成规模"。

《中华人民共和国刑法》中明确规定，醉酒驾驶机动车的，处拘役，并处罚金。同时，地方政府也积极出台相关的行政条例。早在2004年，江苏省就出台了《江苏省道路交通安全条例》，于2012年实施修正后的《江苏省道路交通安全条例》。2008年5月1日，杭州市也正式实施了修订后的《杭州市道路交通安全管理条例》。然而，从2008年年底开始，几起恶性酒后驾驶导致的交通肇事使得舆论的焦点重新集中到了看似"普遍"的酒驾上来，先是2008年12月14日下午，成都孙伟铭酒后驾车肇事造成4人死亡、1人重伤；2009年

6月30日，南京重大酒后交通事故，造成5死4伤；2009年8月4日，杭州魏姓司机酒后驾车，撞死1名17岁少女；2009年8月5日，黑龙江鸡西一男子酒后驾车造成2人死亡、10人受伤。资料显示，我国拥有全世界1.9%的汽车量，而汽车引发的交通死亡事故却占全球的15%，死亡率排名"世界之首"。

为保障人民群众生命财产安全，打击酒后驾车严重交通违法行为，公安部决定自2009年8月15日开始，在全国范围内开展为期2个月的集中整治酒后驾驶交通违法行为专项行动。在酒后驾车事故频发的浙江省，杭州市交警队展开"蓝盾"行动，对酒驾实行"零容忍"，统计数据表明，从8月7日至8月31日，浙江省共查获酒后驾车11 592起，因醉酒后驾驶拘留1 453人。但这毕竟是治标之策，如何才能治本？一线工作的交警总结出以下经验。

一是加大教育宣传力度。通过教育宣传提高驾驶人的安全意识，是预防道路交通事故的根本。让每一个驾驶人都认识到酒后驾驶不仅仅是不文明的行为，更是严重危害人身安全的违法行为，从而提高驾驶人的安全意识，自觉地抵制酒后驾车行为，从而在根本上减少酒后驾驶的发生。

二是加大打击处罚力度。对酒后驾驶要做到"零容忍"，法律法规规定有罚款处罚的，要一律从重处罚。对酒后驾驶违法行为不处罚、从轻处罚或者为酒后驾驶违法人说情的，要严肃追究民警和有关领导的责任。

三是加大举报监督力度。提高广大交通参与者的交通安全意识，使酒后驾车的陋习时时处处陷于人民群众的监督之下，形成"过街之鼠，人人喊打"的氛围，坚决杜绝酒后驾驶交通违法行为。

讨论题：

1. 在治理酒驾过程中，控制的重要性如何体现？
2. 不同类型的控制在案例中是如何表现的？你认为哪种类型的控制的实施效果最佳？为什么？

案例二　张正的综合控制计划

张正在几天前被任命为一家国有化妆品公司的总经理。他很快就发现这家公司存在着很多问题，而且其中的大多数问题都与公司不适当的控制管理有关。例如：他发现公司各部门的预算是由各部门自行制定的，前任总经理对各部门上报的预算一般不加修改就签字批准；公司内部也没有专门的财务审核人员，因此对各部门的预算和预算的实施情况根本就没有严格的审核。在人事方面，生产一线人员流动率大，常有人不辞而别，行政工作人员迟到早退现象严重，而且常有人在工作时间利用公司电话炒股票。

公司对这些问题都没有采取有效的控制措施，更没有对这方面的问题进行及时调整或解决。不少中层管理者还认为，公司业务不景气，生产人员想走是很正常的，行政工作人员在没什么工作可做的情况下，迟到早退、自己想办法赚点钱也是可以理解的，对此没有必要大惊小怪。

张正认为，要想改变公司的面貌，就一定要加强资金、人员等方面的控制，为此，就需要制定出一个综合控制计划。

讨论题：

为了改变公司的面貌，这个综合控制计划应包括哪几个方面的内容？在实施的过程中又会遇到什么样的问题？

实训项目

编制生产作业或经营管理的控制方案

实训目的

1. 增强对生产计划或经营计划控制的认识。
2. 培养编制生产作业或经营管理控制方案的初步能力。
3. 初步掌握控制的主要方法。

实训内容

1. 对企业进行调研，了解该企业的生产作业或经营管理的控制情况。
2. 运用掌握的控制方面的知识，结合企业的实际情况，模拟编制一份生产作业或经营管理控制方案。

实训考核

1. 上交一份企业生产作业或经营管理控制方案。
2. 教师对控制方案进行评估打分。

参考文献

[1] 单凤儒. 管理学基础[M]. 5版. 北京:高等教育出版社,2014.

[2] [美]斯蒂芬·P·罗宾斯. 管理学[M]. 13版. 孙健敏,译. 北京:中国人民大学出版社,2017.

[3] 张友苏,李晓园,张建社. 管理学[M]. 2版. 北京:高等教育出版社,2016.

[4] 苏艳芳. 管理学基础与应用[M]. 2版. 北京:中国财富出版社,2015.

[5] 葛永慧. 中国首富的管理智慧:马云管理课[M]. 北京:中国法制出版社,2015.

[6] 磨剑. 三天读懂管理学[M]. 3版. 北京:中国法制出版社,2015.

[7] 田丽娟. 移动互联网企业的扁平化组织结构浅析[J]. 经营管理者,2015(3).

[8] [美]兰杰·古拉蒂,[美]安东尼·J·梅奥,[美]尼汀·诺里亚. 管理学[M]. 杨斌,译. 北京:机械工业出版社,2014.

[9] 陈鸿雁. 组织行为学[M]. 2版. 北京:北京邮电大学出版社,2015.

[10] 芮明杰. 管理学:现代的观点[M]. 3版. 上海:上海人民出版社,格致出版社,2013.

[11] 周三多,陈传明,鲁明泓. 管理学——原理与方法[M]. 5版,上海:复旦大学出版社,2009.

[12] 谢勇,邹江. 管理学[M]. 武汉:华中科技大学出版社,2008.

[13] 胡炜. 简析企业组织结构构建的影响因素[J]. 有色矿冶,2017(2).

[14] 龚艳文. 企业组织结构与战略管理关系研究[J]. 城市地理,2017(22).

[15] 戴珊. 企业组织管理危机的成因和治理分析[J]. 山西农经,2018(3).

[16] 黎娅. 新常态下企业组织结构设计之研究[J]. 今日科苑,2015(4).

[17] 吴照云,李晶. 中国古代管理思想的形成轨迹和发展路径[J]. 经济管理,2012(7):195-203.

[18] 李龙一. 技术创新与企业组织结构[J]. 科技进步与对策,2001(3):69-72.

[19] 王江. 后危机时代的企业劳动关系管理研究[J]. 未来与发展,2011(4):62-65+70.

[20] 王平一. 中国古代管理思想和管理经验的现代借鉴[J]. 江南大学学报(人文社会科学版),2005(5):61-64+121.

[21] 郑晓燕,高新镇. 中国古代管理思想及其启示[J]. 管子学刊,2003(2):62-65.